INTERNATIONAL TRADE USAGE

국제무역관습론

INCOTERMS 2020

강흥중

박영사

머리말

　인간은 자신에게 필요한 물품을 생산하고 교환하는 행동을 통해 삶을 영위 해왔으며, 이러한 행위가 과거 부족 간, 도시 간, 그리고 국경을 넘고 문화의 경계를 넘어 오늘날과 같은 무역거래에 이르게 되었음은 주지의 사실이다. 따라서 무역은 인간이 이 땅 위에 존재하는 한 지속될 것이다.

　역사학자 **토인비**(A. Toynbee)는 인류역사의 발전을 "도전과 응전"이라 했던가?

　어떤 국가라도 지속적인 발전을 위해서는 내부 또는 외부로부터의 자극이 있어야 한다. 특히 오늘날과 같은 글로벌 시대에는 외부세계로 부터의 자극은 필수불가결의 요소이다. 인류문명은 지금까지 수많은 전쟁을 통해 외부로부터의 자극을 경험 하였다. 그러나 이러한 무력에 의한 자극을 제외하고는 무역만이 유일한 외부세계의 자극이었다.

　서로 다른 국가 간에 언제 최초로 무역거래가 이루어졌는지를 정확하게 알 수는 없지만 서로 다른 문화를 넘나들며 발생하는 문제들 때문에 무역은 항상 양쪽의 이익과 안전을 보장해 주는 제도적 장치가 필요하게 되었다.

　그리이스 신화에 등장 하는 "헤르메스"는 원래 이지역과 다른 지역을 나누는 경계석으로서 '국경의 신'이었다. 그러다가 점차 '교역의 신' 또는 '장사의 신'이 되었다. 이를 통해 볼 때 서로 다른 문화권 사이에 최초로 무역거래가 이루어지는 장소는 그들이 사는 지역의 경계선에서 발생했다고 할 수 있다. 이러한 경계지역은 오늘날 영토적 개념이 아닌 경제적 국경선(관세선)으로 존재하고 있으며, 앞으로는 더욱 그러할 것이다.

서로 다른 문화 사이에 이루어진 최초의 무역거래형태가 어떻든지 간에 도시 생활이 시작되면서 가장 먼저 상인들의 거주 시설이 각 도시마다 생겨나기 시작했고 이들 집단이 서로 연결되면서 무역공동체가 만들어졌다. 이러한 무역공동체 내지는 상인집단들이 최초로 유럽을 시작으로 활동을 하게 되었으며, 그 중 역사상 가장 강력한 무역공동체는 독일의 '한자동맹'이었다. 그러나 이러한 상인공동체는 몇 세기를 지나면서 점차 쇠퇴 하였고, 산업혁명 이후 완전히 사라지게 되었다.

오늘날 글로벌 시대가 도래 하면서 서양 중심의 상거래 문화가 세계 공통의 상업문화로 정착했으며 세계시장의 표준으로 자리매김하였다.

그러나 전 세계의 약 200개에 달하는 나라들이 공식적으로는 126개의 언어를 사용해서 약150만 가지의 상품을 거래하다 보면 거래당사자들 간에 역사, 종교, 문화 등이 다르기 때문에 상거래 활동을 하면서 가격 등의 거래조건에 따라 많은 오해와 마찰을 불러일으켜 시간과 비용의 낭비를 초래하게 되었다.

이러한 무역거래의 분쟁과 마찰을 예방하고, 분쟁발생시 해결책을 제시함으로써 국제무역의 확대를 도모하기 위하여 20세기 초 국제상업회의소(ICC)와 국제법률협회(ILA) 등에 의해서 무역거래의 관습과 용어의 통일화 운동이 활발히 전개 되었다.

바야흐로 21세기 들어 국제무역을 둘러싼 환경은 지금 보다 더욱 급속하고, 현저하게 변화를 보이고 있으며, 앞으로 더욱 심화될 것이다. 이제 세계무역은 중국·남미·러시아 등의 시장 확대와 더불어 세계무역기구(WTO)의 본격적인 영향으로 국가 간의 수출입 경쟁이 자유무역이란 이름하에 더욱 치열해지는 양상을 보이고 있다.

이로 인해 세계 각국은 살아남기 위한 방안으로 WTO를 중심으로 하는 다자간 무역체제의 시장개방과 동시에 국가별·지역별로 양자 간 자유무역협정(FTA)을 동시다발적으로 추진해가는 실정이며, 무역협상도 과거 관세인하 및 철폐에서 확장된 개념의 서비스·투자·지적재산권·정부조달·협력 등 다른 분야로 확대되고 있으며, 우리나라도 예외가 아니다.

이를 통해 볼 때 앞으로 더 많은 국가 간에 무한경쟁이 요구될 것이며, 이렇게 급변하는 세계무역환경에 능동적이고 적극적으로 대처하기 위한 가장 기본적인 요건은 무역활동을 중심으로 하는 국제무역거래의 현장과 그 내용을 제대로 파악하는 것이라 생각하고 이 책을 발간하게 되었다. 또한 2020년 1월1일부터 새로운 인코텀즈가 전세계적으로 시행하기에 이른 것도 이 책을 발간하는 중요한 이유가 되었다.

이 책은 무역환경의 변화가 앞으로도 지속될 것이기에, 보다 다양한 국가와의 국제무역거래에 필요한 내용을 담고자 하였으며, 현재를 중시하며 앞을 바라보는 마음으로 국제무역에 기여할 수 있는 밑거름이 되길 기대해 본다.

이 책에서 부족한 부분은 향후 지속적인 개정을 통해 그 완성도를 높여갈 것을 약속드리며 이 책이 국제무역을 이해하는데 조금이라도 도움이 되기를 기대한다.

이 책의 발간에 힘써 주신 박영사의 전 직원들께 감사의 말씀을 전한다.

2019년 11월
윤곡재에서
윤곡 강흥중

일러두기

* 이 책의 독자가 되어 주심에 감사드립니다.
* 이 책의 영문명이 기존의 practice, custom, convention으로 사용하지 않고, usage로 표기된 이유는 국제무역거래의 양 당사자가 자유의사에 따라 선택해서 사용하는 의미이기 때문입니다.
* 이 책은 7개의 장으로 구성되어 있습니다. 아래의 독서요령에 따라 학습을 진행해 주시기 바랍니다.

- 이 책의 독자가 학부생이라면 제1장~제4장까지의 내용을 필독하기 바랍니다.
- 이 책의 독자가 대학원생이라면 제5장~제7장까지의 내용이 중요합니다. 대학원생이라 하더라도 학부전공이 무역학이 아니었다면 제1장~제4장까지의 내용을 숙지하고, 제5장~제7장까지의 내용을 필독하기 바랍니다.
- 이 책의 독자가 직장인이라면 제6장~제7장까지의 내용이 중요합니다.
- 이 책의 독자가 교수라면 제1장~제7장까지의 내용은 물론이고 저의 졸저「국제무역규칙」을 참고해 주시기 바랍니다.

* 학습시간이 부족하여 가장 빠른 시간 내에 학습하길 원하는 독자는 파란색으로 처리된 문장만 읽어도 주요내용을 파악할 수 있습니다.
* 사람의 이름은 **고딕체**로 처리하였습니다.
* 독자의 이해를 돕기 위해 필요한 경우에는 ( )에 한자 또는 영문을 같이 사용하

였습니다.

* INCOTERMS, Incoterms, 인코텀스, 인코텀즈는 동일한 표현입니다.
* Incoterms의 각 조건들은 반드시 대문자로 표기합니다. 이는 ICC의 규정이며 각 조건들은 국제무역의 현장에서 사용하는 고유명사이기 때문입니다. 결코 각 조건의 원어명 약어가 아닙니다. 따라서 다음과 같은 용어의 사용은 오류입니다.
  (예를 들어 EXW조건의 경우: E.X.W., exw, e.x.w.는 잘못된 표기임)
* 정형무역거래조건은 Incoterms만 있는 것이 아닙니다. Incoterms를 정형무역거래조건이라고 하는 것도 관습적으로 불리고 있음에 지나지 않습니다.
* 제1장의 법철학과 법령 등은 인터넷 자료를 이용하였습니다.
* 영어원문의 경우 인터넷 자료와 ICC의 eBook 등의 자료를 구입하여 활용하였습니다.
* 국제무역관습을 일목요연하게 정리한 부록을 활용하시면 학습에 도움이 될 것입니다.

차례 Contents

제1장

국제무역관습의 이해

01 관습과 법

옳고 그름은 법으로 판단하지만, 세상일은 법으로 판단할 수 없는 사항들이 존재한다. 이럴 때 우리는 무엇으로 판단하는가? 이런 경우 판단의 근거가 되는 것을 관습법, 또는 인정법이라 하여 법 이상으로 대할 때가 있다.

법에는 정법(正法)과 같이 이치상·논리상 분명하게 맞는 법이 있는 반면, 정법 밖의 또 다른 법으로 보이지 않는 법인 편법(便法)이라는 것도 있다. 어느 법을 따라야 하느냐의 문제는 사람마다 가치관이 다르기에 상대적일 수밖에 없다. 정법만을 추구하다 보면 남을 배려하지 못하는 우를 범할 수도 있다.

문자에 갇힌 법이 진정한 법이 아니듯이, 문자에 갇힌 진리 역시 진정한 진리라고 할 수 없다. 문자는 관념이요, 허상이며, 진리를 이해시키는 수단일 뿐이다. 허상에 얽매이지 말고 실상을 바라보는 것이 지혜로운 자의 모습이다. 결국 옳고 그름은 큰 차이가 아니라, 생각의 차이일 뿐이다.

1) 관습법의 정의

  (1) 불문법의 하나이다.
  (2) 사회에서 형성된 관습이 국민일반에게 법규범으로서의 확신을 얻어 법이 된 것을 말한다.
  (3) 관습법은 법규범으로 인식되어 지켜지고 있는 것으로서, 특별히 기록되어 있지 않아도 법률로서 국민을 규율하고 있기 때문에 법원(法源)이라 할 수 있다.
  (4) 입법기관의 법 정립 행위를 기다리지 않고 사회생활 속에서 관행적으로 행하여지고 있는 법을 말한다.
  (5) 제정법(制定法)이 국가법 체계의 대부분을 차지하는 근대국가에서 입법기관에 의해 의도적으로 제정되지 않은 규범 가운데 법적 효력을 부여할 만한 규범적 실체이다.

2) 관습법의 내용

우리나라에서는 조선민사령(朝鮮民事令)이 공포되기 이전까지는 법체계가 관습법과 제정법으로 구분되지 않았다. 조선민사령(1912. 3. 제령 제7호) 제11조와 제12조에는 일본 민법 가운데 능력·친족·상속에 관한 사항과 부동산의 물권의 종류와 효력에 관해 일본 민법에 규정되지 않은 경우에는 관습에 따른다고 규정하고 있는데, 우리나라에서는 이때부터 국가에 의한 제정법과 관습법이 구분되었다. 이처럼 관습법이라는 용어는 주로 법학자들이 제정법 이외의 법원(法源)을 지칭하기 위해서 사용하는 용어이다.

일반적으로 법학자들은 관습법을 "관습이 사회의 법적 확신에 의해 지지되어 일종의 법적 규범력을 가지기에 이른 것"이라고 정의한다. 그러므로 관습법의 개념은 관습과 법의 의미를 분명히 함으로써 밝혀질 수 있다. 관습이란 어떤 행위가 사회구성원들에 의해 반복하여 행해지는 것을 말한다. 어떤 행위기준이 '법'이라고 할 수 있으려면 그 효력을 확보하기 위해 조직적인 강제가 뒷받침되어야 한다. 곧 관습이 사회구성원들의 "법적 확신"에 의해 지지되어 국가 제정법과 마찬가지의 법적 규범력을 가지기에 이른 것이 관습법이다.

따라서 단순한 "사실인 관습"(민법 제106조)과 관습법의 차이는 구속력 정도에 있다. 어떤 관습이 법적 확신을 획득했는가? 또는 조직적인 강제가 뒷받침되고 있는가?를 판별하는 것은 쉽지 않다. 여기에서 관습이 법적 확신을 획득한 것이라는 기준보다도 더 명확한 기준을 제시할 필요가 생긴다.

G. F. 푸흐타는 법원(法源)과 법인식(法認識)의 원천을 구별하고 있다. 제정법·법률가가 준수하는 규범·제정법이나 법률가적 강령에 근거하지 않은 확신의 자연적 합치는 전자에 속하고, 문서·법사고의 학문적 체계와 생활에서 실제로 적용되는 법은 후자에 속한다. 푸흐타는 위와 같은 3가지 법원의 존재형태와 법인식의 원천에 상응하여 존재하는 법이 제정법·법조법·관습법이라고 한다. 그에 의하면 관습법의 법원(法源)은 "확신의 자연적 합치"이고 관습법을 인식할 수 있는 원천은 생활에서 실제로 적용되고 있는 사실에 있다.

법인류학자 Leopold J. 포스피실은 법의 존재형태를 관습법과 권위적 법으로 대립시키고 있다. 그는 권위적 법은 "사회의 다수에 의해 정당함과 적절함에 관계없이 법적 권위에 의해 강제되는 법"임에 반해 관습법은 "사회집단에 의해 내면화된 법"이라고 한다. 다만 권위적 법도 시간이 흐름에 따라 내면화된 법으로 전환될 수 있다고 한다.

푸흐타가 말하는 확신의 자연적 합치와 포스피실이 말하는 내면화는 우리나라

법학자들이 말하는 법적 확신과 표현상의 차이는 있지만 대체로 친화성이 있는 개념으로 생각된다. 주의할 것은 관습법과 불문법과의 관계이다. 관습법은 문자화되지 않는 경우가 많기 때문에 관습법을 불문법과 동일시하는 경우가 있지만 문자화되었다고 해서 관습법이 아닌 것은 아니다. 우리나라의 경우 조선시대의 '향촌·향약·촌락에서는 계(契)'가 생성되었는데 촌락에서는 향약과 계의 규약이 문자화되는 경우가 많았다. 향약과 계의 규약은 당시의 관습을 문자화한 것에 불과하다. 그런 의미에서 향약과 계의 규약은 조선시대의 관습법을 인식하는 데 가장 중요한 사료가 된다.

따라서 관습을 수집하고 정리해야 할 필요성이 제기된다. 이는 첫째, 현행법의 결함과 빈틈을 메우기 위해서 필요하다. 현행 민법과 상법은 관습법에 대해 성문제정법(成文制定法)에 대한 보충적 효력을 인정하고 있다(민법 제1조, 상법 제1조). 성문법이 발달함에 따라 관습법의 규율대상은 점차 좁아지고 있으나 제정법으로 모든 사회현상을 빠짐없이 규정하는 것은 불가능하며, 더욱이 사회는 부단히 유동하므로 제정법이 예상하지 못한 현상이 자꾸 생기게 마련이다. 제정법의 규율이 불완전한 영역, 예컨대 국제법이나 거래의 필요상 끊임없이 새로운 관습이 발생하는 상법의 영역에서는 관습법의 법원성(法源性)을 인정하지 않을 수 없다. 둘째, 인류가 걸어온 과거의 역사와 문화를 탐구·이해하는 데 관습법의 조사와 연구는 매우 중요한 연구분야이다. 인간의 문화와 역사는 사람들 사이의 규범생활과 매우 밀접한 관계를 가지고 있다. 과거의 관습법의 탐구는 과거의 역사와 문화를 이해하는 지름길이 된다.

입법기관의 법 정립(定立) 행위를 기다리지 않고 사회생활 속에서 관행적으로 행하여지고 있는 법, 사회의 관행에 의하여 발생한 관습률이 하나의 사회규범으로서 사회생활을 규율할 때 그것은 관습법 규범이며, 관습법은 이러한 관습법 규범의 일종이다. 성문법이 발달하기 전에는 법의 대부분이 관습법이었다. 성문법이 발달함에 따라서 관습법의 영역은 좁아졌으나, 성문법으로 모든 사회현상을 빠짐없이 규정하는 것은 불가능하며 더욱이 사회는 끊임없이 유동하므로 성문법이 예상하지 못한 현상이 자꾸 생긴다.

따라서 아무리 정비된 성문법이 존재하는 나라에서도 성문법과 더불어 관습법이 존립할 수밖에 없으며, 관습법이 가지는 중요성도 계속되고 있다. 특히 성문법

발달이 불완전한 영역, 즉 국제법이나 원활한 거래의 필요상 끊임없이 새로운 관습이 발생하는 분야인 상법 등에 있어서는 그러한 현상이 두드러진다. 다만 관습법이 성문법에 비하여 법으로서의 효력이 얼마나 비중을 차지하느냐의 문제는 학설이 나누어져 있다.

한국의 민법 제1조는 "민사에 관하여 법률에 규정이 없으면 관습법에 의하고 관습법이 없으면 조리에 의한다"라고 규정하고 있다. 이에 의하면, 성문법에 규정이 있는 사항에 관하여는 이와 어긋나는 관습법이 있더라도 그것을 성문법규에 우선시킬 수 없다. 즉 민법 제1조는 관습법에 대하여 성문법을 보충하는 효력을 주었을 뿐이고 성문법을 고치거나 없애는 효력은 인정하지 않고 있다.

그리고 상법은 상사(商事)에 관하여 상법에 규정이 없는 때에는 우선 상관습법을 적용하고 상관습법도 없으면 민법을 적용할 것으로 하고 있다(상법 제1조). 상관습법이 민법에 우선하는 점에 있어서는 성문법에 우선한다고 볼 수 있으나, 상법의 규정에 대하여는 보충적 효력밖에 인정하지 않으므로 민법 제1조의 태도와 다름없다. 그러나 실제로는 성문법과 어긋나는 관습법이 성문법규를 물리치고 효력을 발휘하는 경우도 있을 수 있다.

3) 관습법의 성립요건

관습법의 성립요건이 무엇인가에 대해서는 학설이 나누어진다.

(1) 관행설

관습(custom)이 존재하면 관습법(customary law)이라고 한다. 관습과 관습법의 차이를 부정한다.

(2) 법적확신설

관습(custom)과 법적확신(opinio juris)이 있어야 관습법(customary law)이 성립한다고 한다. 현재 전세계와 한국의 통설 판례이다.

(3) 국가승인설

관습, 법적확신, 국가승인 세 가지를 관습법의 성립요건으로 본다.

(4) 인스턴트관습이론

관습법의 성립요건으로 법적확신 하나만을 주장한다. 일반관행은 법적확신의 증거일 뿐이라고 한다.

4) 법적확신(opinio juris)

국제관습법 형성의 주관적 요소로서의 법적확신(opinio juris)은 opinio juris sive necessitatis의 약칭으로서 '문제가 된 행위가 법규칙에 의해 필요하다는 의견'이라는 사전적 의미를 지닌 라틴어이다.

관습법은 법의 연구에 있어서 가장 오래된 연원을 갖지만 법학에 있어서 관습법에 대한 본격적 연구는 의외로 그렇게 오래지 않다. 오늘날과 같은 법적확신이론은 프랑스의 사법학자이자 법철학자인 F. Gény가 최초로서, 그 문헌은 1919년에 등장하였다. 반면에, Guggenheim은 국제관습법에서 다루어지는 opinio juris가 독일의 역사법학파에 그 기원을 두고 있다고 말한다.

opinio juris 개념이 19세기 독일의 역사법학파에서 출발하였을지라도 현대 국제관습법 이론의 발전과정에서 자연법적 요소로부터 벗어나 실정법적 가치를 지니게 되었으며, 그 결과 opinio juris의 개념은 기본적으로 '법적 신념' 즉 '일정한 관행이 법으로서 의무적이라는 신념'이라고 이해되고 있다. 이러한 이해는 ICJ(International Court of Justice)가 일관되게 취하는 입장이기도 하다.

그러나 국제관습법을 다룬 ICJ 판례 가운데에서도 opinio juris을 명시적으로 다루지 않은 경우도 있는 한편, 국제법학자들에 따라서는 관행의 통일성과 일반성이 충분할 경우 opinio juris가 별도의 존재로서 확립될 필요가 없다고 주장하기도 한다.

ICJ는 많은 판결에서 주관적 요소가 존재하고 있는지 여부에 대하여 명시적으로 조사함이 없이 국가관행에 기초하여 국제관습법의 존재를 인정하기도 하였다.

5) 관습민법

그러나 이와 같은 관습이라도 먼저 민법전의 규정 등으로 법률을 보충한다는 것을 명백히 하였거나 국가의 질서나 공공의 이익에 위반되지 않는 것에 한하므로,

이른바 선량한 풍속 기타 사회질서에 위반되는 사항에는 법적효력을 인정할 수 없게 된다. 어떠한 것이 위에 해당하는가는 결국 법원(法院)이 재판할 때 법률로서 인정하여 적용하는가? 적용하지 않는가?의 여부로서 결정된다.

6) 사실인 관습과 관습법 비교

사실인 관습은 사회관행에 의하여 발생한 사회생활규범인 점에서 관습법과 같으나, 사회의 법적확신이나 인식에 의하여 법적규범으로서 승인된 정도에 이르지 못한 것이라는 점에서 관습법과 다르다. 그러므로 법령으로서의 효력은 없으며 강행법규에 저촉하지 않는 한 법률행위에 한해서 법률행위 당사자의 의사를 보충함에 그친다. 하지만 관습법은 법원(法源)으로서 법령과 같은 효력을 가지며 강행법규에 저촉되지 않는 한 재판의 근거가 된다.

7) 국제관습법

국제관습법(國際慣習法)은 조약과 함께, 국제법을 이루는 두 가지 주요한 법원(法源)이다. 즉, 국제법은 조약이라는 성문법과 국제관습법이라는 불문법으로 구성된다. 이러한 성문법과 불문법의 구조는 헌법이 헌법전이라는 성문법과 관습헌법이라는 불문법으로 구성되고, 민법, 형법도 역시 동일하다.

조약은 다자조약(多者條約: 예를 들어 WTO)과 양자조약(兩者條約: 예를 들어 FTA)이 있는데, 어떤 경우에도, 해당국이 그 조약에 가입을 해야 국제법으로서 그 국가에 강제력이 생긴다. 따라서 어떠한 다자조약이 존재한다고 하여도, 세계 모든 국가에 강제력을 갖지는 않는다. 반면에, 국제관습법은 세계 모든 국가에 대해 법률상 강제력을 갖는다.

독일의 다수설과 판례는 국제관습법을 의미하는 일반적인 국제법규가 연방법률보다는 상위이지만 헌법보다는 하위의 효력을 가진다고 본다. 일본, 이탈리아도 국내법률보다 우월한 효력을 인정한다.

영국, 미국은 국제관습법을 기본적으로 보통법으로 파악한다. 따라서 그 시간의 전후와는 관련 없이 의회 제정법의 우위성을 인정한다. 특히 미국은 입법부, 행정부, 사법부의 행위와 충돌하는 국제관습법의 적용을 배제하고 있다.

대한민국 헌법 제6조 제1항에는 "헌법에 의하여 체결, 공포된 조약과 일반적으

로 승인된 국제법규는 국내법과 같은 효력을 가진다"고 규정하여, 조약과 국제관습
법이 국내법, 즉 법률과 동일한 효력이 있다고 규정하고 있다. 또한 국제관습법은
국제연합 등의 결의 중에서 일정한 요건을 갖추면 인정되기도 한다. 이들 중 국제
무역관습의 예는 다음과 같다.

- 국제물품매매에 관한 유엔협약(CISG): UNCITRAL에서 1980년 제정
- 무역상품분류에 관한 국제협약(HS): WCO에서 1987년 제정
- 신용장통일규칙(UCP): ICC에서 1933년 제정
- 정형무역거래조건(INCOTERMS): ICC에서 1936년 제정
- 헤이그규칙(Hague Rules): ILA에서 1924년 제정

02 국제무역관습의 의의

1) 관습과 거래 그리고 국제무역

관습의 사전적 정의는 일반적으로 인정되어 오는 규칙이나 풍습으로 '관례'라
고도 한다. 또한 거래의 사전적 의미는 '주고받는 것 또는 사고파는 것'이지만 일반
적인 거래와 회계에서의 거래는 차이가 있다. 일반적인 의미의 거래는 상인과 상인
또는 상인과 고객 사이에서 재화이나 용역 등이 오고 가는 것을 의미한다. 또한 전
자거래는 재화나 용역을 거래함에 있어서 그 전부 또는 일부가 전자문서에 의하여
처리되는 거래를 말한다. 그리고 전자상거래라 함은 전자거래의 방법으로 상행위를
하는 것을 말한다. 따라서 전자거래라 하더라도 이것을 전업으로 하는 것이 아니라
면 이것은 전자상거래에 해당하지 아니한다.

한편 회계에서의 거래는 자금이 이동하는 것을 말한다. 일반적인 거래로 볼 수
있는 것이라 해도 자금의 이동이 수반되지 않은 경우는 회계에서의 거래가 아니며,
일반적인 거래로 볼 수 없는 것이라 해도 자금이 이동한 경우(재해, 도난, 감가상각
등)에는 회계에서의 거래로 인정된다.

국제무역거래는 국내의 일반적인 상거래의 경우와 같이 물품매매를 목적으로

하는 것이지만, 외국에 거주하는 거래상대방과의 채권계약이라고 하는 법률행위에 의해서 구체적으로 실현된다. 즉, 수출자와 수입자는 물리적·장소적·시간적으로 괴리되어 있으며, 국제무역거래는 그 양 당사자 간에 이질적인 국가 간의 물품과 용역의 이동현상으로 볼 수 있다. 국제무역계약은 이와 같은 국제적 거래를 목적으로 하는 계약이라고 할 수 있다.

그러나 이러한 서로 이질적인 국가 간의 물품매매는 종교, 기후, 국민성, 정치체제 등에 의해 예상하지 못했던 여러 가지 문제가 발생하게 되고, 이에 따른 해결방법도 다양해질 수밖에 없다. 그렇다면 국제무역거래에서의 발생 가능한 문제점을 사전에 방지하거나 문제발생시 해결의 기준은 무엇일까? 그 해답이 바로 우리가 연구할 충분한 가치가 있는 국제무역관습을 공부함으로써 찾을 수 있다.

환언하면, 관습(Custom)이란 어떠한 특정집단에 속하는 사람들의 장기간에 걸친 습관적 행위에 의한 전통적인 것으로서 사람들에게 널리 승인된 행동양식을 말한다. 이러한 행동양식 중 상거래에 종사하는 모든 사람들이 승인하고, 준수하려고 하는 전통적인 경우를 상관습(Mercantile custom ; Trade usage)이라고 한다. 그리고 이와 같은 상관습이 국제무역거래에서 일반화되고 있는 경우에는 이를 국제상관습(International mercantile custom) 또는 국제무역관습(Usage of international trade)이라고 한다.

03 국제무역관습의 통일화

아직까지 국제물품매매에 관한 세계 공통의 통일법이나 공통법은 없다. 이는 국제적으로 거래되는 물품의 종류가 많기 때문에 이를 일률적으로 구속하기 어려운 점도 있지만 무엇보다도 국가 간의 이해관계가 첨예하게 대립되기 때문이라 하겠다. 따라서 국제무역관습은 매매당사자간의 균형을 유지하거나 계약의 체결, 이행, 분쟁의 해결에 있어서 판단의 기준으로 삼기 위하여 당연시 되고 있다. 결국 국제무역거래에 가장 적합한 상관습이 자연적으로 발생하여 발달해 왔으며, 이에 의하여 국제시장의 질서가 유지되고 있다. 즉, 역사적으로 오랜 기간에 걸쳐서, 국가의 정치적 상황, 법률, 풍속, 언어, 민족 등을 달리하는 세계 각국의 무역업자가 물품 거래를 지속적으로 행하여 왔다는 것은 결국 무엇인가 나름대로 기준을 만들고 이에 따라야 하는 규범이 있었다고 보아야 할 것이다.

상인은 본질적으로 이윤의 극대화를 목적으로 하는 인격체이므로 국제무역에 있어서 당연히 수출자와 수입자는 서로 대립하는 이해관계에 놓이게 된다. 즉 물품 매매차익의 획득을 목표로 삼아 양 거래당사자 간에 빈번하게 다툼이 발생하는 것은 그 대립하는 이해관계를 여실히 나타내고 있다는 증거일 것이다. 그러나 주목하여야 할 것은 이와 같은 분쟁이나 이해의 대립관계가 언제나! 무엇인가?의 형태로 해결되고 있다는 사실이다.

국제무역거래에서 수출자와 수입자가 자신의 일방적인 요구만을 주장하고 이를 억지로 관철하려는 것은 무역의 원활한 기능을 해치게 되어, 결국 각자가 바라는 욕구도 달성하지 못하게 된다는 사실을 점차 인식하게 되었다.

따라서 수출자와 수입자의 이기심에서 야기되는 이해의 충돌을 합리적으로 해결하고, 상호관계를 융화하는 여러 가지 방법이 나타나게 되었다. 그 방법은 특정한 상관습의 형태를 갖추어, 한 지역의 동업자 사이에 인정되고 서로 지키는 단계로부터 오랜 역사를 거쳐 다른 지역, 다른 국가의 상인에게까지 파급되어 많은 어려움과 변화를 겪으면서 점차로 이질적인 국가 즉 민족·문화·언어·법률·관습 등을 달리하는 국가에까지 이것을 실시하기에 충분할 정도의 공통성을 구비하고 정형화하기에 이르게 되었다.

국제무역과 같이 단일거래가 제조업자·수출입자·은행·보험업자·운송업자 및 운송취급인 등의 많은 사람들이 서로 관계하고 그 거래의 범위 내에서 여러 가지 법률적·정치적 기구나 언어 또는 나날이 복잡화되는 운송, 통신방법을 포함하는 경우에는 많은 위험이 존재하고 이를 효율적으로 관리하기 위해서는 거기에 무엇인가의 형태로 단순화·표준화되기를 바라는 것은 분명한 일이다.

한편 오늘날의 국제무역거래는 주로 FOB 또는 CIF와 같은 이른바 정형무역거래조건에 의하여 행하여지고 있다. 그러나 이들 정형무역거래조건이 동시에 발생하였던 것은 아니며, 각 시대의 여러 가지 제도에 의하여 발생하고, 또 그 여러 가지 제도의 발전에 따라 내용에 변화가 발생함으로써 새로운 거래관습이 발생하게 되었고, 국제무역거래도 차츰 새로운 거래관습을 받아들이면서 발전하여 오고 있다.

이와 같은 무역거래조건에 대해 계약 당사자가 올바른 이해를 하지 않고 있거나 또는 당사자 간에 그 관습의 내용에 대한 의견이 일치하지 않을 경우에는 상관습을 유효하게 이용할 수 없을 뿐만 아니라, 손실 또는 위험을 초래할 수밖에 없다. 이와 같은 사태를 예방하고 국제무역거래의 안전과 발달을 도모하기 위하여 상업회의소 · 거래소 · 동업자조합 등이 무역거래조건에 관한 해석의 통일화에 기여한 역할은 매우 크다. 이들 단체에 의하여 각 지역 내의 거래조건에 관한 관습이 확인되었으며, 이 거래관습을 한층 더 효과적으로 이용하기 위하여 거래일반에 관한 확인사항에 의거하여 해석기준으로서의 무역규칙 또는 표준계약서가 제정되어 사용하고 있다.

국제무역관습과 이에 의거하여 각종 민간경제단체가 작성한 통일규칙은 모두가 국제무역거래의 질서를 유지한다는 목적에 있어서는 유사성을 지니고 있다. 그러나 양자의 성질은 각각 다르다. 즉, 국제무역관습은 그 시대의 여러 가지 제도를 배경으로 하여 끊임없이 발전하고, 변화하는 것이므로 그 내용에 대하여 무역계약의 당사자 쌍방이 언제나 똑같은 이해를 하고 있다고는 볼 수 없다.

이에 비해 국제무역거래시 상호간에 이해가 상충되는 경우 상관습에 의거하여 작성된 국제적 통일규칙에 그 해석을 위임한다면 당사자 간의 의견차로 인하여 발생하는 분쟁을 피할 수 있을 것이다. 그러나 상관습은 그 실태조사의 시점에서 이 통일규칙에 의해 고정되어 세월이 흐르게 되면 실제로 행하여지고 있는 거래관습과 통일규칙 사이에는 큰 괴리가 발생한다. 해석기준으로서의 통일규칙에 숙달됨으로써 거래의 안전과 합리적인 수행은 가능하겠지만, 이러한 통일규칙은 과거의 시점에서의 거래관습의 해석기준이고 현시점에서의 그것은 아니라는 것을 잊어서는 안 된다.

04 국제무역관습의 변천과정

1) 국제통일법과 거래관습

과거 무역항을 중심으로 영위되었던 국제무역거래가 이제는 첨단의 통신수단을 이용하여 해외각지의 거래상대방과 계약을 체결하고, 운송 · 보험 · 금융 등의 여러 가지 제도를 이용하여 행하여지는 전 세계적인 무역거래로 이행하게 되었다. 이에 따라 그 거래에 수개국의 국내법이 관계되므로 여러 가지 불확실과 불안이 발생한다. 이러한 위험을 제거 또는 감소하기 위하여 국제무역거래만을 관리하기 위한 독자적인 법률을 제정하려는 노력이 각종 국제기구나 민간경제단체에 의해 결실을 보게 되었다.

그 하나는 로마의 사법통일국제협회에 의한 국제무역관계통일법의 입법이며, 다른 하나는 국제상업회의소와 국제연합, 그 밖의 국제기구에 의한 국제상관습법 (International Commercial Customary Law)의 제정이다.

사법통일국제협회(International Institute for the Unification of Law)의 1939년 국제물품매매통일법초안(Draft of a uniform Law on International Sales of Goods)은 전문 105개조로 구성되어 있으며, 제7장(제104조 및 제105조)에 FOB, C&F 및 CIF에 관한 규정을 설정하였다. 동 협회의 의견서에 의하면 국제무역거래에서 널리 알려져 있는 이들 용어의 해석기준을 상세하게 규정한다 하더라도 업계의 변화에 따라 곧 시대에 뒤떨어질 우려가 있으므로 인도제공 및 위험이전에 관한 규칙(제104조)과 CIF 또는 C&F계약에서 통용선화증권(Through B/L)이 사용되는 경우의 인도제공에 관한 규칙(제105조)만을 설정하였다.

이에 대하여 헤이그(Hague) 외교회의의 특별위원회는 이들 정형무역거래조건에 대하여 상세한 규정을 설정하도록 희망하였으나, 국제상업회의소는 INCOTERMS가 가장 새로운 해석기준을 제공하고 있으며, 국제연합 유럽경제위원회의 표준계약 서식도 용어의 정의를 규정하지 않고 있으므로, 국제통일법안으로부터의 규정을 삭제하는 것이 바람직하다는 의견을 개진하였다. 그 결과 1956년 조약안을 기초할 때에 이들 규정은 삭제되었다.

한편 국제연합 국제상거래법위원회(UNCITRAL)는 1978년 12월 16일자 UN총회의 결의에 따라 1980년 4월 10일~11일 비엔나(Vienna)에서 개최된 회의에서 당초의 조약초안을 수정하여 UN 국제물품매매에 관한 조약(United Nations Convention on Contracts for the International Sale of Goods; 일명 비엔나 조약)을 확정하였다. 이 조약은 전문 101개조로 구성되어 있는데, 이것은 주로 그 대상을 매매당사자간의 목적물의 인도, 대금지급, 하자담보, 그리고 계약해제 및 손해배상과 같은 계약불이행 시의 매매당사자간의 권리구제 등에 국한시키고 있다. 국제연합 유럽경제위원회

(United Nations Economic Commission for Europe)의 최초의 플랜트(plant)수출 표준계약조항은 계약성립시에 유효한 INCOTERMS에 따라 위험이전의 시기를 확정한다는 규정이 설정되어 있었으나, 그 후에 INCOTERMS를 해석기준으로 한다는 뜻의 문언은 삭제되었다.

　　스칸디나비아제국의 매매법은 FOB(제62조), Carriage paid or cost and freight(제63조), CIF 그리고 C&F(제64조)에 관한 규정을 두고 있다. 또 1957년 모스크바에서 동유럽제국 사이에 체결된 물품구입 일반조건에 관한 조약에 있어서도, 제2장 납입의 기초조건(제5조~제10조)을 설정하여, 몇 개의 정형거래조건에 대하여 규정하고 있다.

　　미국의 통일상법전(UCC)에도 FOB 및 FAS(§2-319), CIF 및 C&F(§2-320, §2-322), No Arrival, No Sales(§2-324)의 해석에 관한 기본적인 규정이 있다. 1969년 프랑스 상거래법에는 해상매매에 관한 조문이 신설되었으며, 거기에는 CIF 매매에 관한 규정(제39조~제41조)이 포함되어 있다.

　　이와 같이 국제물품매매에 관한 전 세계적인 다국간 조약으로서의 통일법은 아직 없으나, 위에서 본 바와 같이 지역적인 다국간 조약은 존재한다. 이들 통일법은 거래관습을 고려하여 작성된 것이지만, 또 그렇게 함으로써 관습이 명문화되고, 거기에 고정되어 버린다고 하는 것은 통일법의 규정이 곧 실제에 기여할 수 없다는 것을 의미한다. 왜냐하면 물품의 인도가 행하여지는 시기 및 장소에 관한 기본적인 규정이 필요할지도 모르나, 계약 또는 관습의 우선이 항상 요구될 것이다.

　　따라서 국제무역거래에 적용되는 통일법이 실현된다 하더라도 무역에 종사하는 상인들은 거래관습에 대해 올바른 이해를 하는 것이 중요하다.

2) 새로운 제도의 발달과 통일규칙의 개정

　　상관습은 동일지역 또는 동일직업에서 일반적으로 승인되고 확립된 관습적인 행위이지만, 고정된 것은 아니고, 여러 가지 제도의 발전에 따라 변화한다. 그러므로 해석기준으로서의 통일규칙은 항상 가장 새로운 것이 바람직하다.

　　예를 들어, 미국무역정의(AMERICAN TRADE DEFINITION)는 1919년에 제정되었으나, 1941년에 개정되었으며, 최근에는 1990년에 개정되었다.

　　1919년 미국무역정의가 제정된 이후 거래관습에 많은 변화가 있었다. 1919년 미국무역정의는 세계적으로 매도인과 매수인에게 인정받아 사용되어져 왔으며, 국제무역거래의 상당 부분을 명확하고 간소화하였다. 그러나 1940년 전미무역업자회의에서는 국제무역업자의 거래를 돕기 위하여 좀 더 많은 수정과 명확한 정의가 필요하다고 역설하였다.

한편 1990년의 개정된 미국무역정의는 수출업자와 수입업자 모두에게 사용되어 지기를 권고하였다. 개정된 정의는 특정한 법이 제정되었거나 법정 판결이 인정하지 않는 한 법적인 구속력은 없다. 따라서 1990개정미국무역정의를 사용하려면 매도인과 매수인은 매매계약의 일부로 할 것을 사전에 협약하여야 한다.

실무상의 절차와 관례의 변화관점에서 살펴보면, 1990년 미국무역정의는 1941년 미국무역정의에 비해 매도인과 매수인에 대한 새로운 책임들이 포함되어 있다. 또한 매도인과 매수인에 대한 책임들이 1941년 관례보다 더욱 명확하게 정의되어 있으며, 이러한 변화들은 매도인과 매수인 모두에게 유익하다. 광범위한 동의는 큰 틀에서 국제무역절차의표준화를 이끌 것이며, 많은 착오를 방지할 것이다.

그동안 세계무역은 눈부신 발달을 하였으며, 특히 과거 수년 동안에 점보제트기에 의한 항공화물운송, 컨테이너에 의한 운송화물의 단위화(Unit load system)와 복합일관운송이라는 새로운 화물운송방식이 도입되었으며, 그 결과 국제무역관습에도 여러 가지 변화가 나타나고 있다.

이를테면 FOB는 본선인도조건으로 알려져 있으나 그 내용은 변화하고 있다. 예를 들어 미국무역정의에서 'FOB 조건'은 본선인도와 같은 한정적 의미를 넘어, 일반적으로 운송수단에 적재하여 인도하는 적재인도라는 개념으로 확대되었으며, 다시 지정목적지에서 운송수단으로부터 약정품을 인도하는 반입인도(Franco; Free delivered)의 개념으로 발전하였다. 이와 같은 미국의 FOB 유형을 미국통일상법전(UCC)에서는 'FOB place of shipment'와 'FOB place of destination'으로 분류하고 있다. 게다가 미국의 세계무역에 있어서의 지위가 제2차 세계대전 후 비약적으로 증대된 결과, 미국의 FOB관습이 다른 국가에까지 확대되어 적용되고 있는 실정이다.

한편 국제상업회의소(ICC)에 의해 1936년에 INCOTERMS가 제정되었다. INCOTERMS는 제정 당시부터 무역거래의 현실을 반영하기 위하여 그때그때마다(대개 10년) 개정하기로 함에 따라 1953년에 개정되었으며, 1967년과 1976년, 1980

년과 1990년, 그리고 2000년과 2010년에 개정 되었으며, 최근에는 2019년 개정되어 2020년 1월 1일부터 사용하게 되었다. 2020년부터 시행하는 INCOTERMS의 자세한 내용에 대해서는 제6장에서 후술하기로 한다.

국제상업회의소가 1936년의 INCOTERMS를 1953년에 개정할 때에, 영국국내 위원회에 그 개정안의 작성을 의뢰하였다. 이때, 동 위원회는 개정안에 대한 각국의 의견이 정확히 반영되도록 배려하여 본선인도조건을 'FOB Vessel'이라고 표시하였다. 앞에서 말한 바와 같이 제트기의 상업항공기화와 대형화에 따라 항공기의 운송력이 증대되고 있다. 항공화물운송에 의한 무역거래는 종래의 해상운송에 의한 무역거래와는 다른 여러 가지 문제를 내포하고 있다. 그럼에도 불구하고 "FOB Manchester to Paris"와 같이 종래의 FOB라는 용어를 일반적으로 사용하고 있다.

이제는 영국에서도 FOB가 본선인도에 한정된 정형거래조건이 아니라 확대된 의미를 지니게 되었다. 따라서 영국에서도 본선인도조건을 나타내기 위해서는 FOB Vessel로 표시하지 않으면 안 되게 되었다.

CIF도 항공화물운송에 의한 무역거래에 이용되어 "CIF Montreal by Air-freight"와 같이 사용되고 있다. 현재 항공화물운송에 있어서는 Air Waybill이 권리증권(Document of title)으로서의 역할을 하고 있지 않다. 따라서 CIF라는 용어가 그 계약에 사용되었다 하더라도 이것은 상징적 인도를 의미하는 정형거래조건이 아니라 오직 가격조건으로서의 의미에 그치고 있다. 또 항공기에 의한 화물운송은 더욱더 확대될 것이지만, 이 경우에 고속운송에 따른 서류의 신속한 제공방법이 문제가 될 것이다.

1990년에는 전자데이터통신(EDI: Electronic Data Interchange) 및 국제복합운송의 발전에 따라 FOB Airport와 FOR(또는 FOT)을 폐지하고 이를 FCA에 흡수·포함시켜 13개의 무역조건으로 규정하였다. 2010년에는 2000년의 13가지 조건을 축소하여 11개의 조건으로 개정하였다. 2020년에는 2010년의 11가지 조건을 그대로 두고 일부조건만을 개정하였다.

결국 국제무역거래는 새로운 제도를 도입함으로써 부단히 변모하는 것이므로 이에 맞추어 새로운 거래관습을 인식하여 이것을 바탕으로 해석기준을 개정함으로써 언제나 가장 새로운 해석기준을 마련해 두는 것이 바람직하다. 그러나 그 조사에 소요되는 노력·비용·시간 등을 생각하면, 실제로는 쉬운 일이 아니다. 또 해석기준의 내용을 복잡하게 변경한다는 것은 어떤 의미에서는 바람직하지 못하다. 새로운 제도가 출현하고, 이에 따라 새로운 형태의 무역거래가 행하여진다 하더라도 새로운 거래관습이 확립되기까지는 상당한 시간이 소요된다.

이와 같이 특정의 무역거래조건이 일반적으로 널리 이용하게 될 때에는 종래의 규칙을 개정하여야 할 것이나, 개정유무를 불구하고 이러한 새로운 제도를 이용하여 무역거래를 하는 당사자는 계약의 체결·이행에 있어서 자신의 위험을 충분히 유의하지 않으면 안 된다.

3) 국제무역관습의 변천과정

국제무역계약은 법제나 관습이 서로 다른 국가 간에 행해지는 것이므로 각국의 지역적 관습이나 특수한 파생적 조건을 많이 수반하게 된다. 그러므로 무역거래조건은 실제거래에서 용어나 관용이 국제적으로 통일되어 있지 않기 때문에, 매매당사자간에 여러 가지 오해가 발생하여 분쟁이 야기되는 경우도 많다. 이와 같은 오해와 분쟁을 회피하기 위하여 해석기준으로서의 국제통일규칙이 몇몇 국제기구에 의하여 제정되었다.

국제적 해석기준으로서의 통일규칙은 상관습법의 경우와 마찬가지로 그 속에 나타난 거래관습은 그 시점에서 통일규칙으로 고정화된다. 따라서 상거래의 배후에 있는 여러 제도의 발달에 의해서 변화하고 발전하는 성질이 있는 거래관습과는 별개의 것이다. 통일규칙은 그때의 거래관습을 최대공약수적으로 고려하고 있지만, 전면적으로 채용되고 있지는 않다. 이러한 의미에서 거래관습과 그 해석기준으로서의 통일규칙은 구별되어야 한다. 요컨대, 통일규칙은 거래관습 그 자체는 아니다.

그러나 통일규칙은 그때의 거래관습을 충분히 고려하였을 것이고 통일규칙이 새로운 거래관습을 발생시켜 발전시키는 경우도 있다. 거래관습과 통일규칙은 구별되어야 할 것이나 전혀 별개의 것은 아니고 밀접한 관계가 있으며, 거래관습(국제무역거래조건 등)의 연구에 중요한 참고가 된다.

이렇게 볼 때 통일규칙은 임의규정이며, 수출자와 수입자 쌍방이 동의한 경우에 한해서 당사자에게 적용된다. 이들 국제무역거래에 관한 통일규칙으로는 다음과 같은 것들이 있다.

(1) Warsaw-Oxford Rules for CIF Contract

1873년 런던에서 설립된 민간기관인 국제법협회(ILA: International Law Association)가 제정한 CIF조건에 관한 통일규칙을 말한다.

국제법협회가 해상무역에서의 매매관습의 국제적 통일을 위한 규칙을 제정할 것을 결의한 것은 1926년에 개최된 비인회의였다. 이 회의에서의 결의에 따라 CIF조건에 관한 통일규칙을 기초할 위원을 선임하였으며, 그 초안이 1928년 바르샤바회의에 상정되어 "1928년 바르샤바규칙"(Warsaw Rules, 1928)이 채택되었다.

CIF조건에 관한 규칙은 전문 22개조의 규칙으로 되었으며, 영국의 CIF관습과 이에 관한 판례를 토대로 하여 작성되었다. 국제상업회의소의 정형거래조건위원회는 이 바르샤바규칙에 관심을 나타내고, 이에 대한 각국의 국내위원회의 의견을 구하였다. 특히 미국과 독일로부터 수정안이 제출되어 1930년에 개최된 뉴욕회의에서 이 규칙을 개정하기로 결정하였다. 특히 국제상업회의소의 강력한 지원에 의해서 1931년 10월에 바르샤바규칙 개정초안이 작성되었으며, 이것이 1932년 옥스퍼드 회의에 상정되어 "1932년 CIF계약에 관한 바르샤바-옥스퍼드규칙"(Warsaw-Oxford Rules for CIF Contract, 1932)이 채택되었다. 이 규칙은 서문과 21개조로 구성되어 있다.

이 규칙도 다음에 설명할 Incoterms나 개정 미국무역정의(Revised American Foreign Trade Definitions)와 마찬가지로 매매당사자가 임의로 채택할 수 있는 통일적 해석기준을 제공하는 데 지나지 않으므로 계약당사자의 합의에 의하여, 본 규칙에 따라 해석할 것이라는 취지의 조항을 명시적으로 규정하는 경우에 한하여 계약당사자의 CIF조건의 권리·의무가 적용되는 것이다.

(2) American Foreign Trade Definitions

영국에서 FOB관습이 발생하였다는 것은 이미 설명하였다. FOB는 선박에 약정품을 적재함으로써 수출자의 인도제공의 의무가 완료되기 때문에 당연히 본선인도조건이라고 하여야 할 것이므로 이를 특별히 on board의 뒤에 Vessel이라는 단어를 첨가할 필요가 없다. 그러나 이 거래관습이 대륙국가인 미국에 전해지면서 선박뿐만 아니라 철도화차, 부선, 화물자동차 등 일반적으로 운송인에게 화물을 인도하거나 또는 지정운송수단에 적재함으로써 수출자의 인도제공이 이루어지는 매매를 이 용어로 표시하게 되었다.

즉, "FOB Chicago", "FOB Mill Pittsburgh"와 같이 내륙의 출화지나 수출자의 공장 적출지를 나타내는 용어로 일반화되었다. 혹은 "FOB Cars New York"와 같이 약정품을 적재한 화차가 지정항구에 도착할 때까지의 위험과 비용을 수출자가 부담하고, 그 지정장소에 도착한 화차에 적재된(on board) 상태에서 약정품을 수입자에게 인도한다고 하는 내용의 화차인도조건도 발생하였다.

이와 같이 FOB라고 하는 용어의 사용방법이 미국에서의 경우 여러 가지가 있으므로 미국상인과의 무역거래에서 이 조건의 사용법이나 해석에 대한 분쟁이 종종 발생하였다. 따라서 이들의 용어에 대한 통일화를 목적으로 1919년 뉴욕에서 미국무역협회(National Foreign Trade Council)의 주도하에 전미무역협회회의(National Foreign Trade Convention)가 개최되었으며, 이 회의에서 "수출가격조건의 정의"(Definitions of Export Quotations)가 채택되었다. 이 정의에서는 ① FOB ② FAS ③ CIF ④ C&F의 4종의 표준무역거래정의를 규정하였으며, 특히 FOB는 이를 다시 7종으로 세분하여 표준해석을 하였다.

그러나 1919년의 미국무역정의는 수출가격의 원가계산 방법이 수출자 단체에 의하여 작성되었던 것이어서, 수출자에게 유리한 해석 기준이라는 불만이 수입자로부터 제기되었다. 또 그 후 20년간 미국이 세계무역의 지도적 입장에 서게 되었고, 미국의 무역거래관습에도 큰 변화가 생겼다. 이러한 이유로 미국무역협회(National Foreign Trade Council), 미국수입자협회(National Council of American Importers) 및 미국상업회의소(Chamber of Commerce of the United States)의 합동위원회에서 개정 작업을 하여 1941년의 미국무역협회 회의에서 1941년 개정 미국무역정의(Revised American Foreign Trade Definitions, 1941)가 채택되었다. 이 미국무역정의의 서문에는 다음과 같은 내용이 표시되어 있다.

The following Revised American Foreign Trade Definition－1941 are recommendation for general use by both exporters and importers. These revised definitions have no status at law unless there is specific legislation providing for them, or unless they are confirmed by court decisions. Hence, it is suggested that sellers and buyers agree to their acceptance as part of the contract of sale. These revised definitions will then become legally binding upon all parties.

(다음의 1941년 개정 미국무역정의는 수출입업자 쌍방이 일반적으로 이용하도록 추천한다. 이 개정정의는 특별법으로 규제를 하거나 또는 법정의 판결로 확인되지 않는 한, 법적 지위를 갖지 않는다. 따라서 매매당사자는 이것을 매매계약의 일부로서 받아들이는 데 동의할 것을 권유한다. 그렇게 함으로써 이 개정정의는 모든 당사자를 법적으로 구속하게 될 것이다.)

1941년 개정 미국무역정의는 이전의 India House Rules에 Ex Pointed of Origin 및 Ex Dock의 두 가지를 추가하였다. 따라서 기본적으로 ① 원산지인도(Ex Point of Origin) ② 적재인도(FOB) ③ 선측 또는 현측인도(FAS) ④ C&F(운임포함인도) ⑤ 운임·보험료포함인도(CIF) ⑥ 부두인도(Ex Dock)의 6종으로 세분되어 있다. 그 중 FOB 조건은 다음과 같이 4계통 6개 조건으로 나누어진다.

■ 제1계통

제1계통은 국내의 지정출화지에서 수출자가 약정품을 철도화차, 화물자동차, 부선, 항공기 그 밖의 운송기관에 적재하여 인도 제공하는 조건으로서 다음과 같은 것이 있다.

① FOB Named Inland Carrier at Named Inland Point of Departure

이 조건은 국내의 적출지점에 한하여 적용되며 수출자는 기차(railway cars), 화물자동차(trucks), 부선(lighters), 전마선(barges), 항공기(aircrafts) 및 기타의 운송기관에 약정품을 적재할 의무를 지며, 운송업자로부터 도착지운임 선지급조건으로 발행되는 무사고화물상환증(Clean collect Bill of Lading) 또는 기타 운송화물수령증(Transportation Receipt)을 입수할 때까지의 일체의 위험과 비용을 부담하는 조건이다. 따라서 이 조건에서 수출자가 입수하여야 할 B/L은 그것이 철도운송인 경우는 철도화물상환증(Railway B/L), 내수로 운송일 때는 내수로 선화증권(Inland water B/L)이 될 수도 있다.

② FOB Named Inland Carrier at Named Inland Point of Departure(Freight Prepaid to Named Inland Point of Exportation)

이 조건은 본질적으로 전항 ①의 FOB와 같으나 단지 국내출화지에서 수출이 이행되는 지점까지의 운송비를 수출자가 부담하는 특약에 의해 체결된 조건이다. 그러므로 수출자는 내륙출화지에서 운송업자에게 수출지, 즉 해상운송의 출발지점까지의 운임을 선지급하고 송장에 선지급운임을 가산하여 대금을 지급받게 되므로 결과적으로 수입자가 운송비를 부담하는 셈이 된다.

예를 들면, FOB Railroad Cars at Chicago Station Freight Prepaid to Pennsylvania Station, Philadelphia와 같이 표시되는 조건이며, 수출자가 시카고 역에서부터 수출항의 지정지점인 필라델피아 시의 펜실베이니아 역까지의 철도운임을 부담한다. 따라서 수출항에서 대외국의 수출문제는 수입자의 책임이다. 발송지점에서 수출항구까지의 위험부담은 FOB원칙에 입각하여 수입자의 부담으로 귀속된다. 수출자는 화물발송과 더불어 무사고화물상환증 또는 운송화물수령증을 입수하여 수입자와 대금결제를 해결하게 된다.

③ FOB Named Inland Carrier at Named Point of Depature(Freight Allowed to Named Port of Exportation)

이 조건은 전항 ②의 FOB 조건과 같이 지정수출지까지의 운임을 가격에 포함시키는 것은 동일하지만 수출자가 운임을 선지급 하지 않고 도착 후 지급으로 하는 것이 다르다. 즉, 이 조건은 지정수출지까지의 운임을 사전에 계산하여 물품매매계약을 하지만 도착 후 지급인도로 수입자가 운임을 부담하게 된다. 이렇게 되면 수입자는 운임을 이중으로 부담하게 되므로 지급한 운임만큼 송장가격에서 공제(allowance)한다는 특약조건이다. 따라서 이 조건은 본질적으로는 ①의 FOB조건과 마찬가지로 지정국내출화지에서 운송기관에 약정품을 적재하고 무사고화물상환증(Clean Collect B/L) 또는 운송화물수령증(Transportation Receipt)은 수출자가 입수하나 운임은 도착 후 지급조건으로 수입자가 실제적으로 지급하게 되며, 다만 가격 계산에 있어서는 ②의 FOB조건과 같이 지정수출지까지의 운임을 일단 수출자가 부담하는 형식이 되는 것이다.

■ 제2계통

제2계통은 수출자가 지정수출지까지의 위험과 비용을 부담하고 거기에 도착한 약정품을 운송기관에 적재된 상태로 수입자에게 제공하는 조건으로서 다음과 같다.

④ FOB Named Inland Carrier at Named Point of Exportation

제1계통의 FOB조건에서는 지정국 내의 출화지에서 약정품을 지정운송기관에 인도함으로써 수출자의 의무가 완료되지만 ④의 FOB조건에서는 수출자가 약정품의 국내 출화지로부터 수출지까지의 운송에 관한 일체의 위험과 비용의 부담을 원칙으로 하는 조건이다. 예를 들면, FOB Railroad at San Francisco Station과 같이 표시되는 조건이며, 수출자는 출화지점에서 약정품을 철도화차에 적재하고 수출지점인 샌프란시스코 항의 철도역까지의 운임 및 위험을 부담하는 것이다. 따라서 이 조건은 약정품에 대한 위험과 책임부담의 한계를 수출지의 철도역에 화물이 도착한 때를 분기점으로 한 것이다. 그러므로 수출자는 약정품을 수출지의 철도역까지 자기의 위험과 비용으로 화차에 운송하여 수입자에게 화차에 적재된 그대로 인도함으로써 일체의 책임으로부터 벗어나게 된다. 또한 수입자는 그 약정품을 인수받아 자기의 위험과 비용으로 수출항의 본선까지 운송하여 선적하여야 한다.

■ 제3계통

제3계통은 지정선적항에서의 본선인도조건으로서 다음과 같은 것이 있다.

⑤ FOB Vessel Named Port of Shipment

이 조건은 인코텀스(INCOTERMS)의 FOB와 같으며 수출자가 약정품을 지정선적항에서 수입자 또는 수입자를 위하여 지정한 본선 선상에 약정품을 적재할 때까지의 일체의 비용과 위험을 부담하는 조건이며, FOB Vessel New York과 같이 표시한다.

■ 제4계통

제4계통은 1919년 정의에는 없었던 것으로서 수입국의 지정장소까지 비용과 위험을 부담하고 수출자가 수입국에 도착한 약정품을 운송기관에 적재한 상태로 수입자에게 제공되는 거래조건이다.

⑥ FOB Named Inland Point in Country Importation

이 조건은 무역에서 말하는 통상적인 FOB와는 전혀 다른 이질적인 조건이다. 이 조건은 수입국의 지정국내장소에의 반입인도라는 해석으로서 실제적으로 반입인도조건(Franaco terms 또는 Free delivered terms)과 같은 내용이다. 이 조건에서는 FOB 다음에 수입국 내의 지정지점이 기재되며, 수출자는 수입국 내의 수입자가 지정한 국내지점까지의 일체의 비용과 위험을 부담하여야 한다. 예컨대, 수입국의 지정장소가 FOB New York Named Warehouse라고 한다면 매매계약상의 인도장소가 수입국인 미국의 뉴욕지정창고가 되는 것이다. 이러한 거래조건은 수출자로서는 매우 불리한 거래조건이다. 시장환경이 수입자 주도 시장(Buyer's market)인 경우에 종종 이러한 거래조건이 이용된다.

이러한 미국무역정의도 다음에 설명할 인코텀스와 마찬가지로 무역거래관습의 해석 기준에 불과하므로 그 자체로서는 법적인 구속력은 없다.

요컨대, 이 정의는 매매계약의 일부로 채택할 것을 권유하고 있으며, 이 정의가 채택되었을 때에 한하여서만 매매당사자를 법적으로 구속하게 된다. 그나마 해석기준으로 널리 이용되려면 그 내용이 가능한 한, 최신의 것이어야 하고 무역거래자들이 용인하는 것이어야 한다.

1941년 미국무역협회(National Foreign Trade Council)의 개정 정의는 이후 20년이상 경과된 1960년대 전반에 점차로 미국의 각 주가 채택함으로써, 1968년에는 루이지애나 주를 제외한 모든 주에 채택되었으며 그 중에 FOB, FAS, CIF, C&F, Ex ship 등에 관한 규정이 포함되어 있기 때문에 민간단체가 굳이 이 같은 해석기준을 개정하여 간행하여야 할 의의가 없어졌다.

또 인코텀스(INCOTERMS)에 채택되어 있는 무역용어와 미국무역정의의 그것이 용법·해석을 달리하고 있는바, 미국이 세계무역에서 차지하고 있는 지도적 입장을 고려할 때에, 미국이 새로운 정의를 발표한다는 것은 국제무역거래에 혼란의 파문을 일으킬 우려가 있다. 이러한 이유로 1969년에 이스탄불에서 개최된 제22회 ICC총회에서 미국 국내위원회의 대표로부터 앞으로 미국무역정의의 개정을 하지 않을 것이라는 발언이 있었다. 그럼에도 불구하고 1990년 미국무역정의가 개정 되었다. 전미무역협회는 1990년 미국무역정의를 개정하면서 다음과 같이 명시하고 있다.

1. 국제무역정의는 전 세계에 걸쳐 다양한 지역의 기구들에 의해 만들어진다. 또한 각 국의법원이 이러한 관례들을 다른 방법들로 해석하고 있다. 따라서 매도인과 매수 인은 계약시 1990년 미국무역정의를 계약의 일 조건으로 할 것을 명확히 하는 것이 중요하다.

2. 1990년 미국무역정의에 열거한 무역조건들 이외에 부가해서 사용되는 조건들이 있 다. 예를 들어 Free Harbor, C.I.F.&C. (Cost, Insurance, Freight, and Commission), C.I.F.C.&I. (Cost, Insurance, Freight, Commission, and Interest), C.I.F. Landed (Cost, Insurance, Freight, Landed) 등이다. 이들 조건들은 정확한 뜻을 확실하게 이해하지 않는 한 어떠한 것도 사용하지 않는 것이 좋다. 또한 각 조건들을 원용해 석 하여 다른 조건들을 해석하려 시도하는 것은 현명하지 못하다. 가능한 한 여기에 정의된 용어만을 사용하는 것이 좋다.

3. 견적서 또는 계약서 작성시 약자를 사용하면 오해의 소지가 있으므로 사용하지 않 는 것이 좋다.

4. 견적서 작성시 "hundredweight" 또는 "ton" 같은 익숙한 용어는 피해야 한다. 중량 톤은 short ton일 경우 100파운드 이며, long ton일 경우 112파운드가 될 수 있다. 용적톤은 short ton일 경우 2,000파운드, metric ton일 경우 2,204.6파운드, long ton일 경우 2,240파운드가 될 수 있다. 따라서 헌드레드웨이트 혹은 톤의 종류는 견 적서와 판매확약서에 명확하게 기재 되어야 한다. 또한 물량, 무게, 부피, 길이 또는 표면에 관한 모든 용어들은 명확하게 정의하고 합의하여야 한다.

5. 만약 검사 또는 검사증명서가 필요한 경우, 검사비용을 매도인 혹은 매수인 중 누가 부담할 것인지를 사전에 합의하여야 한다.

6. 특별히 합의하지 않는 한, 모든 비용은 매수인이 물품을 인수하기 전까지는 매도인 이 부담한다.

7. 계약에는 이 개정무역정의에 빠진 고려해야 할 많은 것들이 있다. 따라서 매도인과 매수인은 협상 중 소위 "습관적인" 관례들에 대한 것들을 별도로 논의하여야 한다.

(3) 인코텀스(INCOTERMS)

1920년 국제상업회의소(ICC)가 창립된 후, 최초의 사업으로 착수한 것이 정형 무역거래조건의 통일이었다. ICC는 프랑스 파리의 ICC본부 내에 정형무역거래조건 위원회(Trade Terms Committee)를 설치하여, 우선 각국에 관용되고 있는 정형무역거 래조건에 대하여 각국의 국내위원회에 실태조사를 요청하였다. 12개국의 국내위원 회로부터 조사자료를 수집·정리하여 ① FOB ② FOR(FOT) ③ Free delivered ④

CIF의 4종에 대하여 1923년에 Trade Terms Definitions의 초판을 간행한바 여기에 서 각국의 정의와 당사자의 권리·의무에 관한 해석의 이동을 나타내는 비교표를 발표하였다.

그 후 다시 20여 개 국가들로부터 보고를 받아 이들의 자료를 정리하여 1929 년에 무역조건으로 간행하였다. 여기에는 상기의 4종 외에 FAS와 C&F가 추가되어 모두 6종에 대하여 거래당사자의 의무를 비교표시하였다.

그 결과 정형무역거래조건의 해석과 관용에 대하여 각국 간에 존재하는 상위점이 더욱 명백하게 되었으므로, 1929년의 정형무역거래조건을 기초로 정형무역거래조건의 해석에 관한 국제적 통일규칙의 초안을 기초하게 되었으며, 1936년 1월 정형무역거래조건위원회에 동 초안이 제출되어 협의한 후 무역조건의 해석에 관한 국제규칙(International Rules for the Interpretation of Trade Terms; 약칭 INCOTERMS 1936)이라는 명칭으로 공포되었다. 이후 8차에 걸쳐 개정되어 오늘에 이르고 있다.

① 1936년 INCOTERMS

1936년 제정 당시의 인코텀스는 다음과 같은 11종의 정형무역거래조건에 대하여 수출자 및 수입자의 최소한의 의무를 조항별로 규정하고 있었다.

Ⓐ Ex Work

Ⓑ FOR; FOT…named departure point

Ⓒ Free…named port of shipment

Ⓓ FAS…named port of shipment

Ⓔ FOB…named port of shipment

Ⓕ C&F…named port of destination

Ⓖ CIF…named port of destination

Ⓗ Freight or Carriage Paid to…named port of destination

Ⓘ Free or Free Delivered…named port of destination

Ⓙ Ex Ship…named port

Ⓚ Ex Quay…named port

② 1953년 INCOTERMS와 1967년 INCOTERMS

인코텀스는 국제무역거래관습의 해석에 관한 통일적 기준이므로 국제무역에 널리 이용되기 위해서는 그 내용이 최신의 것이어야 할 필요가 있다. 제2차 세계대전 후의 새로운 국제경제정세의 변화에 따라 국제무역거래관습도 변화하기에 이르렀으므로, ICC는 INCOTERMS를 개정할 필요가 있다고 판단하여 1953년 5월에 비인에서 "INCOTERMS, 1953"을 공포하였다.

1936년 인코텀스에는 11종의 정형거래조건이 규정되어 있었으나 1953년의 개정규칙에는 지정선적항 반입인도조건(free)과 지정목적항 반입인도조건(free 또는 free delivered)이 제외된 9종이 기재되어 있다. 이 두 가지의 거래조건을 삭제한 이유에 대하여는 ICC의 공식적인 설명은 없다. 그러나 ① 양 거래조건을 나타내는 용어가 비슷해서 혼동하기 쉽고 ② 당사자의 의무에 대하여 각국의 해석이 너무나도 서로 다르므로 통일적인 기준을 설정하기가 어렵고 ③ 이들의 거래조건이 무역거래에서는 거의 이용되고 있지 않다는 것 등을 이유로 하여 규칙에서 제외되었다고 볼 수 있다.

1953년 인코텀스가 간행된 이후 새로운 변화가 발생하였다. 그것은 유럽에서의 동서간의 대립격화로 말미암아 대륙제국간의 무역거래가 종래와 같이 순조롭게 이루어지지 못하게 되었다. 서구 측과 동구 측에 각각의 당사자가 영업소를 가지고 있는 경우, 종래와 같이 당사자의 한편이 철도를 수배하고 약정품을 수출국으로부터 인수한다거나 또는 수입국의 지정목적지에 발송하기가 어려우므로 동서간의 국경에서 약정품의 인도를 이행하는 계약이 생기게 되었다. 또한, 제2차 세계대전 후의 국제경제부흥기가 끝나고 성장기로 접어들 무렵부터 유럽에서는 팰릿(pallet)에 의한 하역·운송의 합리화가 진행되었다. 화물운송이 팰릿이나 컨테이너에 의하여 이루어지게 되자 수출자가 수입국내의 지정목적지까지 반입하여 그 장소에서 약정품을 수입자에게 제공하는 현상이 두드러지게 되었다.

이들의 새로운 거래관행을 일반화하여 전자를 국경인도조건(Delivered at frontier), 후자를 수입국내 지정장소에서의 관세포함 반입인도조건(Delivered duty paid)으로 하여 그 해석기준을 규정하는 것이 ICC의 정형무역거래조건위원회에서 거론되었다. 그러나 이들의 거래조건은 모든 국가의 당사자에게 적용되어지는 것이 아니며, 또한 모든 종류의 상품매매에도 적용되는 것이 아니라는 이유에서 ICC는 1953년 인코텀스를 개정할 생각이 없었다.

이들 2종의 반입인도조건에 관한 통일규칙안은 1967년 몬트리올에서 개최된 ICC의 제21회 총회에서 채택되었으므로 1967년 몬트리올규칙(Montreal Rules, 1967)

이라고 불린다.

한편, 항공화물을 수출하는 경우에도 FOB계통의 거래조건 사용이 증가함에 따라 FOB Airport…named airport of departure조건이 1967년의 부록에 수록되었다.

③ 1980년 INCOTERMS

1970년대에 들어서면서 국제운송에서 컨테이너라는 운송도구의 사용이 크게 증가함에 따라 세계의 해운은 보다 신속·안전·편리성을 달성하게 되었다. 그리하여 운송의 궁극적 목표인 문전에서 문전까지(Door to door)의 해·육·공 일관 운송체제, 즉 선박, 자동차, 철도, 항공기 등 각각 다른 여러 운송수단 간의 횡적 결합에 의한 일관운송체계인 복합운송(Combined transport)이 등장하게 되었다.

이러한 복합운송이라는 새로운 운송개념의 등장은 전통적인 해상운송 중심의 무역거래를 해·육·공에 걸친 복합운송방식으로 변화를 가져옴으로써 국제무역거래규칙과 조약 등은 복합운송거래를 수용할 수 있도록 수정하거나 새로운 조항의 신설을 요구하게 되었다.

인코텀스도 이러한 흐름을 반영하지 않을 수 없어, 트레일러나 페리(ferry)에 의한 roll-on roll-off 방식의 복합운송에 적응하기 위하여 운송인도조건(Free carrier)과 운송비·보험료지급인도조건(Freight or carriage and insurance paid to)을 신설하는 한편, 종래에는 내륙운송에만 사용하던 운송비지급인도조건(Freight or carriage paid to)을 복합운송에도 적용할 수 있도록 수정하였다. 그리하여 1980년 인코텀스를 개정·공포하게 되었다.

1980년 인코텀스는 다음과 같은 14종의 거래조건에 대한 매매당사자의 의무가 규정되어 있다.

Ⓐ 공장인도조건
   (EXW: Ex Works<Ex Factory; Ex Plantation; Ex Warehouse 등>)
Ⓑ 철도인도조건(FOR 또는 FOT: Free on Rail Truck)
Ⓒ 선측인도조건(FAS: Free Alongside Ship)
Ⓓ 본선인도조건(FOB: Free on Board)
Ⓔ 운임포함조건(CFR 또는 C&F: Cost and Freight)
Ⓕ 운임·보험료포함조건(CIF: Cost, Insurance and Freight)
Ⓖ 운송비지급인도조건(DCP: Freight or Carriage Paid to)

    Ⓗ 착선인도조건(EXS: Ex Ship)

    Ⓘ 부두인도조건(EXQ: Ex Quay)

    Ⓙ 국경인도조건(DAF: Delivered at Frontier)

    Ⓚ 통관인도조건(DDP: Delivered Duty Paid)

    Ⓛ 항공인도조건(FOA: FOB Airport)

    Ⓜ 운송인도조건(FRC: Free Carrier)

    Ⓝ 운송비 · 보험료지급인도조건(CIP: Freight or Carriage and Insurance Paid to)

④ 1990년 INCOTERMS

1990년 인코텀스는 전자데이터교환(EDI: Electronic Data Interchange)과 국제복합운송이 고도로 발전됨에 따라 두 가지의 무역조건 즉, 공항인도조건(FOA: FOB Airport) 또는 철도인도조건(FOR, FOT: Free on Rail or Free on Truck)을 폐지하고, 운송인도조건(FCA: Free Carrier)에 흡수 · 포함되어 13개의 무역조건으로 구성되어 있다. 한편, 1990년 인코텀스에서는 계약당사자가 의무의 결정을 단계적으로 세부조건에 대하여 하나하나 충분한 검토를 할 수 있도록 통일적으로 배열함으로써 이용에 편리하도록 한 것에 그 특징이 있다.

1990년 인코텀스는 그 구성에 있어서 실무적으로 식별하기 쉽게 13가지의 무역조항을 근본적으로 상이한 네 가지의 그룹으로 분류하였다. 즉, 수출자 자신의 건물 내에서 수출자가 수입자에게 약정품을 인도하는 유일한 조건('E'조건 : EXW)으로부터 시작하여, 둘째 그룹으로 수출자는 수입자가 지명한 운송인에게 약정품을 인도하도록 요구되는 조건들('F'조건: FCA, FAS 및 FOB), 셋째 그룹으로 수출자가 운송계약을 체결하여야 하지만 선적 및 발송 이후에 발생하는 사건에 기인되는 화물의 멸실 또는 손상의 위험 또는 추가비용에 대하여는 책임이 없는 조건들('C'조건: CFR, CIF, CPT 및 CIP), 그리고 끝으로 수출자가 목적국가까지 약정품을 운송하는 데 소요되는 모든 비용과 위험을 부담하여야 하는 조건들('D'조건; DAF, DES, DEQ, DDU 및 DDP)이 있다.

1990년 인코텀스는 다음과 같은 13가지의 거래조건에 대한 매매당사자의 의무가 각각 10개의 조항으로 간단명료하게 규정되어 있다.

  Ⓐ 공장인도조건(EXW: Ex Works)

  Ⓑ 운송인인도조건(FCA: Free Carrier)

  Ⓒ선측인도조건(FAS: Free Alongside Ship)

  Ⓓ 본선인도조건(FOB: Free on Board)

  Ⓔ 운임포함조건(CFR: Cost and Freight)

  Ⓕ 운임보험료포함가격(CIF: Cost, Insurance and Freight)

  Ⓖ 운송비지급조건(CPT: Carriage Paid to)

  Ⓗ 운송비보험료지급조건(CIP: Carriage and Insurance Paid to)

  Ⓘ 국경인도조건(DAF: Delivered at Frontier)

  Ⓙ 착선인도조건(DES: Delivered Ex Ship)

  Ⓚ 부두인도조건(DEQ: Delivered Ex Quay)

  Ⓛ 관세불지급반입인도조건(DDU: Delivered Duty Unpaid)

  Ⓜ 관세지급반입인도조건(DDP: Delivered Duty Paid)

⑤ 2000년 INCOTERMS

지금까지 5차에 걸친 개정이 있었으나 국제무역거래조건은 항상 그 당시의 관습에 따라야 하는 국제무역거래의 특수성과 당위성에 따라 2000년 제6차 개정을 하게 되었다. 개정 2000년 인코텀스는 1990년 인코텀스와 거래조건의 종류 변동 없이 다음과 같이 13가지로 구성되어 있다.

■ E그룹 : 적출지인도조건(Group E: depature)
  수출자 자신의 작업장 구내에서 매수인에게 약정품을 인도하는 조건이다.

  Ⓐ 공장인도조건(EXW: Ex Works)

■ F그룹 : 운송비미지급인도조건(Group F: main carriage unpaid)
  수출자가 약정품을 수입자가 지명한 운송인에게 인도하도록 요구되는 조건들이다.

  Ⓑ 운송인인도조건(FCA: Free Carrier)

  Ⓒ 선측인도조건(FAS: Free Alongside Ship)

  Ⓓ 본선인도조건(FOB: Free on Board)

■ C그룹 : 운송비지급인도조건(Group C: main carriage paid)

수출자가 운송계약을 체결해야 하지만 약정 물품의 선적 및 발송 이후에 발생하는 사건에 기인하는 화물의 멸실 또는 손상의 위험 또는 추가 비용에 대해서는 책임이 없는 조건들이다.

Ⓔ 운임포함조건(CFR: Cost and Freight)

Ⓕ 운임보험료포함조건(CIF: Cost, Insurance and Freight)

Ⓖ 운송비지급인도조건(CPT: Carriage Paid to)

Ⓗ 운송비보험료지급인도조건(CIP: Carriage and Insurance Paid to)

■ D그룹 : 도착지인도조건(Group D: arrival)

매도인이 목적항, 목적지점이나 장소까지 약정품을 운송하는 데 소요되는 모든 비용과 위험을 부담해야 하는 조건들이다.

Ⓘ 국경인도조건(DAF: Delivered at Frontier)

Ⓙ 착선인도조건(DES: Delivered Ex Ship)

Ⓚ 부두인도조건(DEQ: Delivered EX Quay)

Ⓛ 관세미지급인도조건(DDU: Delivered Duty Unpaid)

Ⓜ 관세지급인도조건(DDP: Delivered Duty Paid)

⑥ 2010년 INCOTERMS

지금까지 6차에 걸친 개정이 있었으나 국제무역거래조건은 항상 그 당시의 관습에 따라야 하는 국제무역거래의 특수성과 당위성에 따라 2010년 제7차 개정을 하게 되었다. 개정 2010년 인코텀스는 다음과 같이 11가지로 구성되어 있다.

Ⓐ 공장인도조건(EXW: Ex Works)

Ⓑ 운송인인도조건(FCA: Free Carrier)

Ⓒ 운송비지급인도조건(CPT: Carriage Paid to)

Ⓓ 운송비보험료지급인도조건(CIP: Carriage and Insurance Paid to)

Ⓔ 터미날인도조건(DAT: Delivered at Terminal)

Ⓕ 목적지인도조건(DAP: Delivered at Place)

Ⓖ 관세지급인도조건(DDP: Delivered Duty Paid)

Ⓗ 선측인도조건(FAS: Free Alongside Ship)

Ⓘ 본선인도조건(FOB: Free on Board)

Ⓙ 운임포함인도조건(CFR: Cost and Freight)

Ⓚ 운임보험료포함인도조건(CIF: Cost, Insurance and Freight)

⑦ 2020년 INCOTERMS

지금까지 7차에 걸친 개정이 있었으나 국제무역거래조건은 항상 그 당시의 관습에 따라야 하는 국제무역거래의 특수성과 당위성에 따라 2019년 제8차 개정을 하게 되었으며, 2020년 1월1일부터 전세계적으로 시행하게 된다. 개정 2020년 인코텀스는 다음과 같이 11가지로 구성되어 있다.

Ⓐ 공장인도조건(EXW: Ex Works)

Ⓑ 운송인인도조건(FCA: Free Carrier)

Ⓒ 선측인도조건(FAS: Free Alongside Ship)

Ⓓ 본선인도조건(FOB: Free on Board)

Ⓔ 운임포함인도조건(CFR: Cost and Freight)

Ⓕ 운송비지급인도조건(CPT: Carriage Paid to)

Ⓖ 보험료포함(CIF: Cost Insurance and Freight)

Ⓗ 운송비보험료지급인도조건(CIP: Carriage and Insurance Paid to)

Ⓘ 목적지인도조건(DA: Delivered at Place)

Ⓙ 목적지(비양하)인도조건(DPU: Delivered At Place Unloaded)

Ⓚ 관세지급인도조건(DDP: Delivered Duty Paid)

제2장

법과 계약

계약의 사전적 의미는 '관련되는 사람이나 조직체 사이에서 서로 지켜야 할 의무에 대하여 글이나 말로 정하여 두거나 그런 약속'을 말한다. 구체적으로는 '일정한 법률 효과의 발생을 목적으로 2인 이상이 의사를 표시함에 있어서 청약과 승낙이 합치해야만 성립하는 법률 행위로서, 매매·고용·임대차 등의 채권 관계를 성립'시키는 것을 의미한다.

본장에서는 앞으로 국제무역계약의 이해를 위해 일반적인 계약에 대해 자세히 살펴본다.

01 계약의 의의 및 내용

로마법에서는 채권채무관계의 발생원인을 계약, 준계약, 불법행위, 준불법행위의 네 가지 경우로 규정하고 있으며, 우리나라의 민법에서는 계약, 사무관리, 부당이득, 불법행위를 채권채무관계의 성립 또는 채권채무의 발생원인으로 보고 있다. 본장에서는 채권채무관계의 발생원인 중 계약만을 다루고자 한다. 이는 국제무역이라는 특수한 상황에서 발생하는 무역관습을 이해하기 위해 논리적인 일관성을 가지려는 의도에서이다.

1) 계약의 의의

(1) 광의의 계약

계약이라는 말은 두 가지의 의미로 쓰인다. 넓은 의미에 있어서의 계약은 사법상의 일정한 법률효과의 발생을 목적으로 하는 2인 이상의 당사자의 의사표시의 합치에 의하여 성립하는 법률행위를 말하며, 단독행위나 합동행위와 구별되는 개념으로서 쓰인다. 이러한 의미에 있어서의 계약이라고 할 때에, 그것은 채권의 발생을 목적으로 하는 합의뿐만 아니라, 재산권의 변동을 목적으로 하는 합의·혼인과 같은 가족법상의 법률관계의 변동을 목적으로 하는 합의 등도 포함하는 넓은 개념이다.

우리나라 민법은 이 광의의 계약일반에 관한 통칙을 두고 있지 않으며, 민법 채권편에서 협의의 계약, 즉 채권계약에 관한 통칙만을 규정하고 있다. 따라서 그것

이 채권계약에만 적용되어야 할 특수성을 가지고 있지 않는 한, 물권계약 기타의
광의의 계약에도 유추 적용하여야 한다.

(2) 협의의 계약

협의의 계약은 채권관계 내지 채권의 발생을 목적으로 하는 합의를 의미한다.
우리가 국제무역과 관련하여 연구하려는 것이 바로 이 채권계약이다. 좁은 의미의
계약을 채권관계의 발생요인이 되는 계약이라고 한다면, 그것은 다음과 같이 정의
할 수 있다.

계약이라 함은 일정한 채권의 발생을 목적으로 하는 복수의 당사자의 서로 대
립하는 의사표시의 합치로 성립하는 법률행위이다. 따라서 계약이라는 법률적 요건
이 성립하려면 다음과 같은 표시가 존재해야 한다.

① 양 당사자의 의사표시

적어도 둘 이상의 당사자가 있고, 각 당사자는 다음과 같이 의사표시를 하여야
한다.

첫째, 계약의 효과인 채권관계는 의사표시를 한 당사자 사이에서 일어나는 것
이 일반적이지만 제3자를 위한 계약에 있어서와 같이 당사자 이외의 자에 의하여
발생하는 수도 있다.

둘째, 계약의 성립에는 적어도 두 개의 의사표시가 있어야 하며, 각 당사자는
의사표시를 하여야 하나, 이는 반드시 각 당사자가 스스로 하여야 한다는 것은 아
니다. 각 당사자에 관하여 효력이 생기는 것으로서 행하여진 의사표시가 두 개 이
상 있으면 된다. 따라서 대리인에 의하여 할 수도 있고, 일방이 타방의 대리인이 되
거나, 또는 당사자 쌍방의 대리인으로서 동일인이 하는 의사표시에 의하여서도 계
약은 성립할 수 있다.

셋째, 계약을 성립하게 하는 의사표시는 보통은 시간적으로 순차적으로 행하
여지고, 내용적으로도 앞서는 의사표시가 뒤따르는 의사표시를 유도하는 원인과 결
과의 의미를 가진다. 이와 같이 앞서는 의사표시를 청약이라 하고, 이에 응하여 뒤
에 행하여지는 것을 승낙이라고 한다. 그러나 양자가 동시에 행하여지거나, 또는 이
른바 교차청약에 의하여서도 계약은 성립할 수 있다.

② 합 의

계약이 성립하려면 각 당사자의 의사표시가 내용적으로 일치하는 합의가 있어야 한다. 합의가 있기 위하여서는 외부에 나타난 표시행위로부터 그 내용에 이르기까지 서로 일치하고, 또한 이와 같이 객관적으로 합치하는 의사표시가 상대방의 의사표시와 결합해서 일정한 법률효과를 발생시키려는 의의를 가지는 것이어야 한다.

③ 의사표시의 대립과 교환

계약에 있어서 합치하여야 하는 두 개 이상의 의사표시는 서로 대립하고, 당사자 사이에서 교환적으로 행하여져야 한다.

④ 채권발생의 법률요건

계약은 복수의 의사표시로 성립하지만, 그 효과로서 채권관계를 발생케 하는 원인이 되므로 그것은 법률행위에 속한다. 계약에서 발생하는 효과는 여러 가지가 있으나, 채권계약에 있어서는 주로 채권관계가 발생한다.

2) 계약의 내용

계약은 오늘날 인간생활의 모든 면에 걸쳐서 행하여지고 있다. 그리고 사회의 발전과 더불어 사람의 생활이 갈수록 세분화하고 복잡해져 가고, 그에 따라 계약도 그 내용이 복잡해지고 천태만상이다. 우리는 항상 여러 가지의 계약을 맺으면서 삶을 영위하고 있다. 실로 현대사회에 있어서는 모든 권리의 변동은 계약에 의하여 일어난다. 이러한 의미에서 현대사회는 계약사회라고도 말할 수 있다.

계약이라는 개념은 현대사회에서 처음으로 나타난 것은 아니며, 근대 이전의 사회에서도 볼 수 있었다. 그러나 양자 사이에는 큰 차이가 있다. 이른바 봉건사회에서는 사람은 신분적 지배관계에 있었기 때문에, 그 당시의 계약에 의하여 설정되는 관계는 신분적 지배관계의 설정이었다고 말할 수 있다. 이러한 상황은 근대사회의 성립으로 근본적 변혁을 겪게 되었다. 즉 근대적 계약으로 설정되는 관계는 단순한 물질적인 결부에 한하고, 신분적 지배관계를 수반하지는 않게 되었다.

봉건사회를 무너뜨리고 성립한 근대시민사회는 모든 시민의 평등, 사유재산의 인정, 개인적 자유의 존중을 그 존립의 기초로 삼는다. 그리하여 모든 개인은 신분적인 여러 차별과 구속을 벗어나게 되었으나, 그 반면에 종전의 신분질서에 의한 생존의 보장을 잃게 되었고, 이른바 자기책임의 원리에 따라 자기의 생존은 스스로

의 힘으로 유지하여야만 하게 되었다.

그리하여 독립적인 모든 개인은 필연적으로 사회적 분업협동관계에 가입하지 않을 수 없게 되었으며, 그 수단으로서 근대법이 예정한 것이 바로 계약이다. 즉 개인의 생활과 활동은 그의 자유로운 의사에 따라서 결정케 하는 것이 가장 합리적이고도 합목적적이라는 자유주의사상은 이른바 사적 자치를 인정하게 하였고, 특히 2인 이상의 당사자의 대립을 예상하는 계약은 이 사적 자치의 원칙적 수단으로 되어 채권발생원인으로서 중심적 지위를 차지하게 되었다. 즉 "신분으로부터 계약으로"(from status to contract) 이행하게 되었던 것이다.

근대사회에 있어서 계약의 작용은 자본주의 자유경제와 문화의 발달을 촉진하는 원동력이 되었다. 그러나 한편으로는 자본주의가 고도로 발전하여 자본과 기업이 집중하고 시장을 독점하여 이제까지 발전의 기초가 되었던 자유경쟁이 배제되는 독점자본주의의 단계에 들어서면서, 경제적 불평등이 심해지고, 거래의 방식과 내용은 정형화하여 계약의 자유는 형식적·명목적인 것이 되어버렸고, 또한 노사의 극심한 대립 등 많은 경제적·사회적 문제를 초래하였다. 그리하여 계약은 여러 방면으로부터 제한을 받게 되었다. 그러나 개인의 창의, 자유로운 경쟁이 법의 원리로서 승인되는 한, 앞으로도 계약이 사회관계의 형성에 있어서 계속 중요한 작용을 하게 된다는 점은 부정할 수 없을 것이다.

02 계약의 한계

1) 계약자유의 원칙

(1) 의 의

근대민법의 3대 원칙은 사적 자치의 원칙, 소유권 절대의 원칙, 과실책임주의 원칙이다. 그 가운데서 사적 자치의 원칙과 관련해 볼 때 가장 전형적인 것이 계약자유의 원칙이다. 이 계약자유의 원칙은 계약에 의한 법률관계의 형성은, 법의 제한에 부딪치지 않는 한, 완전히 각자의 자유에 맡겨지며, 법도 그러한 자유의 결과를 될 수 있는 한 승인한다는 원칙이다.

(2) 내 용

계약자유의 원칙의 내용으로서는 체결의 자유·상대방선택의 자유·내용결정의 자유·계약방식의 자유의 네 가지가 일반적이다.

계약체결의 자유는 당사자가 어떤 계약을 체결할 것인가? 누구하고 체결할 것인가를 자유롭게 결정할 수 있는 것을 말한다. 계약은 보통 청약과 승낙으로 성립하므로, 이 자유는 청약의 자유와 승낙의 자유를 포함하는 것이다. 따라서 청약이 있는 경우에 승낙을 거절할 자유도 당연히 인정된다.

내용결정의 자유는 계약체결의 양당사자가 그 계약의 내용을 자유롭게 정할 수 있는 것을 말한다. 이 내용결정의 자유는 일단 성립한 계약의 내용을 후에 변경하거나 보충하는 것도 포함한다. 그리고 사적 자치에 의하여 당사자는 일단 성립한 계약을 후에 맺는 다른 계약으로 해제하거나 또는 이미 이행중인 계약관계의 일부를 종료시킬 수도 있다.

계약방식의 자유는, 계약을 성립시키는 본체는 바로 당사자의 합의이며, 일정한 방식을 필요로 하지 않는다는 것이다.

(3) 한 계

개인의 자유의사의 소산임을 표현하는 이른바 계약의 자유는 근대시민사회에 있어서의 개인주의적·자유주의적인 시대사조를 배경으로 하여, 개인을 봉건적·신분적인 여러 구속으로부터 해방하고, 그에게 자유활동의 기회를 주고자 하는 데서 성립·인정된 것이었다. 그러나 자본주의경제가 고도로 발전하여 독점자본주의의 단계에 이르게 되면서 경제주체 사이의 경제적 불평등의 변화로 경제적 강자와 약자의 현저한 대립이 생기고, 강자가 약자를 지배하는 불합리한 경제사회를 형성하게 되었다. 사회의 경제적 약자에게는 계약의 자유는 점차 유명무실한 것으로 되어 버렸고, 오히려 계약자유의 원칙은 가진 자가 경제적으로 우세한 지위를 이용하여 갖지 못한 자를 지배하는 수단으로 되었다.

이와 같이 자본주의의 발전에 따라, 사회의 많은 사람에게는 계약의 자유가 계약의 부자유로 변화하게 되고, 계약자유의 원칙은 자기모순에 빠지게 되었다. 이러한 사태를 그대로 방치한다는 것은 사회질서의 혼란을 가져오고, 나아가서는 현존

사회의 존립 자체를 위협하게 된다. 따라서 사회존립의 유지를 꾀하기 위하여 여러 조치를 취하지 않을 수 없게 된다. 즉 기업의 독점적 지위에서 생기는 폐해를 없애고, 국민경제의 안정을 이루기 위하여, 각국은 생활필수품의 생산과 매매에 간섭하고, 최소한의 물량을 확보하거나, 가격을 억제하는 조치를 취하게 된다.

더구나 개방경제 시대에 있어서는 외국과의 서로 다른 법률을 구속하는 절대법 또는 통일법이 존재하지 않기 때문에 외국과의 무역에서 발생하는 국민경제의 안정을 달성하기 위해서는 국가의 공적 기관에 의해 직접·간접의 통제를 하고, 기업의 결합과 협정을 제한하고 감시하게 된다. 한편 힘없는 사회적·경제적 약자를 위하여서는 법이 후견적 역할을 담당하여, 그 보호를 위한 여러 입법적 조치를 취하고 있다. 즉 약자를 보호하고 실질적 평등을 이루기 위하여 계약내용에 간섭하고 계약자유의 원칙을 제한하고 있다. 그리하여 오늘날 계약자유의 원칙은 여러 방면으로부터 제한을 받고 있는 실정이라고 말할 수 있다.

2) 계약자유의 원칙에 대한 제한

우리는 계약자유의 원칙이 고도의 자본주의 경제 발전으로 인해 여러 가지 문제점이 드러나게 되어 수정·제한을 받지 않을 수 없게 되었음을 알게 되었다. 현행법상 계약의 자유가 어떤 제한을 받고 있는지를 중심으로 검토하기로 한다.

(1) 계약체결의 자유 제한

계약당사자 일방이 상대방에 대하여 특정내용의 계약을 체결하여야 할 법률적 의무를 부담하는 경우에는, 그 일방당사자의 계약체결의 자유는 제한된다. 즉 계약의 체결이 강제된다. 현행법상 위와 같은 체결의무, 즉 체결강제는 사법에 의하여 발생하는 수도 있으나, 공법에 의하여 발생하는 경우가 훨씬 많고 또한 중요하다.

① 공법상의 체약강제

가. 독점기업의 체약강제의무

국민대중의 일상생활에 있어서 중요한 우편·통신·운송 등의 사업을 경영하거나 또는 국민의 생활에 필수불가결한 수도·전기·가스 등의 재화를 공급하는 공익적 독점기업은 정당한 이유 없이는 급부제공을 거절하지 못한다. 즉 모든 자에게 급부를 제공할 의무 내지 계약체결의 의무가 있다. 만일에 독점기업이 법률에 의하여 그에게 부과된 체약의무를 이행하지 않으면 관계법령이 정하는 공법적 제재를 받게 됨은 물론 사법상으로는 불법행위에 의한 체결에 대해 손해배상의무가 발생하게 된다. 뿐만 아니라 계약체결거절로 인해 그 이상의 손해가 생길 우려가 있는 경우에는 계약을 소구하여 강제할 수도 있다.

나. 공공적 · 공익적 직무담당자의 체약강제의무

공증인 · 집달관 · 사법서사 등의 공익적 직무와 의사 · 치과의사 · 한의사 · 조산원 · 약사 등의 공익적 직무에 관하여는 정당한 이유 없이 직무의 집행을 거절할 수 없다는 공법적 의무가 부과되어 있다. 이 의무에 위반하여 계약의 체결을 거절하는 경우에 발생하는 공·사법상의 효과는 가.와 같다.

다. 특수상황하의 체약강제의무

전쟁 또는 경제적 위기 등이 있게 되면 중요 물자의 수급이 여의치 못하여 국민생활에 큰 지장을 가져온다. 이를 막기 위하여 각종의 경제통제법을 제정하여 식량 · 의류 · 전쟁물자 등의 자유거래를 금하고 강력한 통제를 한다. 이러한 통제경제 아래에서는 체약금지 또는 체약강제가 중요재화의 관리 및 분배를 위한 중요한 방법이 되며 시장경제는 억제되고 계약자유는 그 기능을 잃고 만다. 그러므로 우리는 통제경제체제에서 특수한 체약자유의 제한을 볼 수 있다. 이 경우의 체약강제 방법으로서는 경찰상의 강제수단의 사용 · 형벌에 의한 위협 등이 보통이나, 경우에 따라서는 이른바 명령된 계약으로 강제하기도 한다.

② 사법상의 체약강제

계약자유에 대한 사법상의 체약강제로서는 일정한 자가 청약을 한 경우에 상대방은 이를 거절하지 못하게 함으로써 계약이 성립한 것으로 보는 몇 가지 경우가 민법상 인정되어 있다. 그러나 이는 대부분 부동산과 관련된 물권계약에서 볼 수 있으며, 우리가 연구하려는 채권계약에서는 일반적으로 나타나지 않는다.

(2) 계약내용결정의 자유 제한

① 강행법규에 의한 제한

강행법규에 반하는 법률행위는 인정되지 않는다. 따라서 강행법규에 위반하는 사항을 목적으로 하는 계약도 그 효력이 인정되지 못함은 물론이며 특별한 설명을 필요로 하지 않는다.

② 사회질서에 의한 제한

선량한 풍속 기타의 사회질서에 위반하는 사항을 내용으로 하는 계약도 무효이다. 당사자는 어떠한 계약을 체결하여도 좋으나, 그 계약의 내용과 목적이 사회일반의 이익에 반하거나 국민의 도덕관념에 반하는 경우에 법이 그 계약을 무효로 하고 이에 대하여 법적 보상을 하지 않는다.

③ 규제된 계약과 계약내용의 제한

계약의 내용이 법규에 의하여 규제되어 있어서 당사자가 어떤 물건에 대하여 매매계약을 체결하려면 반드시 그 법규가 정하는 내용의 계약을 맺어야만 한다고 할 때에 성립하는 계약이 이른바 규제된 계약이다. 예를 들면 어떤 물건에 관하여 법령으로 공정가격을 정하고 있다면, 체결의 자유와 상대방선택의 자유는 있어도, 그 매매의 주요한 계약내용인 가격에 관하여는 반드시 그 공정가격으로 체결하여야 한다는 것이다. 물론 우리나라의 경제질서는 자유경제이나 물가의 안정과 국민경제의 정상적 발전을 위하여중요물자의 가격이 법령으로 규제되어 있어서 이른바 규제된 계약의 성립을 볼 수도 있으며, 그와 같은 한도에서의 계약내용결정의 자유가 제한을 받을 수도 있다.

(3) 계약방식 자유에 대한 제한

계약을 어떠한 방식으로 체결하느냐는 원칙적으로 자유이다. 따라서 구두로 체결할 수 있을 뿐만 아니라 서면의 작성, 공정증서 작성 등의 일정한 방식에 따라서 체결할 수도 있다. 근대 이전에는 당사자의 합의만으로 계약이 효력을 발생하는 일은 드물고, 대개의 경우에 일정한 방식을 필요로 하였다. 로마법과 게르만법이 그러했다. 그러나 사적 자치를 기본원칙으로 하는 근대법에서는 개인의 의사에 절대적인 권위가 주어져서 계약은 원칙적으로 합의만으로 완전한 효력을 발생하게 되어 계약방식의 자유가 계약자유의 한 내용을 이루고 있다.

이와 같이 근대법에서는 계약의 방식은 자유임을 원칙으로 하나 예외적으로 법률의 규정에 의하여 일정한 방식이 요구되는 수가 있다. 예를 들면 독일법과 프랑스법에서는 특수한 경우에는 증서의 작성을 요구한다. 이와 같이 특정 방식을 요구하는 것은 법률관계의 명확을 꾀하고 증거를 보전하고 당사자로 하여금 신중을 꾀하게 하려는 데에 있다. 우리나라의 민법을 볼 때 채권계약에 관하여 특별한 방식을 요구하는 예는 없다.

(4) 국가의 허가나 신고 또는 증명을 필요로 하는 계약

일정한 재화에 대하여서는 국가가 특별한 방법으로 그 유통을 제한하거나 또는 감시·통제하는 수가 있다. 즉 당사자는 체약의 자유가 인정될 뿐만 아니라 계약내용도 자유로이 결정·형성할 수 있으나 합의 내지 계약이 유효하기 위하여서는 일정한 행정관청의 동의·인가·허가·신고 등을 필요로 한다든가 또는 일정한 증명이 있어야 하는 것으로 규정하는 수가 있다. 이러한 제한은 주로 국가시책의 실현이 개인의 거래행위에 의하여 방해될 염려가 있는 때에 사용되는 것이다.

03 계약과 약관

계약자유에 대한 제한으로서는 전술한 바와 같은 규범적 제한 이외에 사실상 계약자유를 제한하는 경우가 있는데 이른바 약관에 의한 제한이다. 오늘날은 대량생산, 대량소비, 대량유통에 의한 대량거래 시대이다. 이러한 대량거래의 계약은 보통거래약관에 의하여 체결되는 것이 일반적이며, 그 결과 보통거래약관은 현대 계약법상 중요한 문제나가 되어 있다. 보통거래약관에 관하여는 최근에 각국이 이를 규제하는 법률을 제정하고 있다. 독일은 1976년에, 영국은 1977년에 우리나라는 1986년에 약관의 규제에 관한 법률을 제정·공포하였다.

1) 보통거래약관의 의의 및 내용

(1) 의 의

보통거래약관이라 함은 기업 또는 개인이 자신의 영업과 관련하여 다수의 상대방과 계약을 체결하고자 할 때에 계약에 포함시킬 목적으로 미리 일방적으로 작성한 정형적 계약내용 내지 계약조건을 말한다. 즉 기업이 자신의 고객과 거래할 때마다 개별적으로 계약내용을 협정한다는 것은 매우 번거로운 일이다. 그러한 번거로움을 피하려면 기업이 앞으로 체결할 계약에 일률적으로 적용될 계약조건을 미리 정해 두고 동종의 거래에 대하여 공통적·획일적·반복적으로 그 조건에 따라 계약을 체결하는 것이 여러 면에서 좋을 것이다. 그러할 때에 기업이 미리 정한 정형적 거래조건이 보통거래약관이다.

보통거래약관은 이를 보통계약약관 또는 보통계약조관이라고도 하고, 혹은 간단히 약관이라고 부른다. 독일에서는 기업이 거래상대방인 수요자에게 제시하는 일반적 행위조건(AGB: Allgemeine Geschaftsbedingungen)이라고 부르고 있다. 프랑스에서는 부합약관 또는 부종계약이라고 부르고 있다. 영미에서는 표준형식계약(Standard form contract)이라고 일컫는다.

보통거래약관에 의한 계약체결시에는 다음과 같이 몇 가지 주의할 점이 있다.

첫째, 계약체결에 있어서 보통거래약관을 이용하는 것은 주로 기업이지만 반드시 기업만이 약관에 의한 계약체결을 하는 것은 아니며, 오늘날과 같이 개인이 쇼핑몰을 구축하고 전자상거래를 할 때에는 개인이 이용하는 경우도 얼마든지 있을 수 있다. 중요한 것은 기업 특히 시장을 독과점하고 있는 기업이 소비자와의 계약체결시에 이용하는 약관에 관한 것이다. 이 경우에는 구매자가 불리한 조건으로 계약을 체결할 수도 있다.

둘째, 보통거래약관은 그것을 사용해서 약관을 체결하려는 일방당사자가 스스로 작성하는 경우가 많으나, 때로는 제3자가 작성하기도 한다.

셋째, 보통거래약관은 계약서 가운데에 포함되어 있든 또는 별지로 되어있든 상관이 없다. 보통은 활자로 인쇄된 것이나, 손으로 직접 쓴 것이더라도 상관없으며, 또한 약관의 내용을 이루는 조항이나 규정의 많고 적음도 문제가 되지 않는다.

넷째, 보통거래약관은 이른바 서식(formular)과는 구별된다. 서식은 거래의 형식에 지나지 않으며 거래의 내용은 아니다. 따라서 약관과는 당연히 구별되어야 한다.

(2) 내 용

자본주의의 발전과정에서 자본과 기업이 어느 한 곳으로 집중하는 현상이 나타나고 대기업 내지 그 결합이 시장에서 독점적 지위를 차지하기도 한다. 독점기업들은 그에게 집중된 생산수단을 통해서 상품을 대량생산하고 대량생산된 상품을 일반소비자에게 판매하게 되는데 그러한 대량거래는 자연히 같은 내용의 계약을 다수와 반복해서 체결하는 것을 불가피하게 한다. 그런데 이때 하나의 계약을 체결할 때마다 계약내용을 일일이 거래상대방과 협의해서 정한다는 것은 말할 수 없이 번거롭게 된다. 그러한 번거로움을 피하고, 신속·확실하게 거래하기 위하여 계약자유의 원칙하에 이용되게 된 것이 보통거래약관이다.

이와 같은 원인으로 보통거래약관이 생성·발달하고 있으나 기본목적은 기업으로 하여금 획일적인 계약처리를 가능케 하려는 데에 있다고 할 수 있다. 그리고 그러한 기능은 기업이 미리 정한 보통거래약관에 의하여서만 모든 거래상대방과 계약을 맺고, 정하여진 보통거래약관 이외의 조건으로 계약을 체결하는 것은 거절하게 된다.

그러나 실제에 있어서는 개별적 계약마다 정관의 일부를 삭제·수정하거나 또는 다른 조건을 부가해서 계약을 체결하기도 한다. 즉 자기보다 경제적으로 강한 지위에 있는 자에 대하여는 그 조건을 완화하고 자기보다 약한 자에 대하여는 조건을 부가해서 약관을 강제하게 된다. 계약당사자의 경제적 힘이 대등하거나 또는 약관에 의한 계약체결을 꾀하는 기업보다도 상대방의 힘이 강한 때에는 약관에 의한 계약체결은 특별한 문제가 없다. 그러나 그 거래 상대방이 경제적 약자인 때, 특히 소비자 대중이라고 할 때에는, 법질서는 이를 방치할 수 없게 된다. 이 경우에는 당사자가 계약내용을 개별적으로 협의함이 없이 기업이 일방적으로 정한 정형적 계약조항을 수요자 내지 소비자가 포괄적·전면적으로 인용 내지 승인한다는 형식으로 체결된다.

기업이 제시한 보통거래약관에 따르느냐 않느냐는 소비자의 자유이며 계약의 체결이 법률상 강제되지 않는다. 그러나 보통거래약관을 제시하는 당사자가 독점기업체이고 또한 그 거래목적물이 생활필수품인 때에는 소비자 대중에 대한 계약 체결은 사실상 강제가 된다.

우리의 일상생활에 있어서도 각종의 보험계약·전기·수도·가스 등의 공급계약, 운송계약, 은행과의 계약, 우편전신전화의 이용계약, 창고임차계약, 병원과 환자와의 진료계약, 호텔숙박계약 등이 약관에 의해 이루어지고 있으며, 더욱 그 범위를 확대해 가고 있다. 뿐만 아니라 약관에 의한 계약에 있어서는 보통거래약관을 작성·제시하는 기업에게 유리한 조항이 삽입되어 상대방인 소비자에게 불리하게 되기 쉽다. 소비자가 부득이 사실상 보통거래약관을 용인하고 약관에 의한 부합계약의 체결을 강제 당하는 경우에는 계약자유는 경제적 강자인 기업만이 누리고, 경제적 약자인 소비자는 계약의 자유가 없게 된다. 이는 계약자유원칙의 적용이 계약의 자유를 사실상 부정하고 힘에 의한 지배수단이 되어버린다. 따라서 경제적 약자를 보호하고 계약당사자의 실질적 평등을 이루기 위하여서는 보통거래약관에 대한 특별한 법적 규제가 필요하게 되며, 나라에 따라서는 기술한 바와 같은 특별법을 제정하고 있는 것이다.

2) 보통거래약관의 구속력

기업 또는 개인이 일방적으로 작성한 보통거래약관이 상대방을 구속하는 근거는 자치법설과 상관습설이다. 자치법설은 보통거래약관을 기업이 자주적으로 제정하는 법규라고 보는 것이고, 상관습설은 보통거래약관이 존재하는 경우에는 동 약관에 의하여 계약이 체결된다는 관습이 있기 때문이라고 본다. 외국에서는 약관은 당사자 사이의 합의에 의하여 계약내용을 구성하게 되고, 따라서 구속력을 갖게 된다고 하는 계약설과, 보통거래약관의 구속력을 하나의 근거만으로 설명하려는 것은 옳지 않다는 견지에서 복수의 근거를 가지고 설명하려는 다원설 등이 주장되고 있다.

자치법설이나 상관습설에 의하면, 계약체결시에 계약서에다 약관조항을 계약내용으로 한다는 문언을 삽입하거나, 약관의 사본을 첨부하는 것은 필요하지 않으며, 명시적 또는 묵시적으로 그 약관을 참조하고 있으면 된다고 본다. 또한 계약체결 전에 약관인쇄물의 교부나 제시 등으로 상대방이 알 수 있는 가능성이 있기만 하면 되고, 상대방에 의한 내용의 숙지·부지는 문제가 되지 않을 것이다.

그러나 계약설에 의하면, 보통거래약관은 원칙적으로 당사자 사이의 합의에 의하여 계약의 일부가 구성되었을 때에, 즉 당사자 사이의 합의에 의하여 계약의 일부로서 그 속에 삽입되었을 때에 비로소 구속력을 가지게 된다. 이 점에 관하여 계약설의 입장을 취하는 독일의 AGB는, 상대방이 일반인인 경우에는 보통거래약관의 작성자는 그에게 약관에 의한 계약체결임을 명시하고 또한 상대방이 그 약관의 내용에 관한 지식을 얻을 수 있는 기회를 주어야 한다고 정하고 있다. 그러나 상대방이 상인인 경우에는 약관을 일반계약이론에 의한 것으로 한다.

우리나라의 경우에 약관에 의한 계약에 있어서 가장 문제가 되는 것은 경제적

약자인 소비자 대중의 보호이다. 즉 당사자 사이에 경제적 힘에 있어서 큰 차이가 있는 때에는, 보통거래약관을 작성·사용하는 기업이 그 약관의 내용에 관하여 상대방에게 설명하지 않는 한 비록 상대방이 그 약관에 따른 계약을 체결하는 데 동의하고 있더라도 동 약관은 계약에 포함되지 않는다고 본다. 다만 약관을 이용하는 기업에 의한 약관내용의 설명이 어려운 경우에는 게시 등의 공개방법으로 상대방에게 알려야 한다. 한편 당사자 사이의 경제적 힘에 차이가 없는 때에는 상대방이 보통거래약관의 내용에 관한 설명이나 공개적 표시를 받고 있지 않더라도 상대방이 그 약관에 따라 계약을 체결하는 데 동의하고 있는 이상 그 약관은 계약에 포함되어 구속력을 갖는다고 보아야 한다.

3) 보통거래약관의 해석

보통거래약관이 계약에 편입되어 계약의 일부분을 이루게 되면 다음 단계로서 그 약관의 내용과 효력범위를 확정하기 위한 작업, 즉 약관의 해석이 문제된다. 해석을 통해서 내용이 확정된 다음에는 마지막 통제조치로서 약관의 개별조항 중 타당성이 없는 것, 즉 무효로 하거나 또는 효력을 제한 할 조항의 유무를 검토하는 것이 필요하다. 약관의 내용은 그것을 작성하는 기업과 그의 거래상대방과의 사이의 경제적 힘의 차이로 말미암아 대체로 작성자인 기업에게 유리하고 상대방에게 불리한 것으로 되기 쉽기 때문에 이들 작업은 매우 중요하다.

04 계약의 종류

계약은 보는 관점에 따라 여러 가지로 나누어질 수 있다. 사회에서 행해지는 계약은 천차만별인 것 같으면서도 사람의 습관 또는 거래상의 편의 등으로 비슷한 모습으로 되풀이되는 수가 많다. 그 결과 우리의 일상생활에서 가장 많이 이용되고 반복되는 계약은 이를 몇 가지의 유형으로 나눌 수 있다. 이들 각 유형에 관하여 일정한 기준을 정해 두면 계약의 내용을 명확하게 하고 계약관계를 적절히 규율할 수 있다.

1) 전형계약과 비전형계약

전형계약은 법률상 특별한 이름이 붙어져 있다고 해서 이를 유명계약이라고도 부른다. 이에 대하여 비전형계약은 법률상 특별한 이름이 없다고 해서 무명계약이라고도 한다. 전형계약은 계약의 정형화의 표현이라고 말할 수 있다. 그러나 실제생활에 있어서는 반드시 전형계약의 내용에 꼭 맞는 내용을 가진 계약만이 행하여지는 것은 아니다. 따라서 비전형계약의 필요성이 있다. 사회가 진보하고 거래관계가 복잡해지면서 종래의 경험을 바탕으로 하여 정하여진 전형계약의 규정이 반드시 모든 경우에 적합하다고는 할 수 없게 된다. 여기에 계약의 유동성이 존재하게 되며 이때에 나타나는 것이 비전형계약이다.

비전형계약 특히 혼합계약에 관하여는 법률상 이를 어떻게 다룰 것이냐의 문제가 생긴다. 비전형계약은 그 자체가 하나의 통일적인 법률효과를 발생케 하는 것을 목적으로 하는 것이므로 법률행위 및 계약에 관한 통칙적인 규정을 적용하는 외에 비슷한 전형계약에 관한 규정을 그 취지와 일반조리의 요구에 따라 유추적으로 적용하되 구체적인 경우에 있어서의 당사자의 의사에 부합하고 또한 사회적으로도 인정될 수 있도록 하여야 할 것이며 경우에 따라서는 관습의 조사를 통하여 하나의 새로운 전형계약으로 만들어 가는 것이 필요할 것이다.

2) 쌍무계약과 편무계약

계약의 효과를 기준으로 한 분류로써 계약에 의하여 각 당사자가 서로 대가적 의미를 가지는 채무를 부담하느냐 않느냐에 따라 쌍무계약과 편무계약으로 나누어진다.

계약의 당사자가 서로 대가적 의미를 가지는 채무를 부담하는 계약이 쌍무계약이다. 당사자 쌍방이 부담하는 채무가 대가적 의미를 갖는다는 것은 그 채무의 내용인 급부가 객관적·경제적으로 꼭 같은 가치를 가져야 한다는 것은 아니며, 서로 급부를 하여야 한다는 것 즉 채무의 부담이 교환적 원인관계에 서는 것을 가리킨다. 한편 당사자의 일방만이 채무를 부담하거나 또는 쌍방이 채무를 부담하더라도 그 채무가 서로 대가적 의미를 갖지 않을 때에는 편무계약이다.

양자는 법률상 다르게 다루어지는 데 쌍무계약에 있어서는 채무가 서로 대가적 의미를 가지고 의존관계에 서기 때문에 이른바 동시이행의 항변권·위험부담의 문제가 발생하나 편무계약에서는 이러한 문제가 생길 여지가 없다.

3) 유상계약과 무상계약

계약의 양 당사자가 서로 대가적 의미를 가지는 경제적 출연을 하느냐 하지 않느냐에 의하여 유상계약과 무상계약으로 구별된다. 이 구별은 채권관계만을 고려해서 하는 구분은 아니며, 계약의 성립에서 그 계약의 효과로서 생기는 채권관계의 내용의 실현에 이르기까지의 전 과정을 관찰해서 그 사이에 있어서의 당사자 사이의 재산상의 변동을 표준으로 삼는 구분이다.

유상계약은 계약당사자가 서로 대가적 의미 있는 재산상의 출연을 하는 계약이다. 이러한 재산상의 출연의 상호의존관계는 각 당사자가 서로 채무를 부담하는 쌍무계약에 있어서는 필연적으로 있게 된다. 즉 쌍무계약은 모두 유상계약이다. 그리고 편무계약에 있어서도 계약의 성립시에 출연이 행하여지는 경우에는 역시 재산상의 출연인 급부는 대가적 의미를 가지고 의존관계에 서게 되어 유상계약이 된다.

한편 계약당사자의 일방만이 급부를 할 뿐이라든가 또는 쌍방당사자가 급부를 하더라도 그 급부 사이에 대가적 의미가 있는 의존관계가 없는 계약은 편무계약이다.

4) 낙성계약과 요물계약

계약이 당사자의 합의만으로 성립하느냐 그 밖에 특별한 법률사실이 있어야만 성립하느냐에 의하여 낙성계약과 요물계약으로 구별된다.

낙성계약은 당사자의 합의만으로 성립하는 계약이며 요물계약은 당사자의 합의 외에 당사자의 일방이 물건의 인도 기타의 급부를 하여야만 성립하는 계약이며, 천성계약·실천계약이라고도 부른다.

로마법에서는 소비대차·사용대차를 요물계약으로 하고 있었다. 그러나 오늘날에 있어서는 요물계약을 인정하여야 할 이론적 근거나 합리적 이유를 찾아볼 수 없게 되었다. 뿐만 아니라 요물계약을 규정하더라도 계약자유가 인정되므로 낙성계약을 불편하게 여긴 거래관행에서는 낙성계약으로 체결하고 있다. 우리나라도 이러한 점을 고려하여 소비대차·사용대차계약들을 모두 낙성계약으로서 규제하고 있다.

5) 계속계약과 일시계약

이 분류의 기준은 채권·채무의 내용을 이루는 급부가 어떤 시점에서 행하여져야 하느냐, 또는 어떤 시간 동안 계속해서 행하여져야 하느냐에 있다. 바꾸어 말하면 급부의 실현이 시간적 계속성을 갖느냐의 여부를 그 기준으로 하는 구분이다. 만일에 채무가 특정의 시점에 집중된 급부를 목적으로 하면 그것은 일시적 채권관계이다. 이러한 채무는 이행시기가 도래한 때에 이행되어야 하며, 그 이행으로 소멸한다. 이에 반하여 계속적 채권관계에 있어서는 어떤 기간에 걸친 급부의무가 채무의 내용을 이룬다. 즉 계속적 채권관계에 있어서의 채무는 이행시기가 도래한 때에 이행함으로써 끝나는 것은 아니며 그 존립의 전 기간의 경과에 의하여 채권관계가 소멸하게 된다.

6) 예비계약과 본계약

장래 일정한 계약을 체결할 것을 미리 약정하는 계약이 예약(예비계약)이고, 이 예약에 기하여 장차 맺어질 계약을 본계약이라고 한다. 예약은 장차 체결해야 할지도 모를 계약을 위하여 미리 상대방을 구속해 둘 필요가 있는 경우에 행하여지며, 이 예약에 의하여 상대방은 본계약을 맺을 의무를 부담하게 된다. 그리고 예약을 하는 경우에 사정 여하에 따라서 당사자의 쌍방이 그러한 본계약 체결의 채무를 부담하거나 또는 당사자의 일방만이 그러한 채무를 부담하게 되는 수도 있다.

이와 같이 예약은 일정한 계약을 체결하여야 할 채무, 즉 본계약의 성립에 필요한 의사표시를 하여야 할 채무를 발생케 하는 계약이므로 그 자체는 항상 채권계약이다. 그러나 본계약은 반드시 채권계약은 아니다. 만일 본계약이 불능·불법한 내용이거나 무효인 때에는 그 예약도 무효이다. 또한 본계약이 일정한 방식에 따라야 하는 요식계약인 경우에는 예약도 본계약과 같은 방식에 따라서 체결되어져야 한다.

7) 유인계약과 무인계약

어떤 법률행위의 효력이 그 기초가 되는 법률관계가 무효·취소 기타의 사유로 실효된 경우에 영향을 받는다고 할 때에 그 법률행위는 유인행위이고 기초적 법률관계의 실효로 영향을 받지 않으면 그 법률행위는 무인행위인 것이다. 이러한 유인·

무인의 문제는 채권계약에 관하여서도 생각할 수 있다. 유인·무인의 대립은 여러 경우에 문제가 발생한다. 수권행위의 무인성·물권행위의 무인성·어음행위의 무인성 등은 그 예이다.

우리나라의 민법은 무인계약을 인정하고 있지 않으나, 계약자유가 인정되므로 국제무역거래의 당사자는 유효하게 이러한 계약을 성립시킬 수 있다.

05 계약의 성립

1) 계약 성립 요건으로서의 합의

(1) 의 의

계약이 성립하려면 당사자의 서로 대립하는 수개의 의사표시의 합치 즉 합의가 반드시 있어야만 한다는 것은 설명하였다. 그리고 이 합의가 성립하기 위하여서는 객관적 합치와 주관적 합치가 있어야만 한다. 이는 모든 계약의 성립에 요구되는 최소한도의 요건이다.

객관적 합치란 수개의 의사표시가 내용적으로 일치하는 것을 말한다. 의사표시가 내용적으로 합치 내지 일치한다는 것은 각 표시행위에 사용된 문자나 언어가 형식적으로 꼭 같다는 것을 가리키는 것은 아니며 의사표시의 내용이 실질적으로 일치하는 것을 가리킨다.

일반적으로 말해서 당사자의 의사표시에 나타나 있는 사항에 관하여는 모두 일치하고 있어야 한다. 즉 청약에서 제시된 사항은 그것이 승낙으로 그대로 받아들여지면 계약은 성립하나, 그대로 받아들여지지 않으면 계약은 성립하지 않는다. 또한 계약내용의 중요한 점에 관하여서도 일치하고 있어야 한다. 중요한 점이라 함은 계약의 객관적 요소 즉 계약의 성질상 객관적으로 필요한 요소를 말한다. 그리고 계약의 객관적 요소는 아니더라도 특히 당사자가 그것에 중대한 의의를 두고 계약성립의 요건으로 할 의사를 표시한 때에는 그것도 내용의 중요한 점, 즉 계약의(주관적) 요소가 되며, 이에 관하여 합치가 없으면 계약은 성립하지 않는다.

(2) 불합의와 착오

계약의 성립에는 합의가 필요하므로 만일에 두 개 이상의 의사표시가 그 내용에 있어서 전면적으로 또는 부분적으로 일치하지 않을 때에는 계약은 성립하지 않는다. 이러한 의사표시의 불합치가 불합의이다. 이러한 불합의는 청약을 받은 자가 청약의 의미를 오해하여 그 청약과 일치하지 않는 승낙을 한다든가, 또는 애매한 뜻을 가지는 점에 관하여 당사자가 그 뜻을 명백히 함이 없이 의사표시를 하였기 때문에 그 사이에 문제가 발생하는 경우에 일어난다. 그러나 어떤 하나의 의사표시의 성립과정에 있어서 의사의 표시 사이에 불일치가 있는 경우인 이른바 착오와는 구별해야 한다. 착오가 있는 경우에는 그것이 법률행위의 중요부분에 관한 것일 때에 한하여 행위는 취소할 수 있게 되지만 무의식적 불합의가 있게 되면 그것이 아무리 경미한 것이라도 그 입증만 있으면 계약은 처음부터 성립하지 않았던 것이 된다.

2) 청약의 의의와 요건

청약은 이에 대응하는 승낙과 결합하여 일정한 계약을 성립시킬 것을 목적으로 하는 일방적·확정적 의사표시를 말한다. 따라서 청약은 다음과 같이 볼 수 있다.

첫째, 청약은 하나의 의사표시이다. 그러나 청약만으로 계약이 성립하지는 않으므로 그것은 이른바 법률행위는 아니며 법률사실에 지나지 않는다.

둘째, 청약은 장차 청약의 당사자가 될 특정인에 의하여 행하여져야 함은 물론이나 청약자가 누구인가가 그 청약의 의사표시 속에 명시적으로 표시되어야 하는 것은 아니다.

셋째, 청약은 상대방이 있는 의사표시이지만 그 상대방은 특정인이 아니더라도 상관없다. 즉 불특정 다수인에 대한 것도 유효하다.

넷째, 청약은 그에 응하는 승낙만 있으면 곧 계약이 성립하는 확정적 의사표시이다. 계약의 성립은 승낙의 유무에 의하여 좌우되고 청약자가 따로 어떤 의사표시를 할 필요는 없다. 이와 같이 청약은 승낙과 결합해서 계약을 성립시키는 계약 자체의 구성부분이다.

다섯째, 청약에 대하여 승낙이 있게 되면 곧 계약은 성립하게 되므로 청약은 계약의 내용을 결정할 수 있을 정도의 사항을 포함하는 것이 필요하다. 그러나 청약 자체 속에 그러한 사항이 반드시 표시되어야 하는 것은 아니며, 예약·청약의 유인·종래의 거래관계·지방적 관습 기타의 여러 사정으로부터 밝혀지는 것으로서 충분하다. 요컨대 청약자가 어떠한 계약을 체결하려고 하는지를 상대방이 알 수 있으면 청약이 된다. 계약의 내용이 될 일정한 사항의 결정을 상대방에게 맡길 수도 있다.

3) 청약의 효력

(1) 청약의 효력발생

청약도 하나의 의사표시이므로, 청약의 효력발생시기는 의사표시의 효력발생시기에 관한 일반원칙에 의하여 결정된다. 따라서 원칙적으로 도달에 의하여 효력을 발생한다. 다만 불특정인에 대한 청약은 불특정인이 청약의 행위를 알 수 있는 상태가 성립한 때라야 한다.

청약의 의사표시를 발신한 후 상대방에게 도달하기 전에 청약자가 사망하거나 또는 행위능력을 상실하더라도 청약의 효력에는 영향이 없다. 다만 청약자가 사망하여도 그의 상속인이 청약자의 지위를 승계하지는 않게 되므로 청약은 그 효력을 잃는다고 보아야 한다. 또한 청약의 발신 후 그 도달 전에 청약의 상대방이 능력을 상실하면 이른바 수령능력의 문제가 되고 사망한 때에는 청약의 내용이 그 청약을 수령한 상대방의 상속인이 그 지위를 승계할 성질의 것이냐 아니냐에 따라서 청약의 효력이 결정된다.

국제무역거래에 있어서는 국가마다 청약의 효력발생시기에 대해 서로 다른 입장을 취하는 경우가 있다. 따라서 국제무역거래시에는 상대방 국가가 발신주의를 채택하고 있는지 도달주의를 채택하고 있는지에 관해 세심한 주의를 기울일 필요가 있다.

(2) 청약의 구속력

청약은 그것이 효력을 발생한 때는 청약자가 임의로 철회하지 못한다. 이를 청약의 구속력이라 한다. 본래 청약은 법률행위가 아니라서 그 자체만으로는 아무런 효력이 없는 것이어서 자유로이 철회할 수 있는 것이라고 할 수 있다. 그러나 청약이 있게 되면 이를 수령한 상대방은 승낙함으로써 계약을 체결할 수 있는 기회를 가지게 되고 청약을 신뢰하여 승낙을 할 것인가를 고려하는 등 계약체결을 위한 준비를 하게 된다.

그런데 청약자가 임의로 청약을 철회할 수 있다면 신의에 기초한 거래의 이행을 유지할 수 없고 상대방에게 부당한 손해를 줄 염려가 있게 된다. 법이 청약에 구속력을 주고 있는 것은 이 때문이다. 즉 청약자가 언제 철회할는지도 모른다는 뜻을 미리 청약에 첨부해서 표시해 둔 경우에는 청약은 처음부터 구속력이 없다.

또한 불특정인에 대한 청약이나 승낙기간을 정하지 않은 상대방 사이의 청약은 일반적으로 구속력이 없다고 보아야 할 것이다. 이와 같이 청약은 원칙적으로 구속력이 있다. 그리고 그것은 청약의 효력발생과 동시에 생기는 것이다. 그렇다면 그 구속력은 언제까지 존속할 것인가? 이는 두 가지 형태가 존재한다. 우선 승낙기간을 정하여 청약을 한 경우에는 청약자는 그 기간 내에는 철회하지 못한다. 승낙기간이 경과하면 청약은 그 효력을 잃게 되므로 철회의 문제도 생기지 않는다. 승낙기간은 청약자가 자유로이 정할 수 있다.

그러나 승낙기간을 정하지 않고서 행한 청약은 청약자가 상당한 기간 내에 승낙 통지를 받지 못한 때에는 그 효력을 잃는다. 따라서 상당한 기간 동안은 철회하지 못하며 상당한 기간이 경과하면 청약은 그 효력을 잃게 되므로 역시 철회의 문제는 생기지 않는다.

여기서 상당한 기간이라 함은 청약이 상대방에 도달하는 데 필요한 기간·청약 수령자가 그 청약에 대한 여부를 결정하는 데 필요하다고 생각되는 기간·승낙 통지가 청약자에게 도달하는 데 필요한 기간을 포함하는 것이며, 그것이 상당한 기간인가 아닌가는 구체적인 경우에 청약과 승낙의 방법·계약의 내용의 중요성·거래상의 관행·수령자에 관한 특별한 사정 등의 여러 사정을 고려해서 결정되어야 함은 물론이다.

주의하여야 할 것은 격지자와 대화자를 구별하지 않는다. 따라서 양자에 모두 적용이 된다고 보아야 하겠으나 대화자 사이에서의 청약에 관하여는 특별한 사정이 없는 한, 특히 구속력을 인정할 필요가 없으므로 격지자(무역계약의 경우)에 대한 청약의 구속력에 관한 것으로 보아야 한다.

(3) 청약의 실질적 효력

청약이 도달하면 상대방은 그에 대하여 승낙함으로써 계약을 성립시킬 수 있다. 따라서 청약은 그것에 대한 승낙만 있으면 계약을 성립하게 하는 효력, 즉 승낙을 받을 수 있는 효력을 가지고 있다고 말할 수 있다. 이와 같은 효력을 청약의 구속력에 대하여 청약의 실질적 효력이라고 한다. 승낙은 청약이 효력을 발생한 때로부터 그것이 소멸할 때까지의 사이에 하여야만 계약을 성립시킬 수 있다.

승낙기간이 정하여져 있는 청약에 대하여는 그 기간 내에 한하여 승낙할 수 있다. 그러므로 보통의 경우에는 승낙의 통지가 기간 내에 도달할 수 있도록 발송된 것이었더라도 사실상 기간이 경과한 후에 청약자에게 도달하였다면 청약은 성립하지 못한다. 그러나 이러한 경우에 승낙의 통지를 발송한 자는 그 통지가 승낙기간 내에 청약자에게 도달하여 계약이 성립하였다고 믿고 계약상 채무의 이행을 준비하거나 또는 채권자로서의 기대를 가지고 행동하는 것이 보통이므로, 계약이 불성립으로 끝났기 때문에 손해를 입을 염려가 있게 된다.

만일 승낙기간 내에 청약자에게 도달할 수 있도록 발송된 승낙통지가 도중에 어떤 사고가 생겨 실제로는 승낙기간이 경과한 후에 도달한 때에는 청약자는 지체 없이 상대방에 대하여 연착의 통지를 하여야 한다. 이는 승낙 통지를 발송한 자를 보호하는 것인데 만일에 청약자가 이 발송연착의 통지를 하지 않은 때에는 승낙 통지는 연착하지 않은 것으로 보게 되므로 계약은 법률상 성립한 것이 된다. 승낙기간을 정하지 않은 청약은 청약자가 승낙 통지를 받는 데 상당한 기간이 경과하면 효력을 상실하게 된다. 그러나 대화자 사이에서 승낙기간을 정함이 없어 청약이 행하여지는 경우에는 특별한 사정이 없는 한 대화관계의 종료로 청약은 효력을 잃게 된다.

청약 수령자가 청약자에 대하여 청약을 거절한 때에는 비록 그 거절이 승낙기간 내에 있었다고 하더라도 그 청약이 효력을 잃게 됨은 말할 나위도 없다. 청약 수령자가 청약에 대하여 조건을 붙이거나 변경을 가하여 승낙한 때는 청약 거절과 동시에 새로운 청약을 한 것으로 본다. 따라서 청약 수령자가 변경을 가한 승낙을 한 데 대하여 처음의 청약자가 승낙을 하지 않는 경우에 청약 수령자가 처음의 청약을 수락하여도 그것만으로 계약은 성립하지 않는다.

4) 승낙의 성질과 요건

승낙은 청약의 상대방이 청약에 응하여 계약을 성립시킬 목적으로 청약자에 대하여 행하는 의사표시를 말한다.

(1) 승낙의 성질

승낙의 방식 내지 방법은 원칙적으로 자유이고 특별한 제한은 없다. 그러나 예약 기타의 특약으로 승낙의 방법이 정하여져 있는 때 또는 청약자에 의하여 승낙의 방법이 지정되어 있는 때는 그 방법에 의하여야 한다. 승낙은 청약에 대해서 동의를 한다는 것에 그치지 않고 청약자에게 표시되어야 한다. 이 표시는 문자사용 또는 말로써 명시적으로 행해지는 것이 보통이지만 묵시적으로 하여도 좋다.

(2) 승낙의 요건

첫째, 승낙은 특정의 청약에 대하여 행하여지는 것이다. 승낙은 청약과 달라서 불특정 다수인에 대한 승낙은 있을 수 없다. 따라서 승낙은 특정의 청약자에 대하여 청약의 상대방이 계약을 성립시킬 의사를 가지고 행하여야 한다.

둘째, 승낙은 청약의 내용과 일치하여야 한다. 즉 객관적 합치를 필요로 한다. 객관적으로 합치하지 않는 승낙 즉 청약에 조건을 붙이거나 또는 변경을 가한 승낙은 청약을 거절하고 새로운 청약을 한 것으로 보게 된다. 만일 청약의 일부에 관하여서만 승낙을 하면 통상의 거래에 있어서는 일반적으로 허용된다고 보며 그 승낙의 범위 내에서 계약의 성립을 인정하여야 한다.

셋째, 승낙은 청약이 효력을 가지는 기간 내 즉 청약의 승낙적격이 존속하는 기간 중에 하여야 한다. 승낙의 기간이 경과한 후에 승낙이 도달하여도 계약은 성립하지 않는 것이 원칙이다. 다만 청약자는 연착된 승낙을 새로운 청약으로 보아 그에 대한 승낙을 함으로써 계약을 성립시킬 수 있다. 승낙기간을 정하고 있는 경우에는 그 기간이 경과한 후에 도달한 승낙이더라도 보통 그 기간 내에 도달할 수 있는 발송이었다는 것이 청약자에게 알 수 있었던 때에는 승낙기간 내에 승낙이 없었다는 뜻을 연착 전에 이미 통지하고 있는 경우를 제외하고는 청약자는 지체 없이 상대방에게 연착 통지를 하여야 하고 만일에 청약자가 이 통지를 하지 않은 때에는 승낙 통지는 연착하지 않았던 것으로 보게 되어 계약은 유효하게 성립한다. 청약 수령자가 승낙을 하느냐 않느냐는 원칙적으로 자유이고(계약자유의 원칙), 특별한 사정이 없는 한 승낙의무를 부담하지는 않는다. 그러나 이 승낙의 자유가 제한되는 경우가 적지 않다.

5) 승낙의 효력발생시기

승낙은 청약과 합치함으로써 계약을 성립케 하는 효력을 가지고 있다. 그리고 승낙은 청약에 의하여 그보다 뒤에 행하여지는 것이므로 승낙에 의하여 계약은 성립하게 된다. 따라서 승낙의 효력발생시기의 문제는 보통의 계약의 성립시기의 문제와 관계가 있다. 승낙의 효력발생은 격지자 사이(국제무역거래)와 대화자 사이의 두 경우로 나누어 보는 것이 편리하다. 주로 문제가 되는 것은 전자의 경우이다.

일반적으로 의사표시의 효력발생시기에 관하여 도달주의를 취하고 있으나 격지자간의 계약 성립에 관하여는 도달주의에 대한 예외로서 발신주의를 취하고 있다. 우리나라의 민법은 격지자간의 계약은 승낙 통지를 발송한 때에 성립한다고 규정하고 있다. 이는 계약 성립을 바라는 당사자 사이에 있어서는 되도록 빨리 계약을 성립시키는 것이 거래 관행이고 또한 당사자에게 어떤 불이익을 주지도 않는다는 데서 인정한 예외라고 할 수 있다.

그 결과 청약의 수령자가 승낙 통지를 발송하면 그것으로써 계약은 유효하게 성립하고, 비록 승낙 통지가 청약자에게 도달하지 않더라도 계약의 성립에는 영향이 없게 된다. 그러나 승낙 통지가 기간 내에 청약자에게 도달하지 않으면 청약은 효력을 잃고 계약은 성립할 수 없게 된다. 여기서 민법의 도달주의의 원칙을 중시하는 설과 계약에 관한 발신주의의 원칙을 중시하는 설이 있다.

도달주의를 중시하는 설은 승낙도 하나의 의사표시이므로 의사표시의 효력발생시기에 관한 일반원칙에 의하여 도달한 때에 효력이 생긴다고 한다. 발신주의를 중시하는 설은 격지자간의 계약은 승낙 통지를 발송한 때에 성립한다고 규정한다. 그러나 실제에 있어서는 어느 설을 취하느냐에 따라 다음과 같은 계약성립의 문제가 발생한다.

첫째, 승낙 불도달의 불이익을 누가 부담하느냐? 어느 설을 취하든 언제나 승낙자가 불이익을 부담한다. 그러나 입증책임에 차이가 생긴다. 즉 도달주의를 중시하는 설에 의하면 승낙자 쪽에서 도달하였음을 입증하지 못하면 계약의 성립을 주장하는 승낙자는 자기가 승낙 통지를 발송한 사실을 입증하는 것으로 충분하며 그것이 청약자에게 도달한 사실까지 입증할 필요는 없다. 이에 대하여 청약자가 청약의 불성립을 주장하려면 승낙 통지를 승낙기간 내에 받지 못하였음을 입증하여야 한다.

둘째, 승낙자는 승낙을 발신한 후 그 도달 전에 이를 철회할 수 있는가? 도달주의를 중시하는 설에 의하면 할 수 있으나 발신주의를 중시하는 설에 의하면 할 수 없게 된다.

한편 대화자간의 경우에는 대화자간의 계약의 성립시기에 관하여 특별한 규정이 없다. 따라서 도달주의의 일반원칙에 따라 승낙의 의사표시는 도달한 때에 효력을 발생하고 계약도 그때에 성립·발효한다고 해석하여야 한다.

6) 특수한 청약과 승낙

(1) 의 의

계약 내용에 관하여 다수인으로 하여금 서로 경쟁하게 하여 그 가운데에서 가장 유리한 내용을 표시하는 자를 골라 이를 상대방으로 하는 계약을 체결하는 것이 이른바 경쟁체결이다. 그리고 이 경쟁체결에는 두 가지의 형태가 있다. 하나는 각 경쟁자가 다른 경쟁자가 표시한 내용을 알 수 있는 경우이며 이를 경매라고 하며, 다른 하나는 경쟁자가 서로 다른 경쟁자의 표시하는 내용을 알 수 없는 경우이며 이를 입찰이라고 한다.

이와 같은 경쟁체결은 매매·임대차·도급 등과 같은 보통의 계약체결에 있어서 반대급부의 금액을 될 수 있는 대로 크게 하거나 또는 적게 하기 위하여 취하는 특수한 방법에 지나지 않으며 그것도 결국 청약과 승낙에 의한 계약체결의 한 방법인 것이다.

(2) 경 매

일반적으로 경매라고 하면 국가기관이 법률에 의하여 행하는 경매와 개인 사이에서 행하여지는 경매가 있다. 전자의 경매는 특별법에 의하여 규정된다. 문제는 개인 사이에서 행하여지는 경매이다. 그리고 이 사경매는 값을 올려가는 경매와 값을 내려가는 경매가 있으며 양자 사이에는 차이가 있다.

값을 올려가는 경매에는 다시 두 경우가 있다. 하나는 경매자가 우선 최저가격을 제시하여 그보다 고가로 사겠다는 표시를 기다리는 경우이다. 이 경우에는 최저가격을 제시함으로써 그 값 이상이면 판다는 확정적 의사를 표시하였다고 보아야 하므로, 경매에 붙인다는 표시가 청약이고 최고가격의 제시가 승낙이 된다. 다른 하나는 경매에 붙이겠다고 나선 자가 스스로 일정한 가격을 제시하지 않고 경매에 응한 자들로부터 고가의 매수표시를 기다리는 경우이다. 이 경우에는 경매에 응한 자의 일정한 값의 표시가 청약이고 경매인의 경매에 붙이겠다는 표시는 청약의 유인에 지나지 않는다. 따라서 경매자는 최고가격의 표시에 대하여서도 승낙하느냐 않느냐의 자유가 있다.

값이 내려가는 경매는 경매자가 스스로 일정한 가격을 제시하고 경매에 응한 자 가운데 이를 수락하는 자가 없으면 차례로 싼 가격을 제시하여 승낙자를 구하는 것이다. 이 경우에는 경매자는 일정한 가격을 제시함으로써 그 가격이면 판다는 확정적인 의사를 표시하고 있으므로 그것이 청약이고, 수락이 승낙이 된다.

(3) 입 찰

입찰에 붙이는 자가 입찰에 붙인다는 표시를 하고 이 표시에 따라 경쟁자가 입찰을 하며 그 후 입찰에 붙인 자가 개찰을 하고 낙찰을 결정하는 과정을 밟게 된다. 그 후에 계약서를 작성하는 경우가 많다. 이러한 입찰에 관하여는 입찰에 붙인다는 표시의 성질을 청약 또는 청약의 유인의 어느 쪽으로도 볼 수 있다. 어느 쪽으로 보느냐에 따라서 생기는 중요한 차이는 가장 좋은 조건으로 입찰한 자와 반드시 계약을 체결하여야 하느냐의 여부에 있다. 특히 낙찰을 받은 자가 도저히 계약을 이행할 수 없는 자이거나 상식을 벗어난 싼 가격으로 입찰한 경우에 그것을 배제할 수 있느냐의 점에서 차이가 생긴다. 청약설에 의하면 반드시 체결하여야 하고 체결을 배제하지 못한다.

그러나 실제에 있어서는 입찰에 붙인다는 표시는 원칙적으로 청약의 유인에 지나지 않는다. 따라서 입찰이 청약이고, 낙찰을 결정함으로써 승낙하는 것이 된다. 이 시점에서 계약이 성립하며 계약서 작성은 계약 성립의 증거에 지나지 않는다. 그러므로 입찰에 붙인 자는 입찰자 가운데 가장 유리한 입찰에 대하여서도 거부의 자유를 갖는다. 뿐만 아니라 입찰자의 재력·신용 등 여러 사정을 고려해서 누구에게 낙찰하느냐를 결정할 여지를 남기고 반드시 가장 유리한 입찰에 대하여 승낙을 주어야 할 구속을 받지 않는다. 물론 입찰에 붙인다는 표시의 내용을 어떻게 하느냐에 따라서는 위와 반대의 경우도 있을 수 있다. 특히 입찰에 붙인 자가 최고가격 또는 최저가격을 정하고 또한 기타의 계약조건을 구체적으로 표시하고 있는 때에는, 입찰에 붙인다는 표시는 청약이 되는 수도 적지 않다. 이때에는 개찰을 개시하는 때에 승낙의 효력이 생긴다고 하여야 할 것이다.

국가가 국민과의 사이에서 매매·도급·임대차 등의 계약을 맺는 경우가 많으나 이때에는 원칙적으로 공고를 하여 경쟁에 붙여야 하고 그 경쟁방법은 특정의 경우를 제외하고는 입찰에 의하여야 한다. 이 경쟁입찰은 순수한 사법상의 계약체결 방법이나 기술한 일반입찰과는 상당히 다른 것임을 주의하여야 한다.

06 계약의 효력

1) 계약의 성립과 효력발생

계약의 성립과 그 효력발생은 구별되어야 한다. 계약의 유효·무효는 계약의 성립을 전제로 하여 그 계약이 목적한 대로 효과가 발생하느냐 않느냐를 말하는 것으로서 계약이 불성립으로 끝난 경우에는 유효·무효의 문제는 생기지 않는다. 따라서 계약의 성립요건과 효력발생요건은 별개의 문제이다.

계약의 성립요건은 합의가 있어야 한다. 그러나 성립한 계약이 언제나 당사자가 원하는 대로의 효과를 발생하는 것은 아니며 여러 요건을 갖출 때에 비로소 효과를 발생하게 된다. 계약은 법률행위 가운데에서도 가장 중요한 것이므로 그것이 효력을 발생하려면 일반적 요건으로서 표시가 일치하고 하자가 없어야 하며 또한 그 내용이 확정·가능·적법하고 사회적 타당성이 있어야 한다. 그리고 보통의 경우에는 계약은 성립과 동시에 효력을 발생하나 정지조건·시기와 같은 효력의 발생을 막게 되는 사유가 있으면 계약의 성립시기와 효력발생시기가 달라질 수 있다.

2) 계약의 효력발생요건

계약이 그 내용대로 효과를 발생하려면 그 내용에 관하여 다음과 같은 제약을 받지 않을 수 없다. 다음의 요건 가운데 어느 하나라도 빠지게 되면 계약은 효력을 발생할 수 없다.

(1) 내용의 확정성

내용이 확정되어 있거나 또는 확정할 수 있어야 한다. 계약 내용이 확정되어 있지 않거나 또는 해석을 통하여 확정할 수도 없는 경우에는 그 계약은 무효이다

(2) 내용의 가능성

내용은 가능한 것이어야 하며 특별한 명문의 규정을 필요로 하지 않는다. 만일 계약의 내용이 전부불능이면 그 계약은 효력을 발생할 수 없고 무효이다. 다만 그러한 원시적 불능의 계약을 체결하는 데 과실이 있는 자는 이른바 체약상의 과실책임으로서 일정한 손해배상의무를 지게 된다. 일부불능의 경우에는 그 계약에 효력을 인정하고 안하고는 정책의 문제이다. 그것은 전부불능의 경우와 같이 이론적으로 해결되지 않으며 거래의 안전이라든가 당사자들의 의사를 존중한다든가 등의 정책적 고려로 해결하는 수밖에 없다. 우리나라의 민법은 매매목적물이 원시적으로 일부불능인 경우에 관하여 매도인의 부담책임을 인정하는 규정을 두고 이를 다른 유상계약에 준용하고 있다.

(3) 내용의 적법성과 사회적 타당성

계약 내용은 적법하고 사회적 타당성이 있어야 유효하다. 즉 강행법규에 반하는 내용의 계약이나 또는 선량한 풍속 기타의 사회질서에 위반하는 사항을 내용으로 하는 계약은 무효이다.

3) 계약의 효력에 관한 민법의 규정

계약은 일반적으로 상술한 여러 요건을 갖추면 그 효력을 발생한다. 그리고 유효한 계약에서 생기는 구체적 법률효과는 계약의 종류·내용 등에 따라 각각 다르

다. 그런데 민법은 계약의 효력이라 하여 동시이행의 항변권·위험부담, 그리고 제3자를 위한 계약에 관하여 규정하고 있다. 동시이행의 항변권과 위험부담은 쌍무계약과 관련한 문제이다.

쌍무계약은 설명한 바와 같이 각 당사자가 서로 대가적 의미를 갖는 채무를 부담할 것을 약정하는 계약이다. 그 결과 각 당사자는 상대방으로부터 급부를 받게 된다는 것을 전제로 하고 그것을 목적으로 하여 자신도 급부할 것을 약정하는 것이며 양당사자의 채무는 서로 의존관계에 있다. 이러한 쌍무계약의 채무 상호간의 의존관계를 채무의 견연성(관계성)이라고 한다. 쌍무계약에 있어서의 채무의 견연성은 채무의 성립·채무의 이행·채무의 소멸에서 나타난다.

성립의 견연성이란 쌍무계약에 의하여 발생할 일방의 채무가 불능·불법, 기타 이유로 성립하지 않거나 또는 무효·취소된 때에는 그 대상적 의미를 갖는 타방의 채무도 성립하지 않는다는 것이다.

또한 쌍무계약의 각 채무는 일방의 채무가 이행될 때까지는 타방의 채무도 이행되지 않아도 좋다. 이것이 쌍무계약 이행상의 견연성이다. 쌍무계약의 각 채무는 서로 대가적 의미를 갖고 있으므로 자기의 채무는 이행함이 없이 상대방에 대하여 채무의 이행을 요구하는 것은 공평의 원칙에 반하고 또한 일방이 먼저 채무를 이행하면 상대방의 채무이행을 구하는 것이 그만큼 곤란해지게 된다. 따라서 이른바 동시이행의 항변권은 그러한 목적을 가진 제도이다.

존속의 견연성이란 쌍무계약에 있어서 일방의 채무가 채무자에게 책임이 없는 사유로 이행불능이 되어 소멸한 경우에 타방의 채무에 어떠한 영향을 미치느냐에 관한 것이다. 즉 이때에 타방의 채무도 소멸한다면 이행불능으로 채무가 소멸하는 위험은 이미 소멸한 채무의 채무자가 부담하는 것이 되고 반대로 다른 채무는 그대로 존속한다면 이 위험은 채권자가 부담하는 것이 된다. 이와 같이 존속상의 견연관계로부터 이른바 위험부담의 문제가 발생하게 된다.

(1) 동시이행의 항변권

① 의 의

쌍무계약에 의하여 각 당사자가 부담하는 채무는 서로 대가적 의미를 가지고 있으므로 그 내용의 실행인 이행에 있어서 자기의 채무는 이행하지 않고서 상대방의 이행만을 청구하는 것은 공평의 관념·신의에 반하게 된다. 여기에 동시이행의 항변권이 인정되는 근거가 있다. 즉 공평의 원칙에 입각하여 쌍무계약에서 생기는 대립하는 채무 사이에 이행상의 견연관계를 인정하려는 제도가 동시이행의 항변권이다.

이러한 이행상의 견연관계를 법률적으로 관철하는 데는 여러 방법이 있을 수 있겠으나 대체로 두 가지가 있다. 하나는 쌍무계약의 채권자가 타방에 대하여 이행을 청구하려면 우선 자기의 채무를 이행하든가 또는 적어도 이행 제공을 하여야 한다는 것이다. 또 하나는 쌍무계약의 각 당사자가 상대방에 대하여 이행을 청구할 수 있는 권리는 무조건의 것이나 다만 서로 상대방으로부터 반대급부를 받을 때까지는 자기의 급부를 거절할 수 있는 항변권을 인정하는 주의이다.

우리나라 민법은 위의 두 가지 가운데 후자를 따르고 있으며 쌍무계약의 당사자 일방은 상대방이 그 채무이행을 제공할 때까지 자기의 채무이행을 거절할 수 있다고 규정한다. 즉 쌍무계약에 의한 채권·채무는 그 자체로서는 각각 독립한 것이며 각 채권자는 그의 채권을 무조건으로 행사할 수 있으나 상대방은 반대급부가 아직 행하여져 있지 않음을 이유로 이행을 거절할 수 있는 항변권을 갖는다. 이 항변권이 이른바 동시이행의 항변권이다.

공평의 원리에 의하여 채무자에게 이행을 거절하는 기능을 인정하는 점에서 동시이행의 항변권은 유치권과 비슷하다. 그러나 유치권은 독립한 물권으로 구성되어 있는데 반하여 동시이행의 항변권은 쌍무계약에서 발생하는 채무에 따르는 기능으로서 구성되어 있는 점에 양자의 근본적 차이가 있다.

② 성립요건

우리나라 민법에서 규정하는 동시이행의 항변권의 성립요건은 다음과 같다.

가. 대가적 의미가 있는 채무가 존재할 것

동일한 쌍무계약에 의하여 당사자 쌍방이 서로 대가적 의미 있는 채무를 부담하고 있어야 한다. 그러므로 쌍방이 서로 채무를 부담하고 있더라도 그 채무가 서로 다른 원인에 의하여 발생하고 있는 때, 또는 동일한 계약에 의하여 생긴 것이더라도 그 채무 사이에 대가적 의미가 없는 때에는 동시이행의 항변권은 성립하지 않는다.

나. 상대방의 채무가 변제기에 있을 것

쌍무계약에서 생기는 대립하는 채무라고 해서 언제나 그 변제기일까지 같다고 할 수는 없다. 그리하여 상대방의 채무는 아직 변제기에 있지 않고 자기의 채무만이 변제기에 있는 당사자는 동시이행의 항변권이 없다.

또한 선이행의무자가 이행하지 않고 있는 동안에 상대방의 채무의 변제기가 도착한 경우에 이 항변권은 이행의 청구가 행해지는 시기를 표준으로 하는 것이므로 채무의 변제기가 본래는 다른 경우이더라도 상대방이 이행청구를 할 때에 그 상대방의 채무의 변제기도 도래하고 있으면 이 항변권을 행사할 수 있는 것이다.

이와 같이 선이행의무를 부담하는 당사자는 동시이행의 항변권을 원용하지 못하는 것이 원칙이다. 그러나 민법은 이에 대한 예외를 인정하고 있다. 즉 후이행의무자에게 그의 재산상태 악화와 같은 그가 부담하는 의무 이행이 곤란한 사유가 있을 때에는 선이행의무자에게 동시이행의 항변권을 인정한다. 이것은 공평의 원칙과 신의칙에 입각한 사정변경의 원용이라고 할 수 있다.

다. 상대방이 채무의 이행 또는 그 제공을 하지 않고서 이행을 청구하였을 것

상대방이 채무의 내용에 따라 이행한 때에는 채무의 대립상태는 소멸하고 동시이행의 문제도 일어날 여지가 없다.

또한 상대방이 채무의 내용에 따라 제공한 때에도 동시이행의 항변권은 없어진다. 이때의 제공의 정도는 일반원칙에 의한다. 그리고 일부의 제공 또는 불완전한 제공이 있는 경우에는 일부의 이행 등이 있었던 경우에 있어서와 마찬가지로 해석하면 된다.

이해의 제공이 있었던 경우에 관하여 가장 문제가 되는 것은 상대방이 이행의 제공을 하였음에도 불구하고 수령하지 않음으로써 수령지체에 빠진 당사자는 그 후 상대방이 자기의 채무의 이행의 제공을 다시 하지 않고서 이행을 청구한 경우에 동시이행의 항변권을 제출할 수 있느냐에 관하여서이다. 이 경우에 매도인은 무조건 대금지급을 명하는 판결을 얻을 수 있으며 동시이행의 항변권을 가지게 된다.

③ 효 력

동시이행의 항변권은 상대방이 채무를 이행하거나 또는 이행의 제공을 할 때까지 자기채무의 이행을 거절할 수 있는 데 그치며 상대방의 청구권을 영구적으로

부인하는 것은 아니다. 즉 그것은 영구적 항변권은 아니며 일시적으로 상대방의 청구권의 작용을 막고 자기채무의 이행을 연기하는 이른바 일시적 항변권이다.

동시이행의 항변권은 기술한 요건을 갖추면 성립하는 것이나 이를 원용(주장)하지 않는 한 현실화하지 않으며 원용이 있을 때에 비로소 그 기능을 발휘한다. 만일에 이를 원용하지 않는다면 상대방의 청구권은 완전히 작용을 발휘한다. 따라서 법원은 그 원용이 없는 한 항변권의 존재를 고려할 것은 아니다. 그런데 이 항변권을 원용하느냐 않느냐는 전적으로 항변권자의 자유이다. 또한 원용하는 시기에 관하여서도 특별한 제한은 없다. 따라서 이행기이든 또는 이행기 후이든 이를 묻지 않고 상대방으로부터 청구를 받은 때에 원용하면 된다. 그리고 동시이행의 항변권이 주장된 때에 청구자가 이행을 제공한 사실의 입증책임은 청구자 자신이 부담한다.

④ 위험부담

쌍무계약의 일방의 채무가 채무자에게 책임 없는 사유로 이행불능이 되어 소멸한 경우에 그에 대응하는 타방의 채무와 관련한 사항이 위험부담의 문제이다. 이를 살펴보면 다음과 같다.

위험부담은 쌍무계약에 있어서의 관념이다. 편무계약에서는 이러한 문제가 생기지 않는다. 쌍무계약에서 위험부담이 문제되는 이유는 하나의 법률관계에 있어서의 수개의 권리관계도 이를 독립한 것으로 다루고 그의 존속·변동도 각개의 권리에 관하여 개별적으로 고찰하고 있기 때문이다. 이러한 생각에 따른다면 쌍무계약이라고 해서 일방의 채무의 소멸이 당연히 타방의 채무의 운명에 영향을 준다고는 할 수 없다.

그러나 쌍무계약에 있어서의 쌍방의 채무는 상호의존 견연관계에 있으므로 일방의 소멸이 타방의 운명에 아무런 영향을 주지 않는다는 것은 적당하지 않다. 여기서 쌍무계약에 있어서의 일방의 채무의 소멸을 둘러싸고, 일반적인 채무의 독립성과 쌍방계약의 채무의 견연성이라는 두 성격의 조화를 꾀하려는 제도가 바로 위험부담제도이다. 따라서 위험부담은 쌍무계약에 있어서의 두 채무 사이의 존속상의 견연관계를 정하는 제도라고 말할 수 있다.

이행불능에 의한 채무의 소멸이라는 현상은 쌍무계약 이외의 채무일반에서도 볼 수 있다. 그 결과의 불이익을 때로는 채무자가 부담하고 때로는 채권자가 부담하는 수가 있다. 그러나 이는 일반적인 채무소멸의 현상과 그 효과이며 위험부담의 관념에는 속하지 않는다. 쌍무계약의 각 채무도 하나의 채무로서 독립한 것이므로 이러한 위험이 생길 수 있으나 이른바 위험부담은 쌍방계약의 일방의 채무에 그러한 위험이 생겨 소멸한 경우에 그것이 상대방의 대가적 채무에 어떠한 영향을 주느냐의 관계를 고찰하는 것이다.

위험부담은 채무의 후발적 불능을 둘러싸고 일어나는 문제이다. 쌍무계약의 일방의 채무가 원시적 불능인 때에는 채무의 성립상의 견연성의 문제로서 해결되고 위험부담은 문제가 되지 않는다. 위험부담에 있어서의 불능은 채무자에게 책임 없는 사유로 생긴 것이어야 한다. 채무자의 귀책사유로 불능으로 된 때에는 손해배상책무가 종래의 채무에 갈음하고 위험부담의 문제는 생기지 않는다.

채권자에게도 귀책사유가 없는 경우가 있다. 어느 경우에나 채무자의 귀책사유가 없는 한 그 채무는 소멸한다. 따라서 대가관계에 서는 채무를 어떻게 하느냐에 관하여 위험부담의 문제가 생긴다. 그러나 채권자의 귀책사유로 불능이 생긴 경우에는 채권자가 위험을 부담하고, 따라서 채권자가 부담하는 채무는 소멸하지 않는다는 것이 공평하다. 이에 반하여 당사자 쌍방에게 책임 없는 사유로 인하여 불능이 된 때에 그 위험은 누구에게 부담시키는 것이 공평하냐는 대단히 어려운 문제이다. 위험부담제도의 문제가 여기에 집중되는 것도 이 때문이다.

(2) 제3자를 위한 계약

① 의 의

계약당사자가 아닌 제3자로 하여금 직접 계약당사자의 일방에 대하여 채권을 취득케 하는 것을 목적으로 하는 계약을 제3자를 위한 계약이라고 한다.

로마법에서는 누구도 타인을 위하여 계약을 할 수 없다는 원칙이 있어서 법률행위의 효과는 오직 행위자에 관하여서만 발생한다고 하였기 때문에 제3자를 위한 계약의 효력은 일반적으로 부인되었다. 다만 후기 로마법에서는 경제적 필요로 개별적인 예외가 인정되었다. 독일 보통법에서도 처음에는 예외적으로 인정될 뿐이었으나 상거래업계의 요구에 응하기 위하여 점차 확대되고 결국 일반화하게 되었다. 그 후 제정된 독일 민법은 명문으로 이를 규정·인정하고 있다. 프랑스 민법은 로마법에 가장 충실하여 제3자를 위한 계약의 효력을 일반적으로 부인하고 다만 특수한 예외적 경우에만 그 효력을 인정하였으나 오늘날에는 예외의 경우를 넓게 인정하고 있다. 우리나라의 구민법은 독일 민법을 본받아 그 유효성을 인정하고 있었으며 현행 민법도 같은 태도를 취하고 있다.

제3자를 위한 계약이 유효한 근거에 관하여는 오늘날의 이론으로서는 계약당사자의 의사에 의하여 효력이 생긴다고 설명하는 것으로 충분하다. 다만 제3자는 그의 의사에 의하지 않고서 이익을 얻게 되나 이는 계약의 성립 자체에 관한 문제는 아니다.

② 성 질

제3자를 위한 계약의 당사자는 요약자와 낙약자이며, 수익자(제3자)는 당사자가 아니다. 이와 같이 제3자가 계약에 참가함을 필요로 하지 않을 뿐만 아니라 요약자가 제3자를 위하여 행위를 할 권한을 가지고 있을 필요도 없다. 제3자를 위한 계약은 낙약자와 요약자가 각각 자기의 이름으로 의사표시를 함으로써 성립하며 요약자가 제3자의 대리인이 되는 것은 아니다. 행위의 효과에 있어서도 대리에서는 효과가 전부 본인에 관하여 생기나 제3자를 위한 계약에 있어서는 제3자가 권리를 취득하는 이외의 효과는 요약자 자신에 관하여 생기는 것이 보통이다.

제3자를 위한 계약에 의하여 제3자(수익자)는 직접 낙약자에 대하여 급부를 청구할 수 있는 권리를 취득한다. 그러므로 기술한 바와 같이 단순히 당사자 사이에서 제3자에게 급부할 것을 청구할 권리가 발생하는 계약은 여기서 말하는 제3자를 위한 계약은 아니다. 그 밖에 있어서는 당사자 사이에 효과가 발생하는 보통의 계약과 다를 것이 없다. 제3자를 위한 계약이라고 하여도 따로 그러한 특권의 계약이 있는 것은 아니며 기본행위인 보통의 계약 내용 일부가 제3자에게 권리를 취득하게 하는 데 관한 약정부분은 이를 제3자 약관이라고 부른다.

우리나라 민법이 규정하는 제3자를 위한 계약은 제3자로 하여금 급부청구권(채권)을 취득케 하는 계약이다. 여기서 채권 이외의 권리, 특히 물권을 제3자가 직접 취득하게 하는 약정은 유효한가가 문제된다. 이러한 견지에서 제약자가 제3자에게 대하여 가지는 채권에 관하여 채무를 면제하는 계약도 제3자를 위한 계약에 준하는 것으로서 유효하다고 볼 수 있다.

한편 제3자를 위한 계약에 대립하는 개념으로서 제3자의 부담을 목적으로 하는 계약을 생각할 수 있다. 그러나 법률에 규정이 있는 경우를 제외하고는 누구도 자기의 의사에 의하지 않고서 의무를 부담하지 않으므로 계약에 관여하지 않은 제3

자로 하여금 직접 당사자의 일방에 대하여 급부할 의무를 부담케 하는 계약은 무효이다.

③ 사회적 작용

제3자를 위한 계약의 실용성은 낙약자의 출연을 요약자가 취득하여 다시 제3자에게 급부하는 절차를 생략해서 낙약자로부터 직접 제3자에게 급부하게 하는 데에 있다. 제3자를 위한 계약의 존재의의는 바로 여기에 있다고 할 수 있다.

그런데 이러한 효용도 제3자에게 급부하는 것이 현존·특정하는 것이면 위와 같은 절차의 생략은 별로 큰 의의가 있다고 할 수 없을 것이다. 그러나 그것이 장래의 급부이고 또한 급부하여야 할 의무가 요약자의 사망 후에 생기는 경우 급부하여야 할 자가 운송회사나 신탁회사인 경우 등에서는 낙약자와 제3자와의 관계로서 제3자로부터 낙약자에 대하여 직접 청구케 하여 결제하는 것이 대단히 편리하고도 적절한 것임을 알 수 있다.

④ 출연의 원인관계

제3자를 위한 계약을 맺음으로써 제약자가 제3자에 대하여 채무를 부담하는 데 관하여 낙약자가 제3자에 대하여 채무를 부담한다는 경제적 출연 또는 출재를 하는 데에는 보통 이중의 원인관계가 존재한다. 하나는 낙약자가 제3자에 대하여 채무를 부담하는 데 관하여 낙약자와 요약자 사이에 존재하는 보상관계이고 다른 하나는 요약자가 낙약자로 하여금 채무부담을 약정케 하여 제3자에게 이익을 주는 데 관한 요약자와 제3자와의 사이에 존재하는 대가관계이다.

낙약자는 제3자에 대하여 직접 급부하여야 할 채무를 부담하게 되나, 제약자가 그러한 출연을 하는 이유는 요약자와의 사이에 기본행위인 계약을 체결하는 목적(원인)에서 이를 찾게 된다. 즉 제3자 약관은 기본행위의 일부를 이루는 것이므로, 그 자체가 단독의 원인을 갖는 것은 아니며 기본행위에 관하여 계약당사자 사이에 존재하는 원인관계를 그 원인으로 한다. 이와 같이 낙약자가 제3자에 대하여 채무를 부담하는 것은 요약자·낙약자 사이에 원인관계가 있기 때문이며 이 원인관계를 보상관계라고 부른다.

한편 요약자가 낙약자로 하여금 제3자에게 급부하게 함으로써 제3자가 채권을 취득하게 되나 여기에도 요약자와 제3자 사이에는 원인이 있어야 한다. 제3자가 권리를 취득하는 것은 궁극적으로 요약자가 낙약자와의 보상관계를 통해서 간접적으로 출연을 하는 데에 기인한다고 보아야 하기 때문이다. 이 요약자와 제3자 사이의 원인관계를 대가관계라고 부른다.

07 계약의 해제와 해지

1) 계약해제의 의의 및 성질

(1) 의 의

유효하게 성립하고 있는 계약의 효력을 당사자 일방의 의사표시에 의하여 그 계약이 처음부터 있지 않았던 것과 같은 상태로 복귀시키는 것을 계약의 해제라고 한다. 그리고 이러한 일방적 의사표시에 의하여 계약을 해소시키는 권리를 해제권 이라고 한다.

계약의 해제는 해제권자의 일방적 의사표시로 성립하는 법률행위이다. 이는 단독행위이며 이른바 해제계약과는 다르다. 해제계약은 계약당사자가 이전에 맺었 던 계약을 체결하지 않았던 것과 같은 효과를 발생시킬 것을 내용으로 하는 계약으 로서 반대계약 또는 합의해제라고도 일컫는다. 이러한 해제계약은 계약자유의 원칙 상 유효하다. 그리고 그것은 하나의 계약이고 해제와는 본질적으로 다르다. 우리가 알아야 할 것은 해제계약의 소급효과는 제3자의 권리를 침해하지 못한다는 점이다.

계약의 해제는 당사자의 일방적 의사표시로 계약을 해소케 하는 것이므로 계 약당사자가 해제를 하려면 그렇게 할 수 있는 권리, 즉 해제권이 있어야 한다. 바꾸 어 말하면 해제는 해제권의 행사로 행하여진다.

해제권이란 일방적 의사표시로 권리관계의 변동을 가져오는 권리이므로 이른 바 형성권이다. 이 해제권은 계약을 처음부터 존재하지 않았던 것과 같은 효과를 발생케 하는 권리이므로 계약당사자 또는 당사자의 지위를 승계한 자만이 이를 가 질 수 있고, 당사자로서의 지위를 수반한다. 따라서 해제권만을 양도할 수 없음은 물론이고 계약에 의한 권리를 양수하였다 하더라도 당사자로서의 지위를 승계하지 않은 자는 해제권이 없다.

해제권에는 당사자가 미리 계약에서 그것을 보유하는 약정해제권과 법률의 규정에 의하여 주어지는 법정해제권이 있다. 그리고 전자(약정해제권)에는 당사자가 명백히 해제권을 보유하지 않았더라도 법률에 의하여 해제권을 보유한 것으로 다루어지는 경우가 있다. 계약금의 수수가 그 예이다. 한편 후자(법정해제권법정해제권)에는 각종의 계약에 특수한 것과 채무불이행을 이유로 하는 계약 일반에 공통한 것이 있다.

해제에 의하여 계약은 처음부터 있지 않았던 것과 같은 효과가 생긴다. 즉 해제는 소급효과가 있다. 따라서 아직 이행하지 않은 채무는 소멸하고 이미 이행한 것은 법률상의 원인을 잃게 되어 각 당사자는 원상회복의 의무를 부담하게 된다. 이와 같이 해제는 소급효과가 있으나 임대차·고용·위임·조합 등의 이른바 계속적 계약에 있어서는 채무불이행 등을 이유로 계약관계를 도중에 소멸케 하더라도 이미 완전한 목적을 달성하고 있는 부분까지도 이를 처음부터 없었던 것과 같이 할 필요나 이유가 없다. 이때에는 불이행의 부분 이후에 한하여 장래에 대해서는 소멸케 하는 것으로 충분하다. 또한 소급효과 없이 장래에 대하여 계약관계를 소멸(종료)케 하는 것을 민법은 해지라고 한다.

해제는 취소와는 구별하여야 한다. 권리자의 일방적 의사표시에 의하여 법률행위의 효력을 소급해서 소멸케 하는 점에서는 양자가 같다. 그러나 해제는 계약에 특유한 제도인 데 대하여 취소는 계약에 한하지 않고 모든 법률행위에 관하여 인정되며 취소권의 발생원인은 무능력·의사표시의 하자·착오 등이 있을 때에 법률의 규정에 의하여 발생하나 해제는 채무불이행을 원인으로 하는 법정해제권 외에 당사자 사이의 계약에 의하여서도 발생한다. 또한 그 효과에 있어서도 취소의 경우에는 부당이득에 의한 반환의무가 생길 뿐이나 해제의 경우에는 원상회복의무가 생긴다.

해제조건의 성취에 의한 계약의 소멸은 당사자 사이의 계약에 의하여 생기는 점에서 약정해제와 비슷하다. 그러나 해제조건은 조건의 성취라는 사실에 의하여 법률행위의 효력이 당연히 실효하는 데 대하여 약정해제권은 비록 약정된 사실의 실현으로 해제권이 발생하더라도 이를 행사하지 않는 한 해제의 효과는 발생하지 않는다. 또한 해제조건은 특약이 없는 한 장래에 대하여서만 법률행위가 실효하는 데 반하여 해제는 소급적으로 계약을 실효케 하는 점에 있어서도 양자는 크게 다르다.

해제는 철회와도 구별된다. 철회는 아직 최종적인 법률효과가 발생하고 있지 않은 법률행위나 의사표시의 효력을 장차 발생하지 않도록 막는 것이다. 그런데 해제는 이미 효력을 발생하고 있는 계약을 해소케 하여 그 효력을 소급적으로 소멸케 하는 것이므로 철회와는 본질적으로 다르다.

(2) 해제할 수 있는 계약의 범위

해제는 법정해제와 약정해제로 구분할 수 있는데 해제가 인정되는 계약도 두 경우로 나누어 보아야 한다.

① 법정해제권이 인정되는 계약

일반적인 법정해제를 어떠한 계약에 관하여 인정할 수 있느냐의 문제는 일반적 법정해제권의 발생원인에 관해 어떠한 계약에 적용되느냐의 문제이다. 우선 이들 규정이 채권계약에 적용됨은 의문의 여지가 없다.

일반적 법정해제권은 언제나 최후의 불이행을 원인으로 하여 발생한다. 또한 개별적으로 각종의 전형계약에 관하여 인정되는 특수한 법정해제권도 모두 채권계약에 관한 것이다. 이와 같이 법정해제권이 채권계약에 관하여 인정됨은 명백하다.

기술한 바와 같이 외국의 민법은 모두가 쌍무계약에 한하여 법정해제권의 발생을 인정할 뿐이고 편무계약에 관하여는 인정하지 않는다. 그러나 우리 민법에서는 특별한 제한을 두고 있지 않으므로 쌍무계약은 물론이고 편무계약에도 인정된다고 해석하여야 할 것이다.

② 약정해제권이 인정되는 계약

채권계약에 관하여 약정해제권을 보유할 수 있음은 의문이 없다. 그러나 물권계약이나 준물권계약에 관하여서는 어떠한가? 이론상으로는 여기서도 약정해제권을 보유할 수 있다. 원래 약정해제권은 이행이 끝난 후에 행사할 수 있는 것으로서 보유할 수도 있는 것이고 또한 물권계약이나 준물권계약에 소급효과가 있는 해제조건을 붙이는 것이 가능하기 때문에 같은 효과를 당사자의 일방적 의사표시로 일어나게 하는 해제도 가능하다고 본다. 이와 같이 물권계약·준물권계약에 관하여 약정해제권의 보유가 이론상으로는 가능하지만 실제에 있어서는 행하여지는 일은 거의 없다.

(3) 해제권의 발생

① 약정해제권의 발생

당사자는 계약에 의하여 해제권을 발생시킬 수 있다. 이때 그 해제권은 당사자의 일방 또는 쌍방을 위하여 보유하게 되나 이러한 해제는 반드시 처음의 계약에서 하여야 하는 것은 아니며 후에 체결하는 별개의 계약에 의하여서도 할 수 있다. 또한 계약이 이행되기 전에만 해제할 수 있는 것으로 하여도 좋고 계약이 이행된 후에 해제할 수 있는 것으로 하여도 좋다. 이와 같은 해제권을 보유하는 계약약관을 해제약관이라고 부른다.

이러한 해제권의 보유는 매매와 같은 쌍무계약에서 행해지는 일이 많으나 편무계약에 관하여서도 할 수 있다. 그리고 이러한 보유를 하는 이유에는 첫째, 일용계약을 체결해 두지만 장차 어떤 객관적 또는 주관적 장애 때문에 계약상의 구속을 벗어날 필요가 생길지 모르기 때문에 미리 계약폐기의 가능성을 남겨 두고자 하는 경우 둘째, 상대방이 계약상의 채무를 이행하지 않으면 이쪽에서도 계약상의 채무를 면할 수 있도록 해두는 경우이다.

② 법정해제권의 발생

법정해제권에는 모든 채무계약에 공통한 원인에 의하는 일반적인 것과 특정의 계약에 특수한 원인에 의하는 것이 있다. 그런데 이러한 계약일반에 관하여 인정되는 일반적 법정해제권의 발생원인은 넓은 의미에 있어서의 채무불이행이다. 채무불이행에는 이행지체·이행불능·불완전이행 및 수령지체가 있다. 이들 가운데에서 민법이 해제권의 발생원인으로서 규정하는 것은 이행지체와 이행불능이다. 그리고 이행지체에 관하여는 이를 다시 보통의 이행지체와 정기행위의 이행지체로 나누어서 규정한다. 전자에 있어서는 최고가 필요하나 후자에는 이를 필요로 하지 않는 데서 나온 구별이다. 그러면 그 밖의 채무불이행, 즉 불완전이행과 수령지체(채권자지체)의 경우에는 해제권의 발생이 인정되지 않는가? 불완전이행에 의한 해제권의 발생은 민법에 규정은 없으나 이를 인정하고 있다. 그러나 수령지체에 관하여는 학설이 대립하고 있다.

③ 이행지체에 의한 해제권의 발생

계약이 정기행위냐 아니냐에 따라 해제권 발생의 요건에 차이가 있다. 정기행위가 아닌 계약은 비록 이행시기에 이행이 없더라도 채권자가 언제나 반드시 계약목적을 달성할 수 없게 되지는 않는다. 여기서 민법은 당사자 쌍방의 입장을 고려하여 채권자가 상당한 기간을 정하여 최고를 하였으나 그 기간 내에 이행이 없으면 계약을 해제할 수 있는 것으로 하였다. 따라서 이 경우의 해제권의 발생에는 첫째, 채무자에게 책임 있는 사유로 이행을 지체하였을 것 둘째, 채권자가 상당한 기간을 정하여 최고를 하였을 것 셋째, 최고의 기간 내에 이행 또는 이행의 제공이 없었을 것 등의 세 가지 요건이 필요하다.

한편 이행지체에 의한 법정해제권의 발생요건을 경감하는 특약은 유효하다. 그러나 이러한 특약은 채무자에게 불리한 결과가 되므로 특약의 내용을 해석함에 있어서 특히 신의성실의 원칙에 따라야 함을 유의하여야 한다.

④ 이행불능에 의한 해제권의 발생

채무자에게 책임 있는 사유에 의한 이행불능이 있으면 해제권은 발생한다. 보통의 이행지체의 경우와는 달라서 최고는 이를 필요로 하지 않는다. 또한 해제권이 발생한 후에 채권자가 본래의 급부를 청구한다든가 또는 채무자가 급부를 해서 해제권을 소멸시키는 일은 이행불능에 있어서는 있을 수 없다.

위와 같이 이행불능에 의한 해제권의 발생요건은 채무자의 책임 있는 사유로 이행이 불능으로 되었을 것이 그 전부이다. 또한 이행불능이 채무자에게 책임 있는 사유에 기하는 것이어야 한다. 이에 대한 입증책임은 채무자에게 있다. 이행지체에 빠져 있는 동안 불가항력에 의한 이행불능도 원칙적으로 채무자에게 책임 있는 이행불능이 되어야 하며 이행불능이 위법한 것이어야 한다.

⑤ 불완전이행에 의한 해제권의 발생

불완전이행 내지 적극적 채권침해에 의한 해제권의 발생에 관하여는 민법에 규정하는 바가 없다. 그러나 일반적으로 불완전이행이 성립하려면 첫째, 이행행위가 있었을 것 둘째, 이행이 불완전할 것 셋째, 채무자의 귀책사유일 것 넷째, 위법한 것 등 여러 요건을 필요로 한다.

위와 같은 불완전이행이 있으면 해제권이 발생하나 최고의 행위와 관련하여 두 경우를 나누어서 고찰하기로 한다. 즉 완전이행이 가능한 경우에는 채권자가 상당한 기간을 정하여 불완전이행을 최고하였으나 채무자가 완전이행을 하지 않고 최고기간을 경과한 때에 해제권이 발생한다. 그러나 완전이행이 불가능한 경우에는 채권자는 최고 없이 곧바로 해제할 수 있게 된다. 이때의 해제권도 신의칙에 의하여 적당한 기간 내에 제한된다고 해석하는 것이 타당하다.

⑥ 채권자의 지연에 의한 해제권의 발생

채권자의 지연 즉 채권자의 수령지체로 해제권이 발생하느냐는 채권자 지연의 본질을 어떻게 이해하느냐에 따라서 그 결론을 달리하게 된다. 특별한 경우를 제외하고는 채권자에게 수령의무가 없는 것으로 이해하고 민법이 규정하는 채권자 지연 책임은 신의칙에 의한 법정책임이라고 볼 수 있다. 이에 의하면 채권자의 수령지연에 의한 해제권의 발생은 민법에 명문의 규정이 없는 한 인정할 수 없다는 것이 된다. 그러나 채권자 지연을 채권관계에 있어서의 채권자의 협력의무에 대한 불이행이라고 보고 채권자 지연책임을 일종의 채무불이행책임으로 본다면 채권자의 수령지체도 채무불이행이므로 그 효과로서 해제권은 발생한다고 할 수 있다. 즉 채무자는 상당한 기간을 정하여 수령을 최고하여 해제할 수 있게 된다.

채권자 지연의 요건으로는 첫째, 채권의 성질상 이행에 있어서 채권자의 협력을 필요로 할 것 둘째, 채무의 내용에 좇은 이행의 제공이 있을 것 셋째, 채권자의 수령거절 또는 수령불능 넷째, 채권자의 수령불능 또는 수령거절이 그의 귀책사유에 기하고 다섯째, 위법한 것일 때에 채권자의 수령지연이 성립하며, 채무자는 상당한 기간을 정하여 수령을 최고하고 그래도 수령이 없을 때에는 해제할 수 있게 된다.

쌍무계약에 있어서는 수령하지 않는 채권자는 많은 경우에 자기가 부담하는 채무의 이행도 지체하고 있을 것이므로 그러한 경우에는 이행지체에 의한 해제권의 발생으로 해결되므로 특히 수령지체를 이유로 하는 해제를 문제삼을 필요가 없을 것이다. 따라서 수령지체만을 이유로 하는 해제권의 발생이 문제되는 경우는 실제에 있어서는 드물다.

⑦ 사정변경의 원칙에 의한 해제권의 발생

일반적으로 사정변경의 원칙이라 함은 법률행위, 특히 계약의 성립 당시에 있었던 환경 또는 그 행위를 하게 된 기초가 되는 사정이 그 후 현저하게 변경되어 당초에 정해졌던 행위의 효과 내지 계약의 내용을 그대로 유지하고 강제하는 것이 신의칙과 공평의 원리에 반하는 부당한 결과를 가져오는 경우에는 당사자가 그 법률행위의 효과를 신의, 공평에 맞도록 변경하거나 또는 폐기할 수 있다는 원칙으로서 신의성실의 원칙의 한 유형이라고 할 수 있다.

원래 이 원칙은 중세의 카논법에 의하여 제기된 이론에 그 기원을 구할 수 있다. 이 이론에 의하면 모든 계약에는 그 기초가 되는 사정이 변하지 않는 한 그 효력을 지속한다는 조항이 있는 것으로 해석되며 따라서 사정이 변경되면 계약에 대한 구속력은 없어진다는 것이다.

이 사정변경의 원칙이 오늘날 널리 세계각국에서 승인되어 있다고 말할 수 있다. 즉 영미법계, 독일법계, 프랑스법계의 여러 나라가 거의 예외 없이 이 원칙을 승인하고 있다. 이를 승인하는 형식은 일정하지 않으나 그 주류는 관례에 의한 승인이다. 그러나 최근의 민법전에는 이 원칙을 명문으로 규정하고 있다.

오늘날의 법제에 있어서 해제제도는 계약에 의하여 구속되어 있는 당사자는 계약체결 당시에 예상하지 않은 사정이 그 후 발생하여도 그 구속에서 벗어나지 못한다는 전제 아래 계약적 구속에서 벗어나려면 특히 계약에서 그것이 보유되었거나 (약정해제권) 또는 채무불이행이라는 사실이 있지 않으면(법정해제권법정해제권) 안 된다는 데서 출발하고 있다. 그러나 계약체결 당시에 예상하지 않았고 또한 예상할 수도 없었던 사정이 발생한 경우에 당사자를 그대로 그 계약에 구속받게 하는 것이 가혹하고 온당치 않다고 인정되는 때에는 계약을 해제할 수 있다고 하는 것이 타당하다.

사정변경의 원칙에 의한 해제권의 발생요건은 첫째, 당사자가 예상하지 않았고 또한 예상할 수도 없었던 현저한 사정의 변경이 생겼어야 한다. 원래 당사자는 계약을 체결함에 있어서 그 당시의 사회적·경제적 사정을 고려하고 또한 장래에 있어서의 다소의 변동을 예상하는 것이 보통이다. 그러므로 사정변경의 원칙에 기하여 해제권이 발생한다고 하려면 이러한 사정을 고려하고 또한 보통사람이 도저히 예상할 수 없을 만큼 현저한 사정의 변경이 생겨야 한다. 이와 같은 사정의 변경은 계약을 체결한 후 해제할 때까지의 사이에 일어난 사정을 고려하여서 결정하여야 한다. 사정의 변경으로 해제권 발생의 요건이 충족되었더라도 해제하고 있지 않은 동안에 사정이 다시 변경되어 요건을 충족하지 않게 된 때에는 해제할 수 없다.

둘째, 사정의 변경이 해제권을 취득하는 당사자에게 책임 없는 사유로 생겼어야 한다. 따라서 예컨대 당사자의 귀책사유로 자산상태가 급격히 악화하여도 스스로 해제권을 행사할 수는 없게 된다.

셋째, 계약내용대로의 구속력을 인정한다면 신의칙에 반하는 결과가 되어야 한다.

넷째, 최고를 필요로 하지 않는다. 이행을 강제하는 것이 신의칙에 반하는 까닭에 해제권이 인정되기 때문이다.

(4) 해제권의 행사와 효과

① 의 의

해제권은 계약에 의하여 또는 법률의 규정에 의하여 발생하나 이를 행사하느냐 않느냐는 해제권자의 자유이다. 또한 약정해제권이나 법정해제권이나 그 행사방법에 다를 것이 없다.

해제권의 행사는 상대방에 대한 의사표시로 한다. 그리고 이 의사표시는 상대방에 도달한 때에 효력이 생기게 됨은 물론이다. 상대방이라 함은 해제되는 계약의 당사자인 상대방 또는 법률상의 지위를 승계하고 있는 자를 가리킨다. 해제의 의사표시의 방식에는 아무런 제한이 없다. 따라서 서면에 의하든 또는 구두로 하든 어느 것이나 좋다. 또한 재판상 소장, 답변서, 변론 등에 있어서의 공격, 방어의 방법으로서 하여도 좋다. 약정해제권에 관하여 당사자가 특히 그 행사의 방식을 제한하고 있는 때는 그에 따라야 한다.

또한 해제의 의사표시에는 조건과 기한을 붙이지 못한다. 해제권은 형성권이며 그 행사는 일방적 의사표시에 의하여 법률관계의 변동을 일어나게 하는 것을 목적으로 하는 법률행위이므로 이에 조건이나 기한을 붙이면 불확정한 법률상태가 생겨 상대방을 불이익한 지위에 놓이게 하기 때문이다. 그러나 조건이나 기한을 붙여도 위와 같은 염려가 없는 때에는 상관없다. 예를 들면 최고와 동시에 최고기간 내에 이행하지 않으면 다시 해제의 의사표시를 하지 않더라도 당연히 해제된다고 하는 것은 최고기간 내의 불이행을 정지조건으로 하는 해제의 의사표시이나 이는 법률상 유효하다고 볼 수 있다.

해제의 의사표시는 해제권이 소멸하기 전에 하여야 함은 물론이다. 이행지체에 의한 법정해제권에 있어서는 최고기간의 만료 후이더라도 완전한 제공이 있으면 소멸하고 또한 오랫동안 해제권을 행사하지 않으면 신의칙상 이를 행사하지 못한다고 해석하여야 한다.

해제의 의사표시는 이를 철회하지 못한다. 그러나 무능력, 의사표시의 착오나 하자를 이유로 취소할 수 있다. 해제의 철회를 금지하는 것은 해제의 의사표시로 계약의 소급적 해소라는 효과가 생기고 상대방도 그렇게 믿게 되기 때문이다. 따라서 상대방이 승낙하면 철회할 수 있다고 해석하여야 한다.

② 해제권의 불가분성

당사자의 일방 또는 쌍방이 다수인 경우에는 계약의 해제는 그 전원으로부터 또는 전원에 대하여 하여야 한다. 이를 해제권의 불가분의 원칙이라고 한다. 계약당사자의 일방 또는 쌍방이 여러 명인 경우에 각자가 자기의 부분에 관하여 해제를 하거나 또는 해제를 받을 수 있다면 어떤 자에 관하여는 계약이 체결되지 않았던 것으로 되고 또 어떤 자에 관하여는 계약은 그대로 존속하는 것이 되어 복잡한 법률관계가 생기기 때문에 실제상의 편의를 고려해서 취해진 원칙이다.

이 원칙은 실제상의 편의를 위하여 인정된 것이지 그 성질상 불가분의 것은 아니고 또한 공익상의 이유로 채용된 원칙도 아니므로 당사자의 특약으로 해제할 수 있다. 이 규정은 하나의 계약에 관하여 당사자의 일방 또는 쌍방이 수인 있는 경우에는 언제나 적용된다. 그 계약으로 발생하는 채무가 분할채무이든 불가분채무이든 또는 연체채무이든 이를 묻지 않는다.

해제의 의사표시는 반드시 공통적으로 동시에 하여야 하는 것은 아니다. 그 의사표시가 개별적으로 때를 달리하여 행하여진 경우에는 최종의 의사표시의 도달로 해제의 효력이 생긴다고 보아야 한다.

③ 해제의 효과

해제제도는 계약당사자를 상대방의 채무불이행으로부터 구제하기 위한 하나의 법적 수단이며 일방당사자의 채무불이행으로 목적을 달성할 수 없게 된 계약을 해소시켜서 처음부터 그러한 계약이 있지 않았던 것과 같은 상태로 되돌아가게 하는 것을 목적으로 한다. 예를 들어 매매계약에서의 매수인의 대금미지급으로 매도인이 계약을 해제하였다면 그 계약관계는 다음과 같이 해소된다.

첫째, 미이행의 채무는 이행할 필요가 없게 된다. 매도인이 아직 목적물을 매수인에게 인도하고 있지 않으면 인도할 의무를 면하고 매수인이 대금을 지급해서 매도인에게 이행을 요구하지는 못한다. 한편 매수인도 대금지급의무를 면한다. 이와 같이 계약의 당사는 계약에 의한 법률적 구속으로부터 해방된다.

둘째, 이미 이행한 것이 있을 때에는 서로 반환하게 된다. 매도인이 목적물을 이미 매수인에게 인도하고 있는 경우에는 그 반환을 청구할 수 있고, 만일에 매수인으로부터 대금의 일부를 수령하였다면 그것을 반환하여야 한다. 이와 같이 당사자는 원상회복의 의무를 부담한다.

셋째, 위의 첫째와 둘째에 의하여 전보되지 못하는 손해가 남는 때에는 이를 배상케 한다. 매도인이 목적물을 다른 자에게 매각하려고 하였더니 시세가 떨어져서 처음의 매매계약에서의 가격보다 싸게 팔 수 밖에 없었다면 매도인은 그 손해(차액)의 배상을 청구할 수 있다.

민법의 해석으로서는 해제에 의하여 채권, 채무는 소급적으로 소멸하나 다만 제3자 보호를 위하여 이 소급효과는 일정한 제한을 받는다. 채권, 채무가 소급적으로 소멸하기 때문에 당사자는 아직 이행하지 않은 채무에 관하여 당연히 그 이행의무를 면한다. 계약성립시부터 해제까지의 사이에 아무런 채무도 이행되어 있지 않으면 이것으로 계약의 처리는 끝난다.

그러나 만일에 해제가 있기 이전에 어떤 채무의 이행이 있었던 때에는 급부의 반환이 문제되나 그 급부는 채무가 소급적으로 소멸함으로써 법률상의 원인이 없는 급부로 되어 수령자는 부당이득 반환의 의무를 부담하게 된다. 그러나 그 반환의 범위는 현존 이익의 반환이 아닌 보다 합리적인 원상회복의무로 확대되어 있다. 우리 민법은 위와 같이 해제의 소급효과와 원상회복의무를 규정할 뿐만 아니라 계약의 해제는 손해배상의 청구에 영향이 없다고 규정하고 있다. 왜냐하면 해제의 소급효과를 관철한다면 채권, 채무는 처음부터 존재하지 않았던 것이 되므로 채무불이행에 의한 손해배상청구권도 문제가 되지 않기 때문이다.

한편 해제된 계약 자체로부터 생겼던 법률효과는 해제에 의하여 모두 소급적으로 소멸한다. 즉 계약에 의하여 생긴 채권, 채무는 해제에 의하여 소멸한다. 당사자의 일방이 그의 채권을 제3자에게 양도하고 있는 경우에도 그 양수인의 채권은 역시 해제에 의하여 소멸한다.

계약의 이행으로서 권리의 이전이나 설정을 목적으로 하는 이른바 물권행위나 준물권행위가 행하여지고 또한 등기나 인도와 같은 권리의 이전에 필요한 기타의 요건이 모두 갖추어짐으로써 권리의 이전이 있게 된 경우에 해제에 의하여 그 이전된 권리는 당연히 복귀하게 된다.

④ 해제와 제3자

해제의 소급효과를 인정하지 않는 간접효과설이나 절충설에 의하면 해제되는 계약에 의하여 이미 발생하고 있는 물권 기타의 재산권의 변동은 해제에 의하여 직접영향을 받지 않는다. 따라서 제3자 보호의 문제는 생길 여지가 없다. 그러나 해제의 소급효과를 인정하는 직접효과설에 의하면 해제된 계약으로 이미 발생하고 있는 권리이전은 처음부터 생기지 않았던 것으로 되기 때문에 그 권리의 전득자보호의 문제가 생기고 이 문제의 해결을 위하여서는 해제의 소급효를 제한하여야만 한다. 그렇다고 전득자, 즉 제3자 보호를 위한 소급효과 제한의 문제가 언제나 발생하는 것은 아니다. 기술한 바와 같이 해제는 계약상의 채권, 채무를 소멸케 할 뿐이고 이미 발생한 물권변동은 효력을 잃지 않는다. 따라서 제3자 보호를 위한 소급효과 제한은 문제가 되지 않는다.

　　여기서 제3자 즉 해제의 소급효과에 의하여 그의 권리를 해할 수 없는 제3자라 함은 원칙적으로 해제의 의사표시가 있기 이전에 해제된 계약에서 생긴 법률효과를 기초로 하여 새로운 권리를 취득한 자를 가리킨다. 그러나 해제의 의하여 소멸하는 채권 그 자체의 양수인, 그의 전부채권자, 압류채권자, 제3자를 위한 계약의 수익자 등은 제3자에 포함되지 않는다.

⑤ 원상회복의무

　　계약이 해제되면 각 당사자는 상대방을 계약이 행하여지지 않았던 것과 같은 상태에 복귀케 할 의무를 부담한다. 이를 원상회복의무라고 한다. 이 원상회복의무는 부당이득반환의무와 그 성질이 같으냐에 관하여 학설이 대립하고 있었다. 현재의 학설을 보면 해제의 원상회복의무도 법률상의 원인이 없어지는 데서 생기는 효과라는 점에서 부당이득과 같으므로 이를 구태여 부당이득과는 그 본질을 달리한다고 할 필요는 없을 것이다. 주의할 것은 부당이득에 관해서는 그 받은 이익이 현존한 한도에서 반환하면 되나 해제에 있어서는 계약은 소급적으로 소멸하고 급부가 없었던 것과 동일한 상태에 되돌아가게 되므로 그 이익의 현존 여부를 묻지 않고서 받은 급부를 전부 상대방에게 반환하여야 한다.

　　원상회복의무를 부담하는 자는 해제의 효력이 미치는 당사자 전원이다. 해제의 상대방은 물론이고 해제한 자도 원상회복의무를 진다. 쌍무계약에서 발생하는 채권이 양도된 경우에는 그 양수인도 원상회복의무를 부담한다. 양수인이 채무자로부터 변제를 받고 있으면 그것을 반환하여야 한다.

　　원상회복의무의 범위는 기술한 바와 같이 해제에 관한 특칙과 부당이득반환의무에 관한 일반원칙에 의하여 정해진다는 것이 통설이다. 이미 이행된 급부의 종류 및 성질에 따라 다르다.

⑥ 손해배상의 청구

계약의 해제는 손해배상의 청구에 영향을 미치지 아니한다. 이 규정에 의하여 우리 민법상 계약의 해제와 손해배상의 청구는 양립할 수 있음이 인정되어 있다. 바꾸어 말하면 이들 둘 중 어느 하나만이 선택적으로 인정되는 데 지나지 않는 것이 아니라 필요하다면 계약을 해제하고 아울러 손해배상도 청구할 수 있는 것으로 인정되어 있는 것이다. 그러나 이 규정만으로는 그 손해배상이 무엇을 의미하며 특히 어떠한 원인에 의한 손해배상인지가 분명하지 않다.

해제의 소급효과이론을 형식적으로 관철한다면 계약상의 채무는 처음에 소급해서 소멸하므로 해제할 때까지 채무가 존속하고 있었던 것으로 전제하는 때에 비로소 인정될 수 있는 채무불이행에 의한 손해배상과 해제를 양립시키는 것은 이론적으로 모순된다. 그러나 위와 같은 형식적인 이론에 의하더라도 해제에 있어서 일정한 손해배상을 인정할 수 있다.

즉 계약이 유효하게 성립하였다고 믿었기 때문에 받은 손해의 배상을 인정할 수 있는 것이다. 채무자가 그의 채무 불이행으로 채권자에게 준 손해는 비록 해제에 의하여 그 채무가 소급적으로 소멸한다고 하여도 현실적으로는 그대로 남게 되므로 그 손해발생의 귀책자인 채무자가 배상책임을 지는 것은 당연하다고 할 수 있을 것이다. 따라서 일반적으로는 해제와 손해배상의 양립을 인정하고 있으며 또한 이때의 손해배상은 채무불이행을 이유로 하는 것으로 해석되고 있다.

(5) 해제권의 소멸

해제권은 이른바 형성권이므로 권리의 행사 등 이 종류의 권리에 공통한 소멸원인에 의하여 소멸한다. 다음과 같은 제척기간, 포기의 의사표시, 해제권의 실효 등에 주의하면 된다.

해제권은 이른바 형성권이므로 소멸시효가 아니라 제척기간에 걸리며 그 기간은 10년이라고 해석한다.

포기 해제권은 권리자의 일방적 의사표시에 의하여 이를 포기할 수 있다. 그리고 이 포기의 의사표시는 해제권의 행사에 관한 규정에 비추어 상대방에 대하여 하여야 한다고 해석하여야 한다.

해제권이 일단 발생한 후에는 채권자가 이를 포기하지 않고 또한 채무자도 채무내용에 좇는 이행을 제공하지 않는 경우에는 채권자는 언제까지라도 본래의 급부를 청구하든지 아니면 해제권을 행사할 수 있는 자유가 있는가는 채무자가 규정에 따라서 최고를 함으로써 해제권을 소멸케 할 수 있다. 그러나 채무불이행을 이유로 하는 법정해제에 있어서는 채무자가 그러한 최고를 하는 것은 극히 드문 일이고 또한 채무자에게 이 최고권이 있다고 해서 장기간이 지난 후에 있어서의 해제권의 행사를 시인하는 이유가 되지는 않는다. 따라서 채권자가 해제권을 취득한 후 너무 장기간에 걸쳐서 이를 행사하지 않고 또한 상대방도 이제는 해제권을 행사하지 않으리라고 믿게 된 때는 신의칙상 이제는 해제권을 행사할 수 없다고 보는 것이 타당할 것이다.

한편 우리나라 민법은 특수한 해제권의 소멸원인으로서 특히 다음과 같은 것을 정하고 있다.

첫째, 존속기간의 경과 및 최고 당사자 사이의 계약 또는 법률의 규정에 의하여 특히 해제권의 존속기간이 정해져 있는 경우에는 그 기간의 경과로 해제권이 소멸하게 됨은 물론이다. 그와 같은 해제권의 행사에 관한 기간이 정해져 있지 않더라도, 상대방을 오랫동안 불안정한 지위에 두는 것은 가혹하고 나아가서는 거래의 안전을 해하게 되므로 민법은 상대방에게 최고권을 주고 있다. 주의할 것은 이 최고에 의하여 해제권이 소멸하여도 계약상의 본래의 채권·채무에는 영향이 없으므로 채권자는 본래의 급부 또는 전보보상의 청구권을 잃는 것은 아니다.

둘째, 목적물의 훼손 또는 반환불능 해제권자가 고의 또는 과실로 계약의 목적물을 현저히 훼손하거나 또는 반환할 수 없게 된 때에는 해제권은 소멸한다.

셋째, 목적물의 가공 또는 개조 해제권자가 목적물을 가공 또는 개조하여 다른 종류의 물건으로 변경한 때에도 해제권은 소멸된다.

넷째, 당사자가 수인 있는 경우의 해제권의 소멸 당사자의 일방 또는 쌍방이 수인 있는 경우에 1인에 관하여 해제권이 소멸하면 다른 모든 자에 대한 관계에 있어서도 소멸한 것이 된다.

2) 계약해지의 의의 및 성질

(1) 의 의

계속적 채권관계에 있어서 계약의 효력을 장래에 대하여 소멸케 하는 일반적 행위를 해지라고 한다. 그리고 해지할 수 있는 권리가 해지권이다. 해지는 다음과 같은 성질을 가지게 된다.

첫째, 해지가 인정되는 것은 이른바 계속적 채권관계를 발생시키는 계약에 한한다. 민법의 전형계약에 의한 소비대차, 사용대차, 임대차, 고용, 위임, 임치, 조합, 종신정기금이 계속적 계약에 속한다. 그러나 계속적 계약과 일시적 계약을 구별하는 기준이 되는 급부의 계속성은 상대적 개념이며 이들 전형계약이 언제나 계속적 채권관계를 발생케 하는 것이 아님을 주의하여야 한다. 또한 증여는 일시적 채권관계이나 정기증여는 계속적 채권관계에 속한다. 그러므로 구체적인 경우에 계속적 채권관계이냐 아니냐를 검토 판단하여야 하며 그에 따라 해제권을 인정할 것인가를 결정하여야 한다.

둘째, 해지는 오직 장래에 대하여 효력을 발행하는 점에서 계약의 효력을 소급적으로 소멸시키는 해제와 구별된다. 즉 해지가 있으면 계약에 의한 법률관계는 해지의 효력이 발생하기 이전에 있어서는 완전히 그 효력을 보유하고 이미 행하여진 급부는 반환당하지 않는다. 이 점에서 해제의 경우에 원상회복의 의무가 생기는 것과 본질적으로 다르다.

(2) 해지권의 발생

해지를 할 수 있는 권리가 해지권이다. 그것은 일방적 의사표시에 의하여 현존하는 법률관계를 장래에 대하여 종료케 하는 것이므로 해제권과 마찬가지로 형성권에 속한다. 해지권도 해제권에 있어서와 마찬가지로 법률의 규정에 의하여 또는 당사자의 계약으로 발생한다. 전자를 법정해지권, 후자를 약정해지권이라 한다.

민법은 각종의 계약에 관하여 개별적으로 그 발생원인을 규정하고 있다. 그 대부분은 채무불이행을 이유로 인정되는 것이나 그 밖에도 신의칙 위반을 이유로 인정되는 것이 있다. 계속적 채권관계는 당사자의 상호신뢰성이 특히 강하게 요구되기 때문이다. 위에서 본 바와 같이 법정해지권의 발생에 관하여 민법은 일반적 규정을 두지 않고 개별적으로 규정하고 있다. 그러므로 계속적 채무관계에 있어서 채무불이행이 있으면 일반적으로 해지권은 발생한다고 보는 것이 좋을 것이다. 또한 계속적 채권관계에 있어서도 이른바 사정변경의 원칙에 의한 해지권의 발생을 인정하여야 한다. 오히려 사정변경의 원칙이 주로 적용되는 것은 일시적 채권관계가 아니라 계속적 채권관계인 것이다.

이와 같은 이유로 비록 민법에 명문규정은 없더라도 이행지체, 이행불능, 불완전이행, 채권자지체 및 신의성실 또는 사정변경의 원칙에 의하여 해지권은 발생할 수 있다고 해석하는 것이 타당하다. 또한 계속적 채권관계를 발생시키는 계약을 맺을 때에 당사자의 일방 또는 쌍방이 해지권을 보유하는 특약을 할 수 있다.

(3) 해지권의 행사

해지권은 기술한 바와 같이 형성권이다. 따라서 그 행사는 상대방에 대한 일방적 의사표시로 하게 된다. 그리고 이 의사표시는 철회하지 못하고 또한 이른바 불가분성이 있으므로 그 행사는 전원으로부터 또는 전원에 대하여 행하여야 한다.

(4) 해지의 효과

계약을 해지한 때에는 계약은 장래에 대하여 그 효력을 잃는다. 이와 같이 해지는 소급효과가 없다는 점에서 해제와 근본적으로 다르다. 또한 계약의 존속기간을 정하지 않은 경우에 당사자가 해지를 하더라도 일정한 경우 이른바 해지기간이 경과한 때에 비로소 해지의 효력이 생기게 된다.

해지가 있기 이전에 계속적 채권관계에서 이미 발생하고 있는 개개의 채무는 그것이 아직 이행되어 있지 않은 한 해지로 기본적 채권관계가 소멸하여도 그대로 존속한다. 그리고 계속적 채권계약이 해지되면 청산을 하여야 하는데 예컨대 임대차에 있어서 임차인은 목적물을 반환하여야 하는 것과 같은 의무가 생긴다. 이 의무를 청산의무라고 부르기도 한다. 우리나라 민법은 이를 원상회복의무라고 하고 있으나, 이때의 원상회복은 해제의 경우의 원상회복과는 다르다. 이 청산의무가 존속하는 동안은 당사자 사이에 역시 채권관계가 일정한 범위에서 존속하게 된다.

제3장

국제무역계약의 개념과 특성

우리는 앞서 제2장에서 무역계약도 계약의 한 종류라는 사실을 알게 되었다. 그러나 국제무역계약은 여러 가지 특성으로 인해 일반적인 계약이론으로 거래를 하려면 여러 가지 장애요인이 나타나게 된다. 본 장에서는 국제무역계약의 특수성과 관련하여 구체적으로 살펴본다.

01 국제무역계약의 의의

지금까지 언급한 내용을 토대로 하여 일반적인 계약의 의의를 다시 한 번 살펴본다. 계약이란 두 사람 이상의 당사자 간 법적인 강행이 가능한 합의를 말한다. 즉 두 사람 이상의 당사자가 서로 어떠한 법률효과의 발생을 목적으로 하여 서로 대립하는 의사표시(청약과 승낙)를 하고 양 당사자의 합의에 의하여 성립하는 법률행위를 말한다. 넓은 의미에서 계약이라 할 경우에는 채권의 발생원인으로서의 채권계약 외에 물권변동의 원인인 물권계약, 채권이전 그 자체를 목적으로 하는 채권양도와 같은 준물권계약, 그 밖에 혼인, 입양과 같은 신분의 변동을 목적으로 하는 신분계약도 있으나 본서에서는 채권계약을 가리키고 있다.

사람이 생활을 영위하는 데는 금전 이외에도 여러 가지 물자를 필요로 하지만 이것을 획득하기 위해서는 보통 다른 사람과의 계약에 의하게 된다. 그만큼 계약의 경제적·사회적 역할은 중요한 것이라 하겠다. 근대 이전의 계약의 특징을 보면 급부의 내용이나 질이나 양 모두 일정하지 않으며 신분적 지배관계의 색채가 농후하였다. 이에 반하여 근대적 계약의 특징은 계약당사자의 부담급부가 질·양 모두 내용이 일정하고 물질적인 급부에 한정되어 있으며 신분적 지배관계를 수반하지 않는다. 이것은 근대법이 사람을 자유·평등의 법적 인격자로 보고 각자의 자유의사에 의하여 법률관계의 형성을 인정하는 것을 이상으로 하기 때문이다. 이와 같은 계약은 자본주의 문화의 발전을 더욱 촉진시켰다.

미국의 계약법(Restatement of the Law of Contracts)에 의하면 "계약이란 하나의 약속 또는 1조를 이루는 복수의 약속이며 그 위반에 대하여 법이 구제를 부여하고 또는 그 이행을 법이 무엇인가의 방법으로 의무로서 인정하는 것이다."(A contract is a promise or a set of promise for the breach of which the law gives a remedy, or the performance of which the law is some way recognizes as a duty. — R.L.C. Sec. Ⅰ)라고 규정하고 있다.

계약상의 의무는 그 대부분이 계약당사자 자신이 부담하는 것이며, 법률은 단지 계약당사자에 의해서 만들어진 권리 또는 의무를 강행하기 위한 수단에 지나지 않는다.

앞에서도 기술한 바와 같이 계약이란 두 사람 이상의 당사자 간의 법적인 강행가능한 합의라고 할 때, 합의한 당사자의 한편이 일정한 행위를 상대편을 위하여 행하는 또는 행하지 않는 의무를 부담하고 의사를 상대편에 통고하여 상대편이 그것을 승낙하는 것이다. 거래의 여러 조건에 대하여 쌍방이 의견이 합치하는 것이지만 이것은 일반적으로 당사자의 한편에 의한 청약이 그대로의 조건이므로 상대편에 의해서 승낙이 되지 않으면 안 된다고 하는 의미이다.

한편 한 국가 내의 물품 및 용역에 대한 상거래는 물론, 국가와 국가 사이의 물품 및 용역에 대한 거래(국제무역)에서도 그 매매활동의 근원은 약속에 기인하는 계약이다. 법률상 매매는 계약당사자 한편이 어떤 재산권을 상대편에 이전할 것을 약속하고 상대편도 또한 이것에 그 대금지급을 약속함으로써 성립하는 행위에 대한 합의이다. 그리하여 이 합의는 매매당사자 사이, 즉 수출자와 수입자 사이에 채권, 채무의 법률상의 효과를 발생시키는 행위의 전제로서의 의사표시의 합치이며 결국 매매 양 당사자 상호의 채권발생, 구체적으로 말하면 수출자에 의한 물품대금의 취득과 수입자에 의한 물품수취를 목적으로 한 행위에 대한 약속이다. 그러므로 계약은 법률상 수출자에 있어서는 약인(Consideration)으로서의 물품대금의 취득에 대신하는 물품의 인도를 필요로 하며, 수입자는 물품의 수취에 대신하는 대금의 지급을 필요로 하는 상호관계의 약속이다.

그러나 여기서 명확하게 구별하여야 할 것이 있다. 그것은 1893년에 제정된 영국 물품매매법(Sale of Goods Act, 1893)에서는 "sale"과 "agreement to sell"을 1906년의 미국 통일매매법(Uniform Sales Act, 1906)에서는 "sale"과 "contract to sell"을 각각 구별하여 정의를 내리고 있다는 사실이며, 이들은 수출자에 의한 물품 인도와 수입자에 의한 대금지급과의 상호 약속이지만 약속의 성립과 동시에 재산권의 이전에 대금지급을 서로 이행하는 약속도 있으며, 또한 계약성립 후 일정한 기간 후에 또는 어떤 조건이 충족된 다음에 그들은 서로 이행하는 약속도 있으며, 또한 계약성립 후 일정한 기간 후에 또는 어떤 조건이 충족된 다음에 그들은 서로 이행하는 약속도 있다. 따라서 같은 계약이라 하더라도 협의로는 매각(sale)과 매매계약(contract to sell)을 구별하여 고찰할 필요가 있다. 그러나 매매계약도 시간의 경과 또는 조건이 충족된 다음에는 매각으로 됨은 물론이다.

국제무역에 의한 물품거래의 경우에는 매각과 매매계약과를 비교·검토하여 보면 무역거래 그 자체의 성격상 "contract to sell; agreement to sell; executory sale"이라고 표현하는 경우가 많아서, 합의된 이른바 미이행약인(executory consideration)에 기인하는 계약의 경우이므로 그 계약이 성립에서부터 이행까지의 과정에는 어느 정도의 기간이 있게 된다. 그러므로 매매계약상의 의무가 장래에 이행되는 기간에 수많은 법률상의 효력 및 상학적 이해의 기본에 관한 문제가 발생하게 된다.

02 국제무역계약의 본질

국내에서의 매매계약과 국제간의 매매계약이 본질적으로 다르지는 않다. 그럼에도 불구하고 이를 분리해서 다루는 데에는 여러 가지 이유가 있다. 국제무역계약의 본질적 특징은 다음과 같다.

1) 무역계약은 쌍무계약이다.

쌍무계약이란 매매당사자 쌍방이 서로 약속을 교환하는 계약으로서 당사자 쌍방이 서로 대가적 채무를 부담하는 것이다. 당사자 중 한편(offer or offeror)이 행한 청약이 상대편(offeree)에 의해서 승낙된 경우, 즉 승낙자(acceptor)가 청약자의 약속과 교환으로 하여 어떤 약속이 주어진 경우 그 결과 맺어지는 계약을 쌍무계약이라고 한다. 다시 말해서 매매당사자의 한편인 수출자에게는 계약에 의거하여 수입자에게 약정품의 인도의무가 발생하며, 그 상대편인 수입자에게는 수출자에게 물품대금지급의 의무가 발생하게 되어 수출자와 수입자 모두가 서로 채무를 부담하는 관계가 성립된다.

쌍무계약에서는 쌍방의 당사자가 모두 자기의 약속에 대하여는 약속자(promisor)임과 동시에 상대편의 약속에 대하여는 수약자(promisee)이다. 바꾸어 말하면 쌍방이 모두 채권자임과 동시에 채무자이다. 따라서 쌍무계약은 편무계약(Unilateral contract)의 경우와는 달리 당사자의 어느 한편이 불법으로 채무이행을 태만히 하였다가 불가항력의 사유로 이행불능인 경우에도 그 상대편은 항상 위험부담에 당면하지 않을 수 없는 불리한 입장에 놓이게 된다. 그러므로 매매계약에 기인하는 거래의 본질을 특히 국제무역의 경우에는 쌍방조건의 이유로 개별적·사회적·도의적으로 매매 양 당사자는 무엇보다도 신뢰의 원칙에 입각하여야 할 것이다.

2) 무역계약은 <u>유상계약</u>이다

유상계약이란 대상적 채무를 부담하는 계약으로 매매 및 이자부 소비대차 등이 이에 해당된다. 법률적으로 말하면 매매당사자가 행하는 재산상의 출연인 급부가 대가적 관계를 가지고 서로 의존하는 계약으로서 양 당사자가 대가적으로 서로 보상이 있는 의무행위를 이행하는 약속을 말한다. 즉 물품인도에 의한 수출자의 희생·출연은 수입자에 의한 대금의 지급·출연에 의해서 보상되며, 수입자의 대가 지급의 희생·출연은 수출자가 바라는 화물의 인도·출연에 의해서 보상됨으로써 매매 양 당사자가 기대하는 급부효과를 거두는 것을 목적으로 한다. 이에 대하여 무상계약이란 대가적 채무를 부담하지 않는 계약을 말하며 증여 또는 무이자의 소비대차가 그 예이다.

유상계약·무상계약의 구별과 쌍무계약·편무계약의 구별은 혼동하기 쉬우나 유상·무상의 구별은 채무의 내용이 대가적이냐 아니냐에 관한 것에 대하여 쌍무·편무의 구별은 채무자체가 상호적이냐 아니냐에 관한 것이다. 예를 들면 매매계약, 임대차계약은 유상쌍무계약이지만 이자부 소비대차는 유상편무계약이다. 왜냐하면 차주만이 원금반환 및 이자지급의 채무를 부담하기 때문이다. 앞에서 말한 바와 같이 증여나 무이자의 소비대차는 무상편무계약이다. 쌍무계약은 언제나 유상이며 편무계약 중에는 유상계약과 무상계약이 있다.

3) 무역계약은 <u>합의계약</u>이다

합의계약이란 낙성계약이라고 하며 일반적으로 매매 양 당사자의 합의만으로

성립되는 계약이다. 즉 일정한 조건에 따라 물품을 판매하겠다는 수출자의 청약에
대하여 수입자가 승낙함으로써 성립되는 계약을 말한다. 따라서 거래 양 당사자의
합의가 있으면 이것만으로 계약이 성립되는 것으로서 특별히 계약문서의 작성이나
그 교부를 성약요건으로 하지 않는 것을 말한다.

이러한 점에서 볼 때에 요물계약(Substantial contract)과 구별되므로 통상적으로
는 이행미필인 채로 계약이 성립되는 점에 특징이 있다. 그러므로 후일의 이행을
확실하고 원활히 하기 위하여 문서에 의한 계약내용의 확인이 관습적으로 행하여진
다. 특히 국제무역계약에서는 수출자와 수입자가 서로 외국에 거주하고 있는 관계
로 그 계약은 우선 통신에 의한 합의로 계약이 성립되고 다음에 문서에 의한 확인
으로 계약이 완성되는 특수성을 지니고 있다.

4) 무역계약은 자유계약이다

자본주의가 발달하기 이전의 봉건적인 경제, 법률, 사회관계상의 이른바 분한
제도의 굴레에서 점차로 벗어나 매매활동면에서도 구속계약(Binding contract)으로부
터 자유계약(Free contract)으로의 시대적·사조적인 진전을 보았다. 수출자 또는 수
입자는 물품과 대가 그리고 쌍방의 동의를 그 계약의 기본적 요소로 하고 있는 한
각각은 자기의 의사에 따라서 자유로이 매매계약을 체결할 수가 있으며 이에 대하
여 세계의 여러 나라는 원칙적으로 국가적 법의 규제를 설정하지 않고 민법, 상법
에 규정하고 또는 판례나 관습법에 의한 계약상의 여러 가지 종류의 효력을 시인함
과 동시에 그 계약 내용의 실질에 대하여도 조력한다고 하는 새로운 법적 이상에
준거하는 원칙을 취하고 있는 한, 계약은 국내상거래이거나 국제간의 상거래이거나
를 불문하고 자유로운 특질이 있는 것이다.

매매계약자유의 내용을 살펴보면 대체적으로 다음과 같다. 즉 ① 계약내용을
구성하는 조건결정의 자유, ② 계약방식결정의 자유, ③ 계약상대방선정의 자유,
④ 계약성립, 불성립 결정의 자유 등이다.

(1) 조건결정의 자유

이것은 매매계약서(Sales contract; Contract sheet; Contract note)와 같은 기록문서
중에서 볼 수 있는 여러 계약조건(Terms of contract), 예를 들면, 품질조건(Terms of

quality), 수량조건(Terms of quantity), 가격조건(Terms of price), 선적조건(Terms of shipment) 또는 인도조건(Terms of delivery), 보험조건(Terms of insurance), 대금지급조건(Terms of payment) 및 계약위반(Breach of contract)의 처리 등의 내용이 간단하고 정밀하여도 국제무역에 있어서는 상품의 특성, 매매당사자의 신용정도나 국가의 법규, 관습 기타에 의해서도 상이할 것이고 동시에 간단하게 할 것이냐 정밀하게 할 것이냐는 여러 가지 사정하에서 매매당사자 각각의 의사에 따라 적당한 판단에 의해서 그 합의에 기인하는 한 자유라는 뜻이다.

화물의 환적(Trans shipment)이나 분할선적(Partial shipment)에 관한 조건, 기타를 매매계약서에서 생략하였다고 하여도 당사자간의 의견일치를 전제로 하는 한 약속은 유효하고 매매계약 전체는 성립하는 것이다. 요컨대 계약 내용 조건의 많고 적음은 오히려 상업적 입장에서 볼 때 거래의 실제에서 검토를 하여야 할 것이고 법률적으로는 계약 자체에 대한 매매 양 당사자간의 의사일치를 계약의 근간으로 하는 것이다.

(2) 계약방식 결정의 자유

이것은 계약체결당사자의 의사표시는 문서 또는 구두에 의한 이른바 언어표시계약 또는 명시계약(Express contract)이라도 좋으며, 혹은 행위표시계약 또는 묵시적계약(Implied contract)이라도 좋다고 하는 의미이다. 특히 국제무역거래에 있어서의 매매계약에서는 그 내용조건은 모두 문서에 의거하는 표시방식임을 필요로 하며 행위표시계약 또는 묵시계약의 경우를 국제무역거래에서 약속의 기조로 삼는다는 것은 거의 불가능한 일이다.

계약방식결정의 자유는 일반적으로는 단순계약(Simple contract) 또는 날인계약(Contract under seal)이라도 좋다는 의미이다. 그와 동시에 단순계약은 불방식계약(Informal contract) 또는 구두계약(Parole contract)이라고도 하는 바와 같이 날인 없는 서면 내지 구두로 성립하는 것이므로 그러한 계약을 법률적으로 유효하게 하기 위해서는 약인(Consideration)을 필요로 하지만, 그러나 매매계약의 방식으로서는 그 적법성을 인정하고 있다. 한편 날인 또는 조인계약은 방식계약(Formal contract)으로서 도장(Seal)이 있는 형식이 갖추어진 계약이므로 반드시 도장의 날인을 그 기본요건으로 하여야 한다. 그러나 1893년 영국의 물품매매법(Sale of Goods Act, 1893)과

1906년 미국의 표준매매법(Uniform Sales Act, 1906)에서는 날인이 없어도 이를 인정하고 있다.

이리하여 외국무역에서 매매계약방식을 생각할 경우에 문제는 약인을 갖춘 단순계약을 하나의 표준한계로 한다면 날인에 의한 방식계약도 포함하여 당사자간의 실제거래에 입각한 계약방식을 선정하면 되는 것이다. 또한 이 경우 계약방식과 겸하여 그 구별을 명확히 하여야 할 것이 있다. 그것은 기이행계약(Executed contract)과 미이행계약(Executory contract)의 법률적 입장의 해석과 상업적 입장의 해석이다. 그러나 이 미행, 기행의 해석에 대하여는 영미법 모두 그 계약의 성질을 분명하게 구별하고 있다.

미국의 표준매매법(Uniform Sales Act)에 의거하여 말하면 기이행계약(executed contract of sale)은 "A sale of goods is an agreement whereby the seller transfers the property in goods to the buyer for a consideration called the price" 그리고 미이행계약(executory contract of sale)은 "A contract to sell goods is a contract whereby the seller agrees to transfer the property in goods to the buyer for a consideration called to price"라고 각각 정의를 내려도 무방할 것이다.

그리하여 전자, 즉 기이행계약은 매매거래상에서 말하면 물품의 인도와 대금의 지급을 약속과 동시에 이행하는 경우의 계약으로서 뜻이 되며, 기이행계약은 계약이 당사자 사이에서 이미 이행되었으므로 진정한 의미에서는 계약이 아니라고 보는 견해가 올바르다. 그러나 실제거래에서는 매매 양 당사자의 약속이 즉시 이행되는 계약도 가리키게 되므로 직이행계약이라고 하여도 타당하며 이른바 상환급상환급 또는 동시급(COD: Cash On Delivery)의 거래방식은 모두 기이행계약이라고 보아도 무방하다.

이에 반하여 후자, 즉 미이행계약은 거래상으로는 계약의 성립시기보다 매매 쌍방의 물품인도와 대금지급까지 시간적 경과를 필요로 하는 경우의 계약으로서 약속과 동시에 서로 급부할 수 없는 것이므로 국제무역에서는 거의가 기이행계약이라고 할 수 있다.

그리고 ③ 계약상대방선정의 자유와 ④ 계약성립·불성립결정의 자유는 원인과 결과의 관계이므로 이 두 가지의 경우를 그 관련성에서 생각하면 본래 매매 양 당사자의 합의는 매매거래에 대한 한편의 청약과 이것에 대한 상대방의 승낙을 성립조건으로 하는 것이므로 이 경우 한편의 청약이라고 하는 의사표시에 대하여도 상대방으로서는 그 청약의 조건내용을 상세히 그리고 충분히 검토하여 구체적으로 말하면 청약인의 신용, 거래의 실적, 영업경력, 영업형태로부터 승낙에 따르는 청약 상품의 시장성, 채산 등의 중요사항을 조사, 분석한 다음 합의, 약속에 대한 기본요 건으로서의 청약을 수락하고 또는 거부할 수 있는 자유가 있는 것이다.

일반적으로 상업적·법률적 입장에서 보아 공정한 매매계약인 한 수출자와 수 입자는 각각 자기의 책임하에 계약상대방의 선정과 계약 성립 불성립 결정의 관건 을 쥐고 있는 것이다.

이상에서 계약자유의 본질을 상세하게 기술하였으나 계약자유의 의의는 일단 계약을 체결하면 매매당사자는 계약의 구속에서 면할 수 있는 자유는 없는 것이다. 달리 말하면 계약의 자유란 약속, 합의, 의사표시의 합치이전에 있어서 양당사자 개 별적 입장에서의 여러 가지 조건감안, 계약계획의 자유를 의미하며 일단 계약이 의 사의 합치를 기초로 하여 합법적 방식, 약인을 갖추어서 성립을 한 이상 그 계약이 야말로 진정한 계약이므로 당사자 일방의 이유 없는 이의신청에 의해서 계약조건의 내용이나 방식의 임의 변경, 취소는 불가능할 뿐만 아니라 당사자 한편 혹은 쌍방 의 착오(mistake), 부실표시(misrepresentation), 사기(fraud), 강박(duress), 부당한 위 압(undue influence) 등의 이유로 계약에 지장을 받아 무효가 되는 경우를 제외하고 는 계약이 선의임에도 불구하고 그 법률상의 효력을 상실하여 매매거래의 상업적 목적이 달성되지 않는 사태는 발생하지 않는다.

또한 계약의 자유는 이미 말한 바와 같이 봉건적 질서에 대신하는 근대자본주 의경제에 관한 사법의 대원칙으로서 생성된 것이기는 하지만, 그 후 계약자유의 원 칙은 경제상의 자유경쟁에 기인하는 자본의 축적 내지 집중과정을 거쳐서 독점자본 의 확립에로의 일대전환을 야기하여 특히 거대자본에 의한 국제무역거래가 심화하 게 되면 독점력을 가지고 있는 매매계약의 일방의 당사자만이 그 우월한 경제력을 이용, 상대방을 구속하여 자연히 계약의 체결과 그 이행에 관한 여러 가지 조건에 대하여 독단적인 입장에 서게 될 폐단이 생기게 된다. 따라서 계약이 자유를 부자 유로 하고, 대개 매매거래를 희망하고 있는 일체의 개인이 자유의사에 의거하여 그 계약자유의 장애가 되는 모든 사태를 제거할 수 있는 국가적 법규의 실시가 필요하 게 된다.

03 국제무역계약에 대한 인식의 필요성

계약이란 앞에서 말한 바와 같이 두 사람 이상의 당사자 사이의 법적인 강행 가능한 합의이다. 즉, 계약이란 국내계약이건 국제계약이건 관계당사자의 합의에 의거하여 발생하는 법률상의 권리의무의 관계를 규정한 것이라고 할 수 있다.

우리 사회의 일반적인 통념으로 계약이 이루어졌을 때에 이에 의거하여 계약서 작성에 그다지 신경을 쓰지 않는 습관이 최근에는 많이 없어졌으나 아직도 여전히 존재하고 있다. 선진국 특히 미국인은 법률 및 약속을 준수하고 또한 유효적절하게 잘 이용하는 국민으로 널리 알려져 있다. 뿐만 아니라 계약내용에 따라 권리를 행사하고 책임을 추구하는 것에 추호도 인색하지 않는 국민이다. 이에 대하여 우리 국민은 이들에 대한 관념이 충분하지 못하고, 분명하지 못할 뿐만 아니라 오히려 의리 또는 인정을 존중하고 중요시하고 있다고 할 수 있다. 극단적으로 말하면 어떤 약속을 하는 경우에는 약속 그 자체보다도 그러한 약속을 하는 친절, 우정이 보다 더 중요하다고 믿고, 약속 그 자체는 정확히 이행되지 않더라도 진심을 지니고 있기만 하면 허용된다고 생각하는 사람이 많다. 그리고 그 약속의 정확한 이행을 강력히 요구하면 그 요구한 사람은 사리를 모르는 사람, 사람의 진심을 이해하지 못하는 사람이라고 비난을 받기도 한다. 따라서 계약의 중요성 및 계약서의 필수성은 국제무역거래에 있어 특히 유의하지 않으면 안 되는 중요한 점이다.

계약은 구두약속으로도 당사자의 합의가 있으면 유효하며 반드시 문서에 의하지 않아도 계약은 성립될 수 있다. 그러나 이질적인 민족·언어·상관습·법률·풍속 및 관리하에 있는 사람이 일정한 약속, 즉 계약을 체결하려고 할 경우에는 구두약속만으로는 불충분하고 따라서 후일에 분쟁이 야기될 소지가 많다는 것은 자명한 사실이다. 따라서 반드시 계약을 문서화할 필요가 있다. 특히 계약서를 작성, 서로 교환하여 보관하는 것은 중요한 일이라 하겠다.

주지하는 바와 같이 계약, 특히 국제무역계약이라고 하여도 통상적인 개개의 무역계약을 비롯하여 대리점계약, 판매계약, 기술제휴계약, 합작회사 설립계약 등 그 내용과 형태는 여러 가지이다. 따라서 계약서를 작성하는 데에도 각각의 거래실상, 형태에 따라 중요점도 다를 것이고 또 적절한 조항 또는 내용이 포함되어야 할 것이다. 모든 경우에 적합한 계약서라는 것은 있을 수 없다. 실제적으로 계약조건이나 계약내용이 관계당사자의 재력 또는 권력 등에 의해서 좌우되는 경우도 많다는 것은 부정할 수 없는 사실이다. 업종에 따라 또는 계약의 목적에 따라 계약내용도 다르기 때문에 계약을 획일적으로 정한다는 것은 위험한 일이다.

더욱이 계약서는 당사자가 계약서에 서명하면 그것으로 충분하며 반드시 날인 증서로 할 필요는 없다. 문서의 표제나 형식은 관계가 없으며 법률상의 구속력이 있는 합의가 기재된 서면에 당사자가 서명하면 그것으로 계약서로서의 효력이 있는 것이다. 그러나 여기서 주의하여야 할 것은 계약서를 작성한 경우에는 계약체결 당시의 의사가 무엇이었나를 결정하는 데 있어서, 구두증거의 법칙(Parole evidence rule)이라고 하는 증거법상의 원칙이 있다. 이것은 당사자가 계약서를 작성하였을 때는 그 후 당사자 또는 제3자가 구두의 증거에 의해서 계약서의 내용을 변경, 추가, 수정, 부인할 수 없다고 하는 법칙을 말한다. 따라서 구두증거의 법칙은 불충분한 계약서를 작성한 경우에는 거래 양 당사자의 한편을 불리하게 작용되는 수도 있고 반대로 유리한 조건을 빠짐없이 계약서에 삽입 기재한 당사자는 매우 유리하게 작용하게 된다.

계약서가 발휘하는 법률상의 효과는 위에서 말한 바와 같으나 계약서를 작성할 때에 더욱 중요한 것은 계약서에 당사자의 의도를 명확히 함은 물론, 명확히 한 당사자의 의도를 실제로 구체화한 경우에 발생할지도 모르는 여러 가지 문제에 관하여 당사자 사이에 분쟁이 발생하지 않도록 계약서 안에 규정을 설정하는 일이다. 즉 분쟁의 예방이다. 이렇게 해놓으면 가령 계약서에 규정된 내용을 실제로 이행했을 경우에 분쟁이 발생하여도 조기에 합리적으로 효과적인 해결이 가능하게 된다.

04 국제무역계약의 성립

무역계약도 계약의 일종으로서 상품의 국제적 이동에 따르는 무역거래, 즉 수출입거래를 이행하기 위한 여러 가지 계약을 의미한다. 이 경우의 기본적인 계약방식은 매매이며 수출지에 존재하는 수출자가 수입지의 수입자 사이에 상품의 매매계약상품의 매매계약(Contract to sell; Agreement to sell; Executory sale)을 체결하는 것이다. 즉, 국제무역계약이란 국제간에 이루어지는 매매계약으로서 수출자가 수입자에게 상품의 소유권을 양도하여 상품을 인도할 것을 약속하고 수입자는 이를 받아들이고 그 대금을 지급할 것을 약정하는 계약이다. 이 계약은 수출자 측에서 보면 수출계약이며 수입자 측에서 보면 수입계약이 된다.

이와 같은 무역계약의 성립을 위해서는 우선 목적상품에 대하여 어떤 품질의 것, 어느 만큼의 수량, 어떠한 가격으로 매매하는가 등이 성약조건이 된다. 다음에 이 계약의 목적상품을 인도하기 위하여 언제 선적하는가, 그 밖의 개개의 특수거래에 상응하는 여러 가지 조건이 부가되어 하나의 제공조건이 구성된다. 통상적으로는 수출자가 수입자에 대하여 이들의 구체적 내용의 계약조건을 청약하여 이에 대한 상대방의 승낙이 있으면 계약은 성립되고, 만일에 상대방이 이에 대하여 불만이 있을 경우, 반대로 수정조건을 청약하여 왔을 때에는 이에 대한 수출자의 승낙에 의하여 계약이 성립된다.

한편, 무역계약을 이행하기 위하여는 수출자의 약정품 인도를 기본으로 하는 바 특약이 없는 한 수출자의 인도에 의하여 물품의 소유권도 그 위험부담도 수입자에게 귀속되고 그 결과 수입자의 대금 지급의무가 발생한다.

05 국제무역계약의 효과

무역계약의 효과란 계약의 유효를 말하며 그 계약이 당사자간에 체결된 목적대로 실질적인 효과를 발생하는 것을 의미한다. 이와 같은 무역계약의 **효과**를 발생하기 위하여 필요한 최소한도의 조건은 다음과 같다.

첫째, 매매당사자는 행위능력이 있어야 한다.

즉, 무역계약의 당사자는 행위능력이 있어야 한다. 계약 당시에 한편의 당사자가 이미 파산한 사실을 다른 당사자가 이것을 모르고 계약한 경우에는 그 계약은 무효이다. 단, 이 경우 그 무효를 이유로 하여 선의의 제3자에게는 대항할 수 없다.

둘째, 허위계약이 아니어야 한다.

허위계약은 당연히 무효이다. 예를 들면 음모에 의하여 제3자를 속일 목적으로 당사자간에 미리 계획된 계약은 무효이다. 또한 이러한 내용을 모르는 선의의 제3자에게도 대항할 수 없다. 예를 들면 수입세를 속이기 위하여 매매 양 당사자가 서로 음모하여 본 계약과는 별도로 실제로 계약가격보다도 저렴한 가격으로 기재한 매매계약서를 세관에 제출하기 위하여 작성하고 이를 허위의 운송서류의 증거로 삼으려 하여도 이와 같은 계약은 법률적으로 무효이다.

셋째, 상대편의 사기에 의한 의사표시는 언제나 취소할 수 있다.

상대방에게 속아서 잘못을 저질러 그 잘못으로 인한 의사표시는 언제나 취소가 가능하다.

넷째, 협박에 의한 의사표시도 취소할 수 있다.

강박·협박 등에 의하여 어쩔 수 없이 표시한 의사표시도 언제나 취소할 수 있다.

다섯째, 착오에 의한 의사표시는 무효이다.

의사표시에 착오가 있는 경우는 그 의사표시에 기인한 계약은 무효이다. 단, 의사표시자에게 중대한 과실이 있는 경우에는 의사표시를 한 그 자신이 무효를 주장할 수 없다. 의사표시에 있어 의사와 표시의 불일치, 예를 들면 확정오퍼(Firm offer)의 조회전신이 우체국의 전송 중에 오전(Miss-transmission)으로 인하여 상대편에 잘못 전달된 경우에는 상대편이 승낙하여도 그 계약은 무효이다. 그러나 의사표시자 즉 수출자 또는 수입자의 거래당사자 자신의 통신에 과실이 있는 경우는 과실을 한 당사자가 책임을 지고 그 손실을 부담하지 않으면 안 된다.

여섯째, 내용이 불확실한 계약은 무효이다.

계약의 중요한 요소를 형성하는 내용이 불확실한 계약은 무효이다. 그것은 매매 양 당사자 간에 완전한 의사의 합치 이른바 합의가 결여되었기 때문이다.

일곱째, 현실적으로 가능한 계약이어야 한다.

계약의 내용이 현실적으로 불가능한 것은 무효이다. 현실적인 가능, 불가능의 판단은 사회의 일반적 통념에 의거한다.

여덟째, 거래의 목적물, 거래방법이 적법하여야 한다.

계약내용은 위법계약이 아니어야 하다. 합법적이 아닌 계약은 무효이다. 예를 들면 밀수품의 매매계약이나 공공질서, 선량한 풍속에 반하는 물품의 매매계약은 무효이다.

그리고 앞에서도 이미 말한 바와 같이 무역계약은 쌍무계약이므로 수출자와 수입자는 각각 서로 채무를 부담하게 된다. 따라서 거래당사자의 한편이 채무를 이행하지 않을 경우에는 상대편도 또한 채무를 이행하지 않아도 무방하다. 이것은 공평의 원리에 입각하는 것이며 이것을 법률용어로 동시이행의 항변이라고 한다. 예를 들면, 수입자가 대금지급의무의 하나가 되는 신용장의 발행을 "within 2 months after contract"라고 계약서에 명기하였음에도 불구하고 신용장을 그 기간 내에 발행하지 않을 경우에는 수입자가 계약을 위반한 것이므로 상대편인 수출자도 계약기간 내에 약정품을 인도할 의무가 당연히 면제되어 인도연기가 허용되는 것이다.

06 국제무역계약의 불이행

무역계약은 거래당사자가 서로 그 정해진 내용을 이행하지 않으면 안 된다. 이것은 거래당사자의 의무이며, 계약을 이행하지 않는 것을 계약의 불이행 또는 계약채무의 불이행이라고 한다. 계약의 불이행은 법률규정, 계약취지, 거래관습 및 신의성실의 원칙 등에 의해서 합당한 이행을 하지 않는 것으로서 대체적으로 다음과 같은 세 가지 형태가 있다.

1) 이행지체

이행지체(Delay in performance)란 채무의 이행시기가 되었을 때에 채무자의 책임으로 인정되는 사유에 의하여 그 이행을 하지 않는 것을 말한다. 이해지체 후라도 채무자가 이행하지 않으면 안 되는 의무에 대하여는 채권자는 그 이행을 청구할 권리가 있다. 또한 이행지체의 경우, 상대편은 지체에 의한 손해배상의 청구도 할 수 있으며 일정한 조건하에 계약해제도 할 수가 있다.

2) 이행불능

이행불능(Impossibility of performance)에는 두 가지 경우가 있다. 거래당사가 책임에 귀착되는 사유에 의한 경우와 그렇지 않은 경우이다.

전자는 가격상승 등에 의하여 약정품의 선적이 불가능하게 되었을 경우이다. 그러나 이와 같은 경우는 절대적 불가능이 아니라 상대적 불가능이다. 그 이유는 수출자는 손실을 부담하여 약정품을 다른 곳에서 마련하여 계약을 이행할 수 있으므로 이와 같은 경우는 수출자의 책임에 귀착하는 사유에 의한 이행불능으로 이 경우, 상대방인 수입자는 수출자에 대하여 손해배상의 청구 또는 계약해제를 할 수 있다.

후자는 거래당사자의 책임으로 돌릴 수 없는 사유에 의한 이행불능이다. 국제무역계약조건에 반드시 명기되어 있는 불가항력조항이 이것이다. 폭풍우, 화재, 지진, 그 밖의 천재지변, 선원, 기타 운송관계자의 파업 또는 국가권력에 의한 수출입의 금지, 선박의 억류 등에 기인하는 무역계약이행의 불능이다. 이와 같은 경우는 무역거래자의 역량이 미치지 못하는 성질의 것이므로 원칙적으로는 이들에 기인하는 이행불능에 대하여 수출자는 그 책임을 지지 않는다. 불가항력의 경우에는 자국에 주재하는 수입자의 영사 또는 상업회의소에서 그 사실의 증명서를 교부받아 이것을 수입자에게 송부하여 양해를 받아야 한다.

3) 불완전이행

불완전이행(Incomplete performance)이란 불량품의 선적, 일부 수량의 부족 또는 일부대금의 미지급 등과 같은 경우이다. 이와 같은 경우에는 상대편은 손해배상을 청구하든가 또는 새롭게 완전한 이행을 촉구할 수가 있다.

이상에서 기술한 손해배상의 범위는 실제로 입은 손해뿐만 아니라 그 계약에 따라 당연히 취득하였을 이익, 즉 예상이익까지도 포함하는 것이 일반적이며 그 손해배상액은 보통 선량한 양식에 의하여 판단된다.

마지막으로 거래당사자의 한편이 이행의 제공, 즉 이행에 필요한 준비를 끝내고, 그것을 상대편(채권자)에게 통지하였음에도 불구하고 상대편이 그 수령을 할 수 없다든가 또는 수령을 거절하는 것을 채권자의 수령지체라고 한다. 예를 들면 FOB 계약에서 수출자가 약정품을 선적항의 창고에 반입하고 선적준비가 끝났다는 취지를 수입자에게 통지하였음에도 불구하고 수입자가 본선의 수배를 하지 않고 또는 수배한 본선의 배선이 취소되었다는 등으로 인하여 선적기한 내에 선적하지 못한 경우 등이 채권자의 수령지체가 된다. 이때, 수출자인 채무자는 선적의무를 기한 내에 이행하지 않는 것이 되므로 수입자의 수령지체에 의해서 수출자의 선적 이행의무를 연기하든가 또는 해제할 수 있을 것이다. 그리고 연기 또는 해제됨과 동시에 수입자가 배선의 의무를 다하지 않음으로써 야기된 손해, 즉 전매의 경우의 손해, 수출항의 창고료, 제조업자의 공장에서부터 선적항까지의 운송비용 및 상실된 예상 이익 등 일체의 손해에 대하여 수입자에게 손해배상 청구를 할 수가 있다.

07 국제무역계약의 해제

무역계약의 해제란 유효하게 성립된 계약을 당사자의 한편이 일정한 요건하에 취득한 소멸권 또는 해제권(Right of cancellation)에 따라 처음부터 계약이 없었던 것과 같은 효과를 발생시키는 것을 말한다.

이와 같은 해제권에는 두 가지 종류가 있다. 그 하나는 약정해제권(Contractual right of cancellation)이다. 이것은 계약서에 신용장의 발행기한을 ○월 ○일까지로 하며, 그때까지 신용장이 발행되지 않을 경우에는 수출자는 계약을 해제할 권리가 있다고 명기된 경우에 발행기한 내에 신용장이 발행되지 않았을 때와 같은 경우이다. 다른 하나는 상대편의 채무불이행을 원인으로 하는 해제권이다. 즉 상대편의 이행지체, 이행불능 및 불완전이행의 세 가지 경우를 원인으로 하는 해제권이다.

이 가운데, 상대편의 이행지체에 의한 해제권은 보통 이행시기에 채무자의 이행이 없는 경우 채권자는 상당한 기간을 정하여 이행의 최고(Pressing)를 하였음에도 불구하고 그 기간이 경과되어도 이행하지 않는 경우에 발생하는 것이라고 간주된다. 단 계약의 성질상 또는 당사자의 의사에 의해서 일정한 일시 또는 기간에 이행되지 않으면 계약체결의 목적을 이루지 못하는 경우 당사자의 한편이 이행을 하지 않고 그 기간을 경과하였을 때에는 상대편은 앞에서 말한 최고를 하지 않고 즉시 계약을 해제할 수 있다.

이행불능에 의한 해제권은 채무자의 책임에 의해서 이행시기에 이행이 불가능하다는 것이 확인된 경우에 발생한다.

불완전이행의 경우에는 이행이 불완전하더라도 아직 완전한 이행을 할 여지가 남아 있는 경우에는 채권자는 상당한 기간을 정하여 새로이 완전한 통지를 청구하고 그 기간 내에 이행하지 않을 때에는 해제할 수가 있다. 이와 같은 여지가 없는 경우에는 채권자는 최고를 하지 않고 계약을 해제할 수가 있다.

이상의 해제권의 행사는 상대편에 대한 의사표시에 의하여 이루어지며, 이 의사표시는 마음대로 이것을 철회할 수 없다. 또한 이 해제권의 행사와 동시에 손해배상을 청구할 수 있다.

08 국제무역계약의 특수성

국내물품의 매매계약이나 국제적인 물품의 매매계약인 국제무역계약이나 매매계약이라는 계약의 본질적인 측면에서는 차이가 없다. 그러나 국제무역계약은 그 성질상 국내 계약과 달리 다음과 같은 특수성을 지닌다.

1) 국제 상관습의 적용

무역계약은 국가마다 언어, 상관습, 화폐, 법체계가 서로 상이하고, 시간적 공간적으로 원격성이 존재할 뿐만 아니라 상이한 주권국가에 속하는 당사자들 사이에 일어나게 된다. 따라서 당사자들은 자신의 상관습을 중시하는 경향이 있고 당사국의 경제질서에 영향을 줌으로써 주권적 간섭이 내재할 수 있어 분쟁발생시 준거법의 적용문제가 발생하기 때문에 계약상의 명시조항을 보완하기 위하여 상관습을 정형화한 정형무역거래조건을 사용한다.

2) 불특정 · 선물거래가 주종

국제물품매매계약의 대상은 선물과 현물 모두 다 가능하지만 일반적으로 선물거래가 주종을 이루고 있다.

3) 다수의 종속계약 수반

국제무역계약의 성립시 목적물에 대한 품질, 수량, 가격이 중심적인 조건이 되며, 그 물품의 인도에 관한, 즉 계약의 이행에 관한 선적, 보험, 결제 등의 조건이 부수적인 조건이 된다. 또한 이러한 물품매매계약의 원활을 위하여 운송계약, 보험계약, 금융계약 등의 종속계약이 체결되는 특성이 있다.

4) 계약성립의 사전단계 존속

국제무역계약의 성립은 실무적으로 상대국의 시장조사를 통하여 신용조사를 하는 단계와 선정된 거래처와 거래교섭을 하는 단계 그리고 통신수단을 이용하여 청약에 대한 상대방의 승낙으로 계약이 체결되는 단계 등을 통해서 순차적으로 이루어지게 된다.

5) 국제무역계약의 특성

(1) 국제무역계약의 의의

국제무역계약을 간단히 정의하면 "국제거래와 관련하여 체결되는 계약"이라 할 수 있다.

① 국제거래

국제거래란 거래가 국제적임을 말한다. "국제적"이라는 의미는 이를 사용하는 입장에 따라서 서로 달라질 수 있다. 국제계약의 국제성은 계약의 성립과 이행 그리고 불이행시의 구제방법 등과 관련하여 국내계약과는 다른 법률적 특성을 파악하는 데 일차적인 의의가 있다. 따라서 서로 다른 "국가"가 관련된 거래라는 특성보다는 서로 다른 "법역"(Jurisdiction)이 관련된 거래라는 점이 더욱 강조된다.

② 계 약

우리나라의 법에 있어서 계약이란 넓게는 사법상 효과의 발생을 목적으로 하고, 좁게는 그 중에서도 채권의 발생을 목적으로 하는 "서로 대립되는 두 개 이상의 의사표시의 합치로 성립하는 법률행위"를 말한다. 국제계약이 주로 준거하는 영미법상의 계약의 의미도 당사자간의 의사의 합치를 요건으로 하는 법률행위를 말한다는 점에서는 우리나라 법에 있어서와 크게 다르지 않다. 그러나 그 외의 또 하나의 요건으로서 약인(Consideration; '對價'라고도 함)을 요한다는 점이 다르다. 이러한 계약의 특성으로서 계약이 그 내용대로 이행되지 아니하면 상대방은 공권력, 즉 법원의 힘을 빌어 그 이행을 강제하거나 또는 제대로 이행되지 아니하였음으로 인해 입은 손해를 배상받을 수 있는 등 법에 의한 구제수단이 인정된다.

(2) 국제무역계약의 특성

국제무역계약은 서로 다른 제도·사회·경제·문화·풍습 및 언어 등이 관여하고, 당사자가 속해 있는 국가가 서로 다른 주권국가인 것이 보통이며 특히 서로 다른 법역이 관여하므로 국내계약에 비추어 볼 때 다음과 같은 특성을 갖는다.

① 영미법 원칙의 우세

세계 각국의 법률제도는 크게 성문법을 주된 법원(Source of law)으로 하는 대륙법계(Civil law system)와 성문화된 법전 없이 선결례를 주된 법원으로 하는 영미법계(Common law system)로 구분되는데 주로 영미법계 국가들이 국제상거래를 주도하여 온 관계로 국제무역계약은 영미에서 발달한 계약형식을 취하고, 영미법상의 원칙에 따르는 것이 일반적이다.

② 당사자자치 원칙의 적용

당사자자치(Party autonomy)란 거래관계의 내용과 그에 적용할 법을 계약당사자가 합의하여 자유로이 정할 수 있도록 허용하는 것을 말하며, 계약자유의 원칙의 한 유형이다. 국제무역계약은 국내상거래 계약에 비하여 거래당사자가 계약의 내용과 그에 적용될 법 그리고 분쟁의 해결방법까지 모두 양 당사자간의 합의에 의하여 정할 수 있도록 하는 당사자자치의 원칙(Principle of party autonomy)의 적용이 보다 절실히 요구되는 분야이다.

③ 주권 간섭의 가능성

국제무역계약은 당사자가 서로 다른 국가의 국민이거나 아니면 적어도 계약의 성립이나 그 이행 등이 둘 이상의 주권국가와 관련되어 있기 때문에서로 자국 국민의 권익이나 자국의 이익을 보호하려는 주권의 충돌이 야기될 수 있다. 또한 국제무역계약은 거의 예외 없이 어느 주권국가의 국익보호와 관련하여 제정된 법규, 예를 들면 외환관리법규, 대외거래법규, 외자의 도입과 그 규제에 관한 법규 및 독점규제법규와 공정거래법규 등의 적용문제가 발생한다.

④ 법에 의한 이행 강제의 곤란

국제무역계약은 그 내용에 따른 이행이 이루어지지 않는 경우 이를 강제로 이행시키거나 그로부터 발생한 손해를 배상 받는 데 있어 그 실효성을 확보하기가 국내계약에 비하여 훨씬 어렵다는 특징이 있다. 일단 문제가 발생한 때에는 권리의 확보에 많은 노력과 시간 및 비용이 소요될 뿐만 아니라 권리집행의 유효성도 보장되는 것이 아니기 때문에 미리 문제의 발생을 배제시키는 노력이 특히 중요시된다.

⑤ 적용법규의 정형화 추세

세계의 경제가 블럭화의 단계를 넘어 하나의 경제를 지향하고 있는 추세에 맞추어 국제무역계약도 보편화 그리고 정형화되고 있다. 국제무역계약에 있어서도 이러한 점이 반영되어 일반거래조건협정서에 의한 계약의 체결이 일반화되고 있다. 따라서 정형거래조건의 해석에 관한 국제규칙(INCOTERMS)이나 신용장통일규칙(UCP)과 같이 국제거래계약에 통일적으로 적용될 국제적 규칙들을 마련하고 있다.

⑥ 정형화된 서면계약서의 작성

우리나라의 법에서는 물론 영미법에서도 계약이 유효하기 위해서 어떤 형식을 요하거나 서면화할 것을 일반원칙으로 요구하지는 않는다. 물론 영미에 있어서 사기방지법상 일정한 계약체결의 경우, 그 계약의 중요성 또는 그 계약의 성격상 용이하게 허위로 계약의 성립을 주장할 수 있으므로 이러한 사기적인 계약성립의 주장을 차단하기 위하여, 유효한 계약이 성립하기 위해서는 서면에 의한 계약일 것을 요구하는 경우가 있다. 그러나 이는 예외적인 경우이며 대부분의 계약은 구두로 체결하여도 무방하다. 반면에 국제무역계약은 법률적인 요건 여부에도 불구하고 아무리 간단한 계약일지라도 정형화된 서면계약으로 체결함이 보통이다.

(3) 국제계약과 무역계약의 관계

국제계약이란 전술한 바와 같이 국제거래에 관련한 계약이며 국제무역계약이란 일반적으로 국제적인 물품의 매매계약으로서 국제매매거래에 관련한 계약에 해당한다. 그러므로 국제계약은 국제매매거래뿐만 아니라 각종의 거래를 포괄하는 광범위한 계약을 의미하며 국제무역계약의 한 유형이 된다. 전술한 바와 같이 국제계약은 당사자가 상이한 국가에 소재하는 데에 따른 특성을 가지고, 국제무역계약은 국제계약의 일반적인 특성과 매매거래에 따른 특수성이 있다 할 것이다.

09 국제무역계약의 체결과정과 주의사항

국제무역계약의 체결과정과 주의사항에 대해서는 영국의 물품매매법(Sales of Goods Act, 1893)을 중심으로 살펴보고자 한다. 이는 현존하는 국제무역관습 중 무역계약과 관련해서는 영국의 물품매매법이 그 기초를 이루고 있기 때문이다.

1) 무역계약의 성립과정

무역거래는 매우 복잡한 상거래이다. 무역행위의 본질은 해외에의 물품매매이므로, 법률적 관점에서 본다면, 매매계약이 무역거래의 근간을 이루고 있음은 의심할 여지가 없다. 그러나 무역은 여러 면에서 국내에서 행하여지는 매매행위와는 구별된다. 즉, 수출자와 수입자가 각기 다른 나라에의 거주하고 있으므로 해외의 목적지까지 물품을 발송하기 위해서 운송계약을 체결하여야 하며, 운송도중의 화물의 위험을 보전하기 위해 보험계약을 맺어야 한다. 이 때문에 수출업자는 선박회사, 항공회사를 비롯해서 보험업자, 보험대리점, 운송주선인, 관세사 등과도 계약관계를 필요로 한다. 또한 매매계약의 당사자가 멀리 떨어져 있는 관계로 대금결제에도 특별한 수단을 강구하여야 한다.

실무적인 관점에서 볼 때 근대의 국제무역의 메커니즘은 여러 가지 사정으로 인하여 복잡한 양상을 띠고 있으므로, 그 어느 하나를 소홀히 한다면 무역거래는 원활히 진행되지 아니한다. 따라서 무역거래는 매매계약이 중심이고 가장 중요한 부분을 차지하지만 동시에 운송계약·보험계약·대리계약·은행업자와 고객간의 계약 및 수출업자가 수출용 물품을 구매하기 위한 매매계약 등 기타 계약에 의하여 뒷받침되고 있기 때문에 이러한 계약과의 상호관계를 알아두는 것이 매우 중요하다.

2) 무역을 규제하는 법률

모든 주권국가에는 자국의 법이 있으나, 그 중에는 동일한 주권하에 있으면서 지역에 따라서 상이한 법률이 적용되는 경우도 있다. 영국법이 독일법과 다르다는 것은 말할 필요도 없지만, 영연방에 속하는 뉴질랜드 및 캐나다의 법률도 영국법과 구별되는 것이다.

그러나 무역거래는 수출국과 수입국과의 법률제도가 다르다고 하더라도 별 관계가 없는 경우도 있다. 예컨대 호주의 회사가 영국에 구매회사를 가지고 있어서 그 회사가 자기의 명의로 수출업자에게 Ex Work조건 또는 FOB조건으로 물품을 주문한다면, 이 계약에는 영국법이 적용된다. 즉 계약 당사자는 모두가 영국에 거주하고 있으며, 계약은 영국에서 체결되고, 물품의 인도 및 대금의 지급도 영국에서 행해지기 때문이다.

이와 달리, 벨기에의 고객이 영국의 수출업자에게 직접 주문하되, 물품의 인도 장소를 브뤼셀로 하고, 대금의 지급을 물품도착후 지급조건으로 한다면 사정은 달라진다. 이 경우에는 계약위반이 있을 때에 원고가 피고를 영국법원에 제소할 것인지, 벨기에 법원에 제소할 것인지의 문제가 생긴다. 더구나 영국법원에 제소할 수 있다고 하더라도, 그 매매계약은 영국법에 의할 것인가 벨기에 법에 의할 것인가의 문제가 있으며, 또 양국의 법제가 상이한 때에는 그 법의 충돌을 해결하기 위해 어떤 법의 원칙을 적용하지 않으면 안 되는 수도 있다. 따라서 수출업자로서는 이러한 법의 충돌문제를 될 수 있는 한 방지할 필요가 있다. 즉 영국법과 외국법이 충돌하는 경우에 어떤 법의 원칙이 적용되는가의 문제를 고려해야만 한다.

영국에 있어서는, 잉글랜드와 스코틀랜드에서 수출무역에 관계되는 법률을 1893년의 물품매매법(Sale of Goods Act, 1893)으로 정비한 바 있다. 이 물품매매법은 뛰어난 입법이라고 할 수 있다. 법률가는 물론이거니와 기업가도 이해할 수 있을 정도로 간단·명료한 용어를 구사하였기 때문이다. 동 법은 1882년의 환어음법(Bill of Exchange Act, 1882)과 1906년의 해상보험법(Marine Insurance Act, 1906)의 입안자로서 명성이 높은 영국의 하원의원인 매켄지(Mackenzie Chalmers) 경이 기초한 것인데, 지금까지의 운용과정에서 볼 때에 몇 개 조문의 수정만이 필요하였을 정도로 훌륭한 입법이었다. 동법은 일반매매계약에 적용되지만 무역에 관하여도 관련이 있다.

3) 매매계약의 체결교섭

매매계약의 체결은 무역거래에 있어서 가장 중요한 단계이다. 그 체결은 보통 상호신뢰의 분위기 속에서 진행되기 마련이다. 각 당사자는 상대방의 의견을 존중하며, 쌍방 모두가 계약의 이행을 염두에 두고 임하기 때문에 계약위반을 의도하는 일이란 거의 없다. 이 계약의 형성에 있어서 수출업자가 염두에 두지 않으면 안 되는 것은 다음의 두 가지 기본적인 법의 원칙이다.

하나는 계약을 준수하고 실행하는 기초적 원칙 또는 계약준수의 원칙이다. 일단 계약이 체결된 이상 당사자는 보통 일방적으로 그 내용을 변경하거나 또는 계약을 해제할 수 없으며, 이러한 계약내용의 변경 또는 계약이 해제를 신청하는 자는 완전히 상대방의 선택에 일임된다.

다른 하나는 성년자를 비롯한 행위능력자는 최대한도로 계약체결의 자유를 가진다는 당사자 자치의 원칙이다. 따라서 수출업자로서는 계약체결에서 장래의 진행과정 말하자면, 자기자신 및 상대방이 계약의 이행에 있어 취해야 할 과정을 고려해야 한다. 이 경우에 수출업자는 분쟁이 생길지 모를 원인에 유의하되, 만일 그 요인이 법적 성격을 갖는 것이면 계약서를 작성할 때에 변호사 기타 전문가의 의견에 따라 될 수 있는 한 분쟁을 회피하도록 노력하여야 한다.

수출업자가 계약체결의 과정에서 유의해야 할 법률문제는 자국법과 외국법과의 충돌 회피가 가장 중요한 문제이다. 대개의 경우에 무역계약 중에 그 계약이 자국법 또는 적당한 외국법의 적용을 받도록 명시조항을 삽입하는 것이 바람직하다. 이런 조항을 중재조항이라고 하는데 중재조항(Arbitration clause)은 중재법정(Arbitration tribunal)이 법정지에 있어서의 법률을 적용하여야 하는 강력한 추정력이 생기기 때문에 그 법률이 중재조항을 포함하는 계약의 준거법으로 되는 것이다.

둘째, 장래의 이행과정을 고려함에 있어서 수출자는 수입자에게 법률상 요구되는 서류를 제공할 수 없는 경우를 생각해야 할 것이다. 즉 CIF계약에 있어서 수출자가 제공하여야 할 운송서류란 당사자 사이에서 달리 정하지 않는 한 선화증권(Bill of lading)・보험증권(Insurance policy) 및 상업송장(Commercial Invoice)이다. 이 경우에 만일 수출자가 예정보험에 의하여 선적하는 경우에는 보험증권이 발행되지 않으므로 보험증권을 제공할 수 없으며 그에 갈음해서 보험대리점 또는 수출자 자신이 서명한 보험증명서(Certificate of insurance)를 준비해야 할 것이다.

셋째, 수출자가 법률상의 책임을 제한하려고 할 경우에는 계약체결시에 그 제한 또는 배제를 상대방에게 명확히 통보해 두어야 한다. 그렇지 않으면 효력이 없다.

4) 계약당사자

수출자로서는 수출무역계약상 수입자가 누구인지를 명시하여야 하지만 국제무역은 대리인에 의한 거래가 가장 일반화되고 있는 거래형태이다. 따라서 개별의 거래에 있어서는, 누가 본인(Principal)이고 누가 대리인(Agent)인지를 판별하기란 더욱 곤란하다. 실제로 본인과 대리인과의 구별은 모호할 때가 있다. 예컨대 대리인이 어떤 경우에는 대리인으로서 계약을 체결하고, 다른 경우에 있어서는 본인으로서 계약하는 수가 있으며 같은 거래에 있어서 본인과 대리인 양자의 자격을 겸하고 있는 경우도 있다.

대리인의 이용은 수출무역법(Export trade law)의 특성에서 연유하는 것인데, 말하자면 미국식으로 대리인을 어떻게 이용할 것인가 또는 영국식으로 대리인을 어디에 이용할 것인가를 아는 사람에게 있어서는 무역거래가 좋은 기회를 가져다 주고 있다. 과거에는 수출 무역의 관행이 익명의 본인(Undisclosed principal)을 위해서 행동하는 위탁매매인(Factor) 및 대리인과 같은 이상한 법현상이 나타났지만 근대에 이르러서는 영국의 수출업자 스스로가 해외시장에 있어서 활동하고 또 자기를 위하여 주문을 받는 일을 맡길 지역대리인을 이용한다는 새로운 사실이 생겨났으므로, 법률관계는 더욱 복잡해지게 되었다. 그 결과 한 거래에 대하여 4인의 당사자가 있을 수도 있게 되었다. 즉, 해외의 수입자, 영국 수출자의 해외대리인, 해외 수입자의 영국 구매인 그리고 영국 수출자가 그것이다. 그리고 통신연락은 이러한 당사자 사이에서 오고 가기 때문에 누가 진실로 물품의 수입자인지를 쉽게 단정할 수 없는 것이 실정이다.

누가 수입자인가를 아는 일은 수출자에게 있어서는 가장 중요한 일이다. 즉, 대금 및 매매계약의 이행에 대하여 책임을 지는 것은 대리인이 아니라 본인일 따름이다. 그 문제에 관하여 확실한 것은 경우에 따라 우리가 본인으로서 귀사와 판매행위를 하고 있다든가 우리는 누구의 대리인으로서 귀사와 판매행위를 하고 있는지를 명확히 해서 수입자의 확인을 얻어야 한다.

5) 물 품

무역에 있어서 실무상 특히 중요한 것은 물품의 설명서(Description of the goods)와 견품에 의한 매매(Sale by sample)이다.

당사자는 물품의 설명서를 일반거래조건으로 기재할 수도 있고, 또 포장 혹은 라벨링(Labelling)과 같이 특정사항 중에 포함시킬 수도 있다. 1893년의 영국 물품매매법 제13조에 의하면, "설명서에 의한 물품매매계약에 있어서는 물품은 설명서에 일치하여야 한다는 묵시적 조건이 있는 것으로 한다"고 명시하고 있다. 또한 영국의 판례는 설명서 중의 항목에서 판매물품의 동일성에 있어서 중요한 구성부분을 이루는 것은 모두 조건이라고 말한 바 있다. 이러한 항목 중에 하나라도 일치하지 않는 것이 있으면, 계약조건의 위반으로 되며, 수입자는 물품의 인수를 거절하여 계약의 이행거절로 보아 물품인도의 불이행으로 인한 손해배상을 청구할 수 있다.

견품에 의한 매매에 관하여는 영국물품매매법에서는 다음과 같은 요건을 규정하고 있다.

첫째, 현품은 견품과 일치하여야 한다.

둘째, 수입자는 현품을 견품과 대조하는 데에 상당한 기회를 가져야 한다.

셋째, 물품이 상당한 견품검사에 의해서도 발견할 수 없는 하자로 인하여 상품성을 상실하여서는 안 된다.

6) 대금의 지급

대금지급에 관한 기본원칙은 영국물품매매법 제28조에 의하면, 당사자간의 특약이 없는 한 물품의 인도와 대금의 지급은 동시이행조건이다. 그 의미는 가령 물품의 소유권이 이미 수입자에게 이전된 경우라도, 수출자는 대금을 수취할 때까지 물품의 점유권을 포기할 필요가 없다는 것이다. 다만 수출자가 수입자에게 신용을 공여하기로 합의를 본 때에는 별개의 문제이다. 이와 같이 물품과 대금의 동시이행의 원칙은 국내매매와 다름없이 무역에 있어서도 적용된다.

그러나 무역에 있어서는 보통 선화증권이 물품을 대신한다. 말하자면 선화증권은 운송인·창고업자 기타 물품수취인의 점유 또는 통제하에 놓여지는 물품의 법적 상징이라고 말할 수 있다. 따라서 무역에 있어서는, 영국물품매매법 제28조의 기본원칙은 매매계약 중에 특약이 없는 경우에, 수출자는 수입자가 일반적으로 환어음의 인수 또는 지급에 의하여 대금을 지급하기까지 선화증권을 인도할 필요가 없다는 의미가 된다.

계약당사자가 거주지를 달리할 경우에는, 대금의 지급지를 어디로 할 것인가에 관하여 문제가 발생한다. 당사자간에 명시적·묵시적 특약이 없다면, 공장인도조건(Ex Works) 또는 FOB계약에 있어서는 수출자의 거주지에서 지급될 수 있으나,

CIF계약에 있어서는 수출자가 선적서류를 제공하여야 할 수입자 소재지에서 대금의 지급을 받을 권한이 있으며, 그리고 도착 후 지급조건의 계약에서는 물품이 인도될 도착지에서 대금이 지급된다.

계약당사자는 계약서에 대금의 지급장소를 명기하는 것이 일반적인데, 여기에는 보통 두 가지 방법이 있다. 대금을 수입자 소재지에서 지급하기로 합의하는 경우에는, 수출자는 화환어음을 발행한다. 이것은 수출자가 환어음에다 선화증권을 첨부한다는 뜻인데, 그러면 수출자는 거래은행 또는 선박대리점에 대하여 수입자 소재지에서 매매대금의 추심을 의뢰하여 거래은행의 해외 코레스선 또는 선박대리점의 해외 본지점은 수입자에게 화환어음을 제시하게 되지만, 그 취지는 환어음의 인수 또는 지급이 없는 이상, 경우에 따라서는 선화증권을 수입자에게 인도해서는 안 된다는 데에 있다.

법률에 의하면, 수입자가 선화증권을 취득하더라도, 환어음의 인수를 거절한다면 물품의 소유권은 수입자에게 이전되는 것은 아니지만, 만일 수입자가 다시 그 선화증권을 선의의 구매인(Bona fide purchaser) 또는 질권자(Pledgee)에게 양도하는 때에는 수출자의 소유권은 상실되는 것으로 되어 있다. 따라서 수출자는 그 거래은행 또는 운송주선인에 대한 지시에서 수입자가 환어음의 인수를 거절한 때에는 선화증권을 같은 곳의 다른 사람, 즉 예비지급인에게 인도하여야 할 것으로 정할 때도 있다.

또한 당사자는 무역계약에 있어서 선화증권 기타 운송서류가 신용장 개설은행에 제시되면 대금을 수출자 소재지에서 화환신용장에 의하여 지급 받을 것을 합의하는 일이 일반적이다. 이 경우에 유의할 점은 두 가지이다. 첫째로, 당사자 사이에 거래관계가 있거나 또는 상관습이 있는 경우를 제외하고는, 수출자는 수입자가 자기를 위해서 상업신용장을 자동적으로 개설해 주기를 기대할 수는 없으므로, 수출자로서는 매매계약서에 그 취지의 명시규정을 두어야 한다. 둘째로, 상업신용장의 제도는 수출자를 위한 것이기 때문에, 신용장은 수출자에게 허용된 선적기간 내에 합리적으로 이용되어야 한다.

7) 계약이행의 엄격성

무역거래의 당사자는 상대방이 지급유예를 요구하는 때에는 반드시 계약의 엄격한 이행을 고집하지 않는 것이 일반적이다. 즉, 수입자로서는 물품의 인도기일 또는 대금의 지급기일에 관한 유예를 요구하는 경우가 있으며, 한편 수출자도 선적기일의 연장을 요구하는 경우가 있다. 이러한 요구를 받은 당사자는 계약내용에 따라 이를 거절할 수 있으며, 만일 상대방이 이행하지 않는 때에는 계약의 이행거절로 보아 손해배상을 청구할 수 있다.

그러나 이러한 권리를 주장하는 것은 무역거래에 있어서 사정변경에 따른 계약당사자의 이해를 왜곡하는 것이며, 상대방의 요구를 들어준다고 해도 자기의 영업상의 입장에 크게 영향을 끼치지 않을 때에는, 그는 반드시 계약의 이행을 고수한다고 생각할 수는 없을 것이다. 계약내용의 완화를 요구받은 당사자가 그 요구를 들어주는 대신에 어떤 대가를 요구한다면, 원계약의 내용을 변경시키는 새로운 계약이 성립하는 셈인데, 그 이후에는 이 새로운 계약이 당사자 쌍방을 구속하게 된다. 그러나 그 계약내용 완화의 요구를 단지 자발적으로 들어준다면 사정은 달라진다. 영국법원에서는 여러 사건에 있어서 이에 관한 법원칙의 확립에 고심한 결과 이른바 권리포기의 원칙이라는 법리를 발전시켰다. 당사자가 계약의 엄격한 이행을 고집하지 않는다는 뜻을 표명하고 상대방이 그 표명을 신뢰하고 행동한다면, 전자는 그 후 결의를 변경해서 계약의 엄격이행을 요구할 수가 없다는 것이다.

이와 같이 확립된 법리는 무역거래에 있어서 매우 중요한 의미가 있다. 이러한 법리에 의해서 계약의 엄격한 이행을 자발적으로 관용한 수출자는 원계약의 내용을 다시 달리 정할 수 있게 되지만, 그와 같은 경우에는 계약내용의 엄정이행청구를 포기한 것을 신뢰한 상대방에 대하여 다시 엄정이행을 청구하기 위해서 그 의사를 명확하게 통지하여야 한다.

8) 소유권, 점유권 및 위험의 이전

물품매매계약의 본질은 물품의 소유권 및 점유권을 수입자에게 이전하는 데에 있다. 소유권은 소유의 권리, 법률의 범위 내에서 그 물품을 처분하는 권리, 즉 물품을 소비·폐기·보관·매각 기타 처분하는 권리를 말한다. 점유권은 법률상의 청구를 수반하는 물품에 대한 현실적 지배를 할 수 있는 권리이다. 그런데 소유권과 점유권은 반드시 동일인에게 귀속되는 것은 아니다. 모든 매매계약의 본질이 수출자로부터 수입자로 물품의 소유권과 점유권을 이전하는 데에 있다는 것을 감안한다면, 무역은 두 가지로 나누어 볼 수 있다. 즉, CIF계약 및 FOB계약에 의한 대부분의 무역거래에 있어서는 선화증권(Bill of lading)이 사용되지만, Ex works계약 혹은 FOB계약 및 도착지조건계약과 같은 무역거래 중에는 선화증권이 사용되지 않는 거래도 있다. 후자의 경우에는 일반매매법(General law of sale)이 적용되지만, 전자의 계약에 대하여는 선화증권이 권리증권(Documents of title)이라는 사실 때문에 특별한 고려를 하여야 한다.

일반매매법에서는 다음과 같은 두 가지 기본원칙이 정해져 있다.

첫째, 불특정물(Unascertained goods)에 있어서는 소유권은 이전하지 아니한다.

둘째, 특정물(Ascertained goods)의 소유권은 당사자의 의사에 의하여 이전한다. 특정물이라 함은 매매의 대상으로서 동일시 될 수 있는 물품이지만, 불특정물이라 함은 종류 또는 품질에 따라 일반적으로 표시되는 물품을 말한다.

이와 같은 원칙은 많은 중요한 결론을 도출하게 되는데, 법률상 소유권의 이전은 점유의 이전 및 대금의 지급과 관련이 없다. 영국물품매매법 제28조에 의하면, 다른 약정이 없는 한, 물품의 인도와 대금의 지급은 동시이행조건이라고 규정함으로써 물품의 인도와 대금의 지급과의 견연관계를 인정하고 있으나 소유권은 그러한 사실이 발생하기 전에도 수입자에게 이전할 수 있는 것이다. 따라서 대금을 수취하기까지 물품의 소유권을 보유하려고 하는 수출자라면, 수입자가 환어음의 지급 또는 인수에 의하여 대금을 지급하거나 혹은 현금으로 대금의 지급을 받을 때까지는 명시적으로 소유권, 또는 처분권을 보유할 것이다. 수출자는 본래의 매매계약상으로 소유권을 보유할 수 있으며 일방적으로 물품을 특정하여 소유권을 보유할 수도 있으나, 수출자가 소유권을 유보한 경우에는, 약정의 조건이 성취하기까지 소유권은 이전되지 아니한다.

수출업자로서는, 매매계약서에 명시적으로 약정하거나, 특히 일반거래조건(General terms of business)에 대금의 지급이 있을 때까지 판매물품의 소유권을 유보한다는 뜻을 명기함으로써 영국물품매매법상의 보호를 받도록 활용하여야 할 것이다.

소유권이전에 관한 법원칙상 다음과 같은 결론을 도출할 수 있다. 만일 수출자가 물품의 소유권을 보유하지 아니하였다면, 수입자는 아직 인도도 받지 않고 또 검사도 하지 아니하여 거절할 것으로 생각되는 물품의 소유자로 된다는 것이다. 이러한 경우에 있어서는, 소유권의 이전은 해제조건, 즉 수입자의 거절권에 달려 있다고 본다. 수입자가 정당한 이유로 그 권리를 행사한다면, 조건이 성취되어 소유권은 다시 수출자에게 귀속한다.

선화증권이 사용되지 아니하는 무역거래, 특히 Ex Works계약 및 단순한 FOB계약에 있어서는, 소유권은 매매법의 일반원칙에 따라 수입자에게 이전되며, 수출자가 소유권을 유보하지 아니하는 이상 물품을 수입자에게 인도하기 위해서 운송인에게 인도할 때에 소유권의 이전이 있는 것으로 보통 추정되지만 그러나 이 추정은 주위의 사정에 의하여 당사자의 의사에 반한다면 반증될 수 있다.

선화증권이 사용되는 무역거래에 있어서의 사정은 이와 다르다. 이 점에 관하여 영국물품매매법 제19조 제2항에서는 다음과 같이 규정하고 있다. 물품이 선적되고 선화증권에 의하여 수출자 또는 그 대리인의 지시에 따라 물품이 인도될 때에는, 수출자는 처분권을 유보한 것으로 추정한다.

이와 같이 영국물품매매법은 선화증권이 수출자 또는 그 대리인의 지시에 따를 경우만을 규정하고 있으며 그 경우에 수출자는 배서된 선화증권을 처리하여 수입자에게 인도하기까지에는 물품에 대한 소유권을 유보한 것으로 추정된다고 정하고 있다. 따라서 수출자가 배서된 선화증권을 처리하여 수입자에게 인도한 경우에는, 수입자에게 소유권을 양도할 의사가 있었다는 강력한 추정력이 생기는 것이다. 왜냐하면 수출자에 의한 선화증권의 유보는 소유권이전의 의사와는 조화되지 않기 때문이다.

이상의 법원판례 및 제정법의 규정에서 원칙이 나타나게 된다. 즉, 선화증권이 수출자의 지시에 따르는가 수입자의 지시에 따르는가는 중요한 문제가 아니며, 수출자 또는 그 대리인이 선화증권을 보유하고 있는 한, 법원에서는 수출자가 소유권을 처분할 의사가 있다고는 인정하지 않지만, 만일 수출자가 선화증권을 수입자 또는 그의 대리인에게 인도한 때에는, 권리이전의 강력한 의사표시가 있다고 보는 것이다. 따라서 선화증권은 권리증권의 성질을 가진다는 점에서 이런 유형의 무역거래의 중추적 존재를 형성하는 것인데, 증권의 인도는 그 상징하는 물품의 인도뿐만 아니라, 소유권이전에 대한 수출자의 의사를 강력하게 시사하게 되는 것이다.

한편 판매물품에 대한 점유의 양도를 영국의 물품매매법에서는 물품의 인도라고 하고 있다. 점유의 법률상의 의미는 물품에 대한 현실적 지배로서 법적 청구권을 수반하는 것이므로 인도는 수입자로 하여금 이러한 지배권을 행사하게 하는 행위라 할 수 있다. Ex Works계약에 있어서 수입자의 화차가 수출자 공장의 문전에서 물품을 적취한 경우에, 물품은 수입자의 사원이 그 지배력을 가질 때에 인도된다. 물품이 산화물인 때에는 인도는 현실적으로 할 수 없고 논리상으로 할 수밖에 없다. 즉, 이 경우의 인도는 물품이 보관되어 있는 창고의 열쇠를 인도함으로써 수행되거나 수입자가 정당하게 양도승낙된 창고업자의 화물인도지시서를 교부받게 된다. 물품이 선화증권에 의하여 표창되고 있는 경우에는, 이 권리증권의 인도에 의해서 물품의 점유가 이전되는 것이다.

영국물품매매법에는 물품의 인도에 관한 많은 규정들이 있어서 매매의 메커니즘상 중요한 기능을 발휘하고 있으며 인도는 다음의 두 가지 점에서 중요한 의미를 가진다. 첫째로, 앞서 본 바와 같이, 수출자는 당사자간에 특약이 있는 경우를 제외하고 물품의 점유를 인도할 준비와 의도가 없는 한, 대금을 청구할 수 없다. 둘째로, 뒤에서 보는 바와 같이 수출자가 대금의 지급을 받지 못하는 때에는 물품에 대하여 유치권·운송유지권 및 재매각의 권리를 가지게 되지만 물품의 점유를 포기한 다음에는 유치권을 행사할 수가 없다.

수출무역법에 있어서는 수입자에게 물품을 송부하게 되는 경우가 수없이 많지만 이 경우의 법률관계에 관하여는 영국물품매매법 제23조가 적용되는데 매매계약의 이행에 있어서 수출자가 수입자에게 물품을 송부할 권한을 가질 경우 또는 송부하도록 요구를 받을 경우에는 수입자에게 이송할 목적을 운송인에게 물품을 인도하는 것은 운송인이 수입자가 지명하든 안하든 관계없이 수입자에 대한 인도로 추정된다.

한편 선화증권이 사용되지 않는 무역거래의 경우에는 수입자는 당사자 사이에 특약이 없는 한 물품이 운송인에게 인도될 때에 대금을 지급하지 않으면 안 되며, 또 수출자의 유치권은 물품을 운송인에게 인도한 때에 소멸하는 대신에 그보다 효력이 약한 운송유지권이 발생한다.

무역거래에서 선화증권이 사용될 때에는, 이송의 목적으로 하는 운송인에의 인도는 수입자에의 물품인도로 볼 수 있다는 특정법의 원칙은 물품의 인도라는 말을 두 가지의 다른 뜻으로 사용한다는 결과를 낳고 있다. 수출자에게 대금청구권을 부여하는 물품의 인도는 수입자에게 완전한 점유와 지배를 할 수 있는 인도가 아니면 안 되며 그러한 인도는 선화증권의 제공에 의해서만 가능하고, 영국물품매매법 제32조가 추정하는 바와 같이 이송의 목적으로 하는 운송인에의 인도에 의하여 달성되는 것은 아니라고 본다. 그 결과 이런 유형의 무역에 있어서는 다음 두 가지의 종류의 인도를 구별하여야 한다. 즉, 대금의 청구를 위해서 하는 영국물품매매법 제28조에 있어서의 인도는 선화증권의 인도를 의미하지만, 그 밖의 인도에 관하여, 특히 유치권의 소멸에 관하여는 영국물품매매법 제32조의 추정이 적용되어 수출자는 물품을 운송인에게 도착한 때에 인도한 것으로 된다.

오늘날 무역거래에 있어서 소유권 및 점유권의 이전문제를 놓고 생각해 볼 때에 다음의 두 가지 점을 유의하여야 한다. 첫째로, 선화증권이 사용되는 경우에 그 증권의 인도는 당사자가 그 소유권도 이전할 의사가 없으면 단순히 물품의 점유권을 상징적으로 인도할 뿐이라는 점이다. 이러한 설명은 수출자가 수입자에게 선화증권을 인도할 때에 보통 그 소유권도 이전하려 한다는 실무경험에 비추어 보면 이해가 가지 않을지도 모를 일이다. 그러나 이 설명은 근거가 있는 것이다. 예컨대 상인은 화물의 인도를 하기 위해서 목적항의 대리인에게 선화증권을 송부하거나 또는 차입금의 담보로서 은행에 선화증권을 교부할 것이지만 그 어느 경우에 있어서도 양도인이 그 물품의 소유권을 양수인에 이전할 의사는 없는 것이다. 둘째로, 선화증권이 사용되는 무역뿐만 아니라, 아무런 권리증권도 사용되지 아니하는 무역거래도 있다는 것을 생각하여야 할 것이다.

한편 위험의 이전과 관련해서 볼 때 위험이라 함은 우발적인 손실 또는 손해의 경우를 의미한다. 원칙적으로 이러한 위험은 물품의 소유자가 부담하며 물품에 대한 소유권이 양도될 때에 이전한다. 그러나 매매계약의 어느 일방의 당사자가 물품의 인도를 지체할 때에는 과실이 없었으면 발생하지 않을지도 모를 손실에 관하여는 그 물품은 그러한 과실이 있는 당사자의 위험에 놓이게 된다. 물품이 원격지로 송부되는 경우에는 당사자 사이에 특약이 없는 한 운송중의 품질저하의 위험은 수입자가 부담한다. FOB 및 CIF 매매에 있어서는, 물품이 선박의 난간을 넘을 때에 위험은 수입자에게 이전한다.

9) 권리증권

권리증권은 법률상 인정된 상관습에 의하여 그 물품에 관한 법적 상징으로서

증권의 인도는 곧 물품에 대한 점유의 이전과 동일한 효과가 있는 것이다. 현실적으로 해상운송중의 화물이 운송인의 처분하에 있는 동안에는 물리적 인도는 도저히 불가능하다. 이 운송기간 중 선화증권은 상관습법에 의하여 보편적으로 상징으로서 인정되고 있다. 선화증권의 배서 및 인도는 화물의 상징적 인도로서 작용하는 것이다.

선화증권은 운송인이 그 관리중의 화물에 관하여 발행한 수령증이다. 그 권리증권으로서의 성격은 일반수령증과 비교해 볼 때에 확실해진다. 운송인은 송화인 이외의 자로부터 정당하게 배서된 선화증권의 제시를 받으면 피배서인이 증권에 대하여 아무런 권리도 가지고 있지 않음을 알고 있는 경우를 제외하고는 그에게 화물을 인도할 의무가 있는 것이다. 만일 수화인이 물품의 소유자임을 의문의 여지가 없을 정도로 명백히 입증하더라도 선화증권을 제시하지 않는 한, 운송인은 역시 소유자에 대하여 물품의 인도를 거부할 권리가 있다. 이와 같이 권리증권으로서의 선화증권의 효력은 엄격한 것이다.

권리증권의 인도는 운송인 기타 물품을 대리적으로 보관하는 수취인의 승낙 없이 물품에 대한 점유권을 이전한다. 이것은 권리증권의 또 다른 특성이라 할 수 있다. 선박이나 창고업자 또는 부두에의 화물인도지시서는 일반적으로 권리증권이 아니며, 다만 예외적인 경우에 제정법 또는 상관습에 의하여 그러한 성질을 띠게 될 뿐이다. 권리증권이 아닌 화물인도지시서에 의해서는 그 증서가 양수인에게 인도되더라도 점유권은 이전되지 않고 다만 운송인 또는 창고업자가 양수인의 권리를 인정할 때 또는 법률가의 이른바 양도승인이 있는 때에 한하여 이전한다.

10) 물품의 검사 · 거절 및 수령

물품이 계약내용과 일치하지 않는다는 것을 이유로 수령을 거절할 정당한 사유가 있는 수입자가 법과 다른 행위를 함으로써 자기의 권리를 상실하는 일이 자주 일어나고 있다.

일반매매법은 당사자 사이에 특약이 없는 한 수입무역 및 국내시장에 있어서의 수출업자의 구매에 대하여 적용되지만, 일반매매법에 의하면 물품검사장소는 인도가 이루어지는 장소이다. 말하자면 수출자는 수입자의 요구가 있으면 물품이 계약에 일치하고 있는가의 여부를 확인하기 위하여 적당한 검사의 기회를 부여할 의무가 있다. 한편 수입자로서는 물품이 도착한 후 즉시 그 기회를 이용할 필요가 있다. 왜냐하면 물품의 거절 또는 수출자 소유와 일치하지 아니하는 물품의 처분에 관한 통지가 부당하게 지체된 때에는 물품의 수령으로 인정되기 때문이다.

FOB 및 CIF조건에 의한 무역거래에 있어서는, 물품검사의 장소는 당사자의 합치에 의하여 물품이 하역될 것으로 상정되는 장소까지 유예될 수 있다. 그것은 물품이 하역되는 항구를 의미하는 것이 아니라 경우에 따라서는 물품의 최종목적지가 될 수도 있을 것이다.

수입무역 또는 국내시장에서의 거래에 있어서 물품이 수입자에게 인도되면, 수입자는 물품이 계약과 일치하고 있는가 어떤가를 확인하기 위해서 견품검사, 기타의 방법을 강구할 권리가 있다. 경우에 따라서는 인도전이라도 수출자로부터 송부된 상업송장에 의하여 그 제공된 물품이 다르다는 것이 명백한 경우에는 수입자는 물품의 수령을 거절할 수도 있다. 이와 같이 수출자가 상이한 물품을 제공한 때에는 CIF매매의 경우를 제외하고는 그 제공을 취소하고 계약과 일치된 물품을 제공할 수 있지만,이것은 재차의 제공이 계약의 이행기간 내에 이루어질 경우에 한한다.

수출자가 계약과 상이한 수량의 물품 또는 다른 물품과 혼합한 물품을 제공한 때에는, 수입자로서는 화물전부를 거절하거나 또는 상이한 물품만을 거절하거나의 선택권을 가진다. 어느 경우에 있어서나 그 거절은 명확하고도 정확하여야 하며 지체 없이 표시되어야 한다.

10 국제무역계약의 위반과 법적 구제

1) 계약위반, 계약의 이행거절 및 계약목적 달성불능

(1) 계약위반

국제무역계약은 모든 매매계약에서 볼 수 있는 바와 같이, 수출자의 주된 의무는 판매물품에 대한 권리의 원천(title)을 수입자에게 공여하여 판매물품을 수입자에게 인도하는 것이며, 수입자의 주된 의무는 물품을 인수하고 약정대금을 지급하는 것이다. 즉 통상적인 FOB매매상의 수입자는 선박을 지정할 의무가 있는가 하면,

CIF 매매상의 수출자는 운송서류를 제공할 의무를 부담한다. 또한 수입자는 화환신용장(Documentary credit)을 개설하여야 하고, 수출자는 수입자의 지시에 따라야 할 때가 있다. 이러한 부수적인 의무를 위반하는 것도 역시 계약위반으로서 계약의 불이행으로 볼 수 있으며 계약을 해지하게 만들고 피해당사자로 하여금 손해배상을 청구할 수 있게 하는 것이다.

(2) 계약의 이행거절

계약의 이행거절이라 함은 당사자가 계약을 이행할 의사가 없다는 뜻을 통지하는 것이다. 이러한 이행거절이 이행시기의 도래일에 발생할 경우에는 계약불이행이 과실에 기인한 것이 아니라 고의의 결과라고 판단할 수 있다. 따라서 피해당사자는 상대방의 위반행위를 수용할 권리를 가진다. 그러나 당사자가 이행시기의 도래 이전에 계약의 이행거절을 할 경우 즉 법률상 기한 전의 계약위반을 할 경우에는, 피해당사자는 신중한 행동을 취할 필요가 있다.

첫째, 계약의 내용을 엄격하게 따르지 않겠다는 제안을 하였다고 해서 반드시 법률상의 이행거절로는 되지 아니한다.

둘째, 계약의 이행거절의 경우에, 피해당사자가 자연적으로 취할 반사행동은 법률적 견지에서 볼 때에 반드시 그에게는 가장 유리한 태도로 되지 않을 수도 있다. 실무자가 수출자로부터 이행기일에 물품을 인도하지 않겠다는 뜻의 서신을 받거나 또는 수입자로부터 약정기일에 물품의 인도를 수령하지 않겠다는 서신을 받는 경우라면 일방적인 이행거절을 수락하지 않고 약정한 대로 인도 또는 수령을 요구한다는 회신을 하는 것이 자연스러운 경향이라고 할 것이다.

원칙적으로 계약위반이 계약거절의 고의적인 행위에 기인하거나 혹은 그의 태만·과실 또는 착오로 인하거나 혹은 어떤 당사자에게도 책임이 없는 일개의 불행한 사태로 발생하든 아무런 차이도 없다. 다만 당사자가 명시적 또는 묵시적으로 그러한 사유가 있으면 당사자의 일방을 계약의 이행에서 면제해 주기로 합의한 경우에는 그러하지 아니한다. 계약위반이 계약의 이행거절인 때에는 단순히 착오 또는 과실로 인하여 계약의 내용상 이행하여야 할 부분을 이행하지 아니한 당사자에게 계약불이행의 의사가 있었다고 볼 수 없는 것이 일반이다. 다만 법률적 관점에서 볼 때에 계약목적달성불능(Frustration)에 해당하는 사유가 있는 경우에만 계약의 불이행은 계약위반으로 되지 않고 계약의 이행을 약정한 당사자는 손해배상의 책임을 면하게 된다.

(3) 계약목적달성불능

계약목적달성불능이라는 용어는 실무계나 법조계에서 오해하기 쉬운 법률용어이다. 이 용어는 당사자가 계약을 체결할 때에 예상한 것보다 계약의 이행을 더 곤란하게 하거나 힘들게 하거나 또는 비용이 더 들게 하는 모든 예상 외의 사태변화를 뜻하는 것이 아니다. 특히 가격의 급격한 하락은 계약목적달성불능의 사유로 되지 아니하며, 또 통상의 거래선으로부터 공급물품을 입수할 수 없어서 더 많은 가격을 요구하는 거래선으로부터 입수할 수밖에 없는 경우도 계약목적달성불능으로 되는 것이 아니다.

그러므로 계약목적달성불능이라 함은 계약 체결 후 및 계약 체결 후 의무의 이행 전에 예상 외로 발생하는 사유로서 당사자가 계약의 체결 당시에 만일 사정이 변화하더라도 계약의 유효함을 바라는지 않을지를 자문한다면, 그러한 거래에는 구속될 의사가 전혀 없었다는 정도로 그 계약의무의 이행에 대하여 근본적으로 영향을 미치는 것을 말한다. 즉 사정이 너무나 예상외로 변하였기 때문에 계약의 명시내용을 합리적으로 해석해 볼 때 또는 계약상 필요한 묵시내용을 합리적으로 해석해 볼 때, 그리고 주변사정에 비추어 볼 때에 계약의 기초가 상실되어 만일 계약이 유효하더라도 그것은 당사자가 원래에 체결한 것과는 다른 새로운 계약으로 된다는 결론에 도달할 경우에는, 계약목적달성불능이 발생하며 계약은 그 날로부터 소멸한다.

2) 수출자의 구제방법

수입자에 의한 계약위반의 경우는 여러 가지 요인에 의해 발생한다. 즉, 수입자가 물품을 수령하지 않는 경우가 있고 또는 수입자가 화환신용장을 개설하기로 되어 있는데도 이를 해태 한다든가, FOB계약에 있어서 수입자가 선박을 지정하지 않거나 또는 단순히 물품을 수령한 다음 대금을 지급하지 않는 경우도 있다. 따라서 수출자에 대한 구제방법도 수입자가 행한 계약위반의 성질에 따라 달라지지만 대체로 그 구제방법은 두 가지 유형으로 나눌 수 있다.

즉 손해배상의 청구 및 대금의 청구이다. 손해배상의 청구는 계약위반으로 인한 당연한 결과이다. 이에 대하여 물품대금의 청구는 다음의 두 가지 경우에만 인정된다.

첫째, 물품의 소유권이 수입자에게 이전한 경우

둘째, 물품의 인도 여부에도 불구하고 그 소유권이 이전하지 않더라도 대금은 일정기일에 지급하기로 되어 있는 경우 또한 수입자가 부당하게 물품을 수령하지 아니하는 경우에는 수출자는 물품의 미수령으로 인한 손해배상 청구 권리를 가진다.

수출자의 구제방법은 물품의 소유권이 이전하지 아니하는 경우에는 당사자 상호간의 전권적 성질을 가지게 되지만, 소유권이 이미 이전하였는데도 수입자가 물품의 수령 및 지급을 하지 아니하는 경우는 수출자의 재량에 따라 선택권적 성질을 가지게 된다는 것을 유의하여야 한다.

3) 수입자의 구제방법

수입자의 구제방법도 수출자가 행한 계약위반의 성질여부에 따라 다르다. 수입자가 계약의 특정한 이행을 청구하거나 또는 미리 지급한 대금의 반환을 청구할 수 있는 예외적인 경우를 제외한다면, 역시 소유권의 이전이 수입자에 대한 구제방법의 성질을 결정짓게 된다.

수출자가 물품을 인도하지 아니하였는데도 소유권이 이미 수입자에게 이전된 경우에는, 수입자는 계약상 물품인도의 불이행 또는 이행지체에 대하여 수출자에게 손해배상청구권의 소를 제기하거나 또는 동산반환청구소송 또는 동산의 횡령의 불법행위를 근거로 하여 물품의 소유자인 입장에서 수출자에 대한 수입자의 권리에 관한 한, 계약을 기초로 하는 청구와 불법행위를 근거로 하는 청구 사이에는 거의 차이가 없지만 만일 수출자가 물품을 제3자에게 인도하고 그 제3자가 물품을 처분하였다면 문제는 달라진다.

즉, 물품의 소유권이 이미 수입자에게 이전되었다면, 제3자는 소유자로서 수입자에 대하여 책임을 부담하며 제3자가 물품의 소유자가 수입자인 것을 알지 못하더라도 제3자로부터 손해배상을 받을 수 있다.

수입자의 손해배상청구를 고려함에 있어서 반드시 명심해 두어야 할 것은 이러한 청구가 여러 가지 원인을 근거로 한다는 점이다.

첫째, 수출자는 물품을 전혀 인도하지 않거나 또는 인도를 지체하는 수가 있다. 이러한 경우에 수입자는 수출자에게 물품인도의 불이행 또는 그 지체로 인한 손해배상을 소구할 수가 있다. 후자의 경우에 있어서 인도기일이 계약의 요소로 되어 있거나 또는 법률상의 용어로서 계약의 조건으로 되어 있는 경우에 물품인도의 이행지체가 있으면, 수입자는 그 지체를 받아들일 필요없이 오히려 물품인도의 불이행으로 간주할 수도 있다. 그러나 당사자가 인도기일을 중요시 하고 있지 아니할 때에는, 수입자는 그 지체로 인한 손실에 대하여는 손해배상을 청구할 수 있을 뿐이다.

수출자가 물품을 인도하였으나 그것이 계약의 내용에 합치하지 않은 것이 발견된 경우에는 복잡해진다. 이와 같은 경우에는 그 내용이 본질적 성질의 것이거나 또는 법률가의 이른바 계약의 조건이거나, 혹은 이른바 담보책임(warranty)이라고 하는 담보적 성질의 것이냐 하는 문제가 발생한다. 그 계약내용이 법률가의 이른바 계약조건인가 담보책임인가는 결국 당사자가 취급하는 중요성에 달려 있지만, 그러나 경우에 따라서는 당사자가 배척하지 않는 한 법률상 모든 매매계약의 일부를 형성하는 것이 바로 계약조건 또는 담보책임인 것이다.

계약내용이 단지 담보책임인 경우에는 수입자는 물품의 수령을 거절할 수 없다. 즉 수입자는 물품을 보유하여야 하며 담보책임의 위반으로 손해배상을 청구할 수 있을 뿐이다. 그리고 이 손해배상은 수입자가 더 많이 지급한 금액, 즉 물품의 계약가액과 현실로 인도받은 물품의 가액과의 차익을 전보할 뿐인데 다만 예외적인 경우에만 추가로 손해배상을 청구할 수 있는 것이다. 수입자는 그 대금에 상당하는 물품의 감액 또는 멸실에 대하여도 손해배상을 청구할 수 있을 것이다.

이에 반하여 수출자가 제공한 물품이 본질적으로 하자가 있어서 매매계약의 내용과 합치하지 않는 경우에는 수입자가 원한다면 그 물품의 수령을 거절할 수 있다. 만일 수입자가 합법적으로 거절하고 수출자가 소정의 이행기간 내에 계약에 합치되는 물품의 재차제공을 할 수 없는 때에는 수입자는 물품이 전혀 인도되지 않았을 때에 가지는 권리를 가지게 된다. 그러한 의미에서 계약내용에 일치하지 아니하는 물품의 인도는 전혀 인도가 없었던 것으로 단정해도 무방하며, 수입자는 물품인도의 불이행으로 손해배상을 청구할 수가 있는 것이다.

4) 손해배상의 범위

수출자가 수입자에 의한 물품의 미수령으로 인한 손해배상을 청구하거나 수입자가 수출자에 의한 물품인도의 불이행으로 인한 손해배상을 청구할 때에 그 배상액의 산정과 관련하여 1893년 영국 물품매매법에서는, 그 물품을 거래하는 시장이 있는 경우에 손해배상의 범위는 계약가액과 물품의 수령 또는 인도를 위한 확정일에 있어서의 시장가액 또는 시가의 차액으로 하고 만일 물품의 수령 또는 인도를 위한 기일이 확정되어 있지 않은 때에는 물품의 수령 또는 인도를 거절한 때의 시장가액 또는 시가로 한다고 규정하고 있다. 만일 그 물품에 대한 시장가액이 형성되어 있지 아니한 때에는 보통법의 일반규정에 의하여 손해배상액을 산정하게 된다.

한편 물품에 대한 시장가액이 형성되어 있어서 영국물품매매법의 추정규정이 적용될 때에 간혹 손해배상법을 지배하는 원상회복의 일반원칙과 충돌하는 결과가 발생할 수 있다. 선물거래의 수입자는 소정의 인도기일에 있어서의 시장가액보다도 저렴한 가액으로 물품을 선물로 전매할지도 모르지만, 만일 수출자가 인도를 하지 않는다면 실제로 이득을 보게 될 것이다. 왜냐하면 법률상 인정되는 수입자의 손해배상액은 시장가액과 계약가액과의 차익인데, 수입자가 저렴한 가격으로 전매하였다는 사실은 우발적 사실로서 무시되기 때문이다. 반대로 선물거래에 있어서 수입자가 인도기일에 시장가액보다 높은 가격으로 물품을 전매하였을 경우에는 손실을 입게 될 것이다.

5) 법의 충돌

국제무역거래에 있어서는 거래당사자가 그 거래에 적용할 법에 관하여 이견을 가지기 때문에 분쟁이 생길 것이라는 예측과는 달리 실제로 적용법규에 관한 분쟁은 그리 많지 아니하다. 왜냐하면 FOB 및 CIF와 같이 국제무역거래에서 이용되는 거래조건이 서로 이질적인 국가간의 충돌위험을 감소시켜 주기 때문이다. 특히 상품거래에 있어서 빈번하게 중재조항(Arbitration clause)이 사용되고 있기 때문에 중재판정이 이루어지는 곳의 법률이 계약의 준거법으로 결정되기 때문이다. 경우에 따라서는 당사자가 계약 속에 그 권리와 의무를 특정 국가의 법률에 의하여 적용된다는 뜻을 명문으로 규정하고 있기 때문이다.

특히 영국법에 있어서는, 각기 상이한 법제를 가지는 여러 나라와 관련되는 당사자의 계약관계에 적용되는 법률제도를 계약의 준거법이라고 하는데 그 준거법을 확정하는 데에 적용되는 법의 원칙은 다음과 같다. 계약의 준거법은 당사자가 그 거래에 적용하기로 명시적으로 의도하는 법이 되지만 만일 당사자가 명시적 합의를 하지 아니한 때에는 준거법은 당사자의 의사를 추정해서 확정하여야 한다. 그렇지만 계약내용 및 주위의 사정에 따라 당사자의 의사를 추정할 수 없는 경우에는, 그 계약과 가장 현실적인 관련이 있는 법이 바로 준거법으로 된다.

또한 계약에 관한 준거법은 당사자가 자유로 선택할 수 있는데 다만 그 선택권이 선의(bona fide)이고 법적 목적을 띠는 경우에 한한다. 해외의 상인간에는 영국과 아무런 관계도 없는 국제무역계약을 체결할 때에도 분쟁이 발생하면 영국에서 중재하기로 한다는 조항을 채택하는 일이 적지 않다. 왜냐하면 세계적으로 명성을 가진 영국의 국제동업조합(International Trade Associations)으로 구성되는 중재법정(Arbitration tribunals)이 공평무사하다고 알려져 있으며 더구나 영국법원에 의하여 철저하게 감독을 받고 있기 때문이다.

영국법에서는 일정한 조건하에 영국법원의 관할권에 들어가지 아니하는 해외 거주자에 대하여도 영국법정에서 소송을 개시하는 것이 인정되고 있다.

제4장

국제무역거래의 기본 조건

앞장에서 우리는 국제무역계약에 대하여 자세히 살펴보았다. 그런데 이러한 국제무역계약을 체결하기 위해서는 무역계약서에 나타나는 계약의 구체적인 거래 조건내용들에 대해 살펴볼 필요가 있다. 이는 후술할 정형무역거래조건이라는 대표적인 국제무역거래 관습의 각 조항을 이해하는데 도움을 주기 때문이다.

일반적으로 국내에서의 거래(매매)조건은 품질조건, 수량조건, 가격조건, 대금지급조건, 인도조건 등의 5가지로 분류한다. 이를 매매 5조건이라고도 한다. 그러나 국제무역거래에서는 이들 5조건 이외에도 많은 조건들이 존재하고 있다 이들 조건에 대해 알아본다.

01 품질에 관한 조건

품질조건이란 무역계약의 기본조건 즉 기본적인 내용 중의 하나에 해당하며, 어떠한 품질 수준의 물품을 거래대상으로 할 것인가에 관한 조건으로 품질결정방법, 품질결정시기, 품질증명방법 등을 약정해야 한다.

1) 품질결정의 방법

거래 대상 물품의 품질을 어떻게 결정할 것인가의 문제로 다음과 같은 방법을 통해 약정물품의 품질 수준을 결정할 수 있다.

(1) 견본매매

① 의 의
견본매매(sale by sample)란 매매당사자가 제시한 견본과 동일한 품질의 물품을 인도하도록 약정하는 것을 말한다.

② 견본의 개념
견본이란 실제로 매매되는 상품의 일부로서 그 상품 전체의 품질을 대표하는 한 개 내지 수개 또는 일부분이다. 실제거래에서 해외의 수입상이 수입상품의 전체에 대해 품질이나 형태를 검사하는 것이 불가능하므로 일반 물품의 경우 가장 보편화된 품질의 기준이 견본이다.

③ pattern과 specimen

Ⓐ pattern

직물류나 완구 등과 같이 주로 의장과 도안이 품질의 구성요건으로 되어 있
는 경우에 사용된다.

Ⓑ specimen

규격이 균등한 상품을 매매할 때에 몇 개를 채취하여 모든 상품의 표본으로
삼는 것을 말하는데, 견본보다는 다소 약한 개념이다.

④ 견본의 품질표현

견본매매는 그 견본과 동질의 상품을 인도하는 것을 약정하는 것이므로 매도
인은 매도상품이 견본과 동일한 품질임을 보증할 의무가 있다.

Ⓐ 동질물품의 보증

Ⓑ 유사품질의 보증

⑤ 견본의 종류

Ⓐ 매도인 견본

매도인 견본(seller's sample)은 매도인(seller)이 거래대상 물품의 품질을 매수
인에게 알리기 위해 발송하는 견본이다.

Ⓑ 매수인 견본

매수인 견본(buyer's sample)이란 매수인(buyer)이 수출상에게 주문물품의 품
질을 기준하기 위하여 보내는 견본을 말하며 이것을 받은 수출상의 입장에서
다음과 같이 구분될 수 있다.

Ⓒ 반대 견본

반대견본(counter sample)은 수입상이 보내온 견본을 보고 수출상이 유사견본
(similar sample)을 만들어 수입상에게 보내는 견본이다.

Ⓓ 원견본, 비치견본, 제3견본

수출상이 수입상으로부터 받은 매수인 견본(buyer's sample; original sample)을
원견본(original sample)이라고 하며, 이 원견본을 기준으로 하여 견본품을 세
개 만들어 하나는 반대견본(counter sample)으로 매수인에게 보내고 다른 하나
는 비치견본(file sample; duplicate sample)으로 자사에 보관하여 비치해 두고,

나머지 하나는 자사의 공장이나 제조업자의 참고용으로 두게 되는데 이를 제3견본(triplicate sample)이라고 한다.

Ⓔ 선적 견본

　ⓐ 의의

　　선적견본(advance sample; shipping sample)은 수출상이 계약물품을 제조완료하여 선적할 경우 수입상의 참조를 위하여 선적품과 동일품질의 견본을 발송하는 것을 의미한다.

　ⓑ 효용

　　㉠ 운송중인 물품의 매매양도시 견본

　　　선하증권을 매매양도하여 운송중인 물품을 매매양도하는 경우에는 선적견본의 제시를 통해 양수자가 운송중인 물품의 품질을 확인할 수 있다.

　　㉡ 물품인수시 검사기준

　　　수하인이 운송인으로부터 물품을 인수하는 경우에 매매계약에서 정한 품질 수준과 동일한 품질수준의 물품이 인도되었는지를 확인하는 기준으로 활용할 수 있다.

⑥ 견본거래시의 주의사항

Ⓐ 신중한 견본 관리

　견본의 작성, 송부 및 보관을 신중히 하여야 한다. 예컨대 견본을 받은 때에는 반드시 그 동일품 또는 일부분을 복본 견품(copy sample)으로서 보존하여야 하며, 특히 종류가 많은 견본의 경우에는 견본 번호(sample number)를 붙이고, 견본대장(sample book)에 송부일자, 상대방의 성명 등을 기재해 둘 필요가 있다.

Ⓑ 용어선택에 주의

　청약이나 계약에 사용하는 "견본과 동일"(same as sample)이라는 용어는 다음과 같은 경우에 한해서 사용하여야 한다.

　첫째, 엄격한 제조공정을 거쳐 생산되는 상품

　둘째, 규격품

셋째, 세계적으로 유명한 브랜드 상품

넷째, 제조업체의 대량생산품으로서 규격이 균등한 것

다시 말해서, "same as sample"이란 뜻은 "strictly same as sample"을 의미하고 있기 때문에 "quality to be about equal to the sample"이라고 함으로써 사전에 분쟁요인을 제거하여야 한다.

(2) 표준품 매매

① 의 의

Ⓐ 표준의 개념

표준품매매에서 표준(standard of type)이란 종류는 같지만 질이 다를 수 있는 동종이질상품의 품질을 대표하는 상품의 소량을 의미한다.

Ⓑ 표준품 매매

표준품 매매(sale by standard)란 미수확 농산물 등을 거래 대상으로 하는 경우 그 농작물을 대표하는 견본을 제공할 수 없으므로, 그 계절의 표준품의 품질을 기초로 약정물품의 품질을 결정하는 방법이다. 표준품 매매에는 다음과 같은 세 가지가 있다.

② 평균중등품질조건

평균중등품질조건(FAQ: Fair Average Quality)이란 동종 상품 중에서 평균적이며 중등의 품질을 뜻하며, 평균중등품질조건이란 해당 계절 출하품의 평균 중등품을 품질의 표준으로 하는 품질결정방법을 말한다. 평균중등품질조건은 주로 곡물 매매에 많이 쓰이는 품질조건이다.

③ 판매적격품질조건

판매적격품질조건(GMQ: Good Merchantable Quality)이란 상품 내부의 부패나 기타의 잠재하자가 외관상으로 확인하기 곤란한 경우에 수입상이 수입지에서 인수한 물품 중 판매가 불가능한 부분에 대하여는 수입상인 매수인이 수출상인 매도인에 대하여 배상 요구권을 가지는 품질조건을 의미한다. 주로 목재, 냉동수산물, 광석류 등에 적용된다.

④ 보통표준품질조건

보통표준품질조건(USQ: Usual Standard Quality)이란 공인검사기관 또는 공인표
준기준에 의하여 보통품의 품질을 표준품질로 결정하는 방법이다. 보통표준품질조
건은 주로 원면거래에 이용되는 품질결정방법이다.

(3) 상표매매

① 의 의

상표매매(sale by trade mark or brand)란 생산업자의 상표 또는 통명, 즉 브랜드
가 널리 알려진 경우 견본품을 이용할 필요없이 상표나 통명에 의하여 약정물품의
품질수준을 표시하는 방법이다.

② 활 용

상표매매는 자사제품임을 표시하기 위한 문자나 기호 또는 도형으로 표현된 '브
랜드'나 통상 자사제품임을 가장 간결하게 표시한 '상표'로서 매매하는 방법이며, 그
상표가 국내외시장에서 평가를 받고 있는 때에 잘 이루어진다. 특히 상표는 품질을
보증하는 기능을 갖고 있어 무역거래의 품질판정기준으로 널리 이용되고 있다.

(4) 규격매매

규격매매(sale by grade)란 상품의 규격이 국제적으로 특정되어 있거나 수출국
또는 수입국의 공적규정으로 특정되어 있는 경우에 사용될 수 있는 품질결정방법으
로 ISO나 KS와 같은 규격을 이용하여 품질수준을 결정하는 방법이다.

(5) 점검매매

① 의 의

점검매매(sales by inspection)에서는 국내거래에서 점포에서 물건을 보고 매입하
는 것과 같이 매수인이 현품의 품질 수준을 직접 확인한 후 매매계약을 체결한다.

② 활 용

이 조건은 매수인에 의한 직접점검방식을 취하므로 국내거래에서는 널리 사용
될 수 있으나, 무역거래에서는 BWT나 COD 거래 등에서 활용된다. 특히 점검매매

조건부 청약(offrer on approval)이나 반품허용 조건부 청약(offer on sale or return)에 의해서 주로 서적, 사무용품, 신상품의 판로과정이나 시장 개척 시 종종 사용된다.

(6) 명세서매매

① 의 의

명세서 매매(sale by specification)란 선박, 공작기계 또는 철도차량 등은 견본제시가 불가능하므로 설계도나 청사진 등의 규격서 또는 설명서 등으로 물품의 품질을 약정하는 방법을 의미한다.

② 활 용

주로 기계공업제품의 매매에서는 재료, 구조, 성능 기타의 필요사항에 대하여 그 명세를 표시한 계약서, 설계도, 청사진, 카탈로그 등에 있는 기재로서 당해 상품의 품질을 설명하고 표시하는 것을 볼 수 있다. 즉 정밀한 기계나 정교한 물품의 국제거래에서는 형상, 치수, 재료 등을 자세히 일정한 명세서에 의해, 그리고 영양식품이나 유지 기타의 화학제품거래에서는 색채, 광택, 향기, 맛, 순분 등을 표시한 명세서에 의하여 품질을 표시하고 거래가 이루어지는 것으로서 이것이 명세서 매매의 대표적인 것이라고 할 수 있다.

2) 품질의 결정시기

품질의 결정시기의 문제는 수출상인 매도인이 인도하는 물품이 수입상인 매수인에게 도착하기까지 장시간이 소요되고, 그 운송기간 동안 품질의 변화의 가능성이 있다. 그러므로 약정물품의 품질을 수출국에서 선적할 당시의 품질로 하는지 수입국에서 양륙할 때의 품질로 하는지에 대하여 합의하는 것은 운송중의 품질변화위험을 누가 부담하는가에 대한 합의로서 중요한 의미를 가진다.

이 문제로 인하여 분쟁이 일어나기 쉬우므로 분쟁을 미연에 방지하도록 품질결정시기에 관하여 사전에 명확하게 합의해 둘 필요가 있으며, 당사자간의 특별한 합의가 없는 경우에는 당사자가 채택한 정형거래조건에 따라 판단할 수 있다.

(1) 선적품질조건

① 의 의

선적품질조건(shipped quality term)이란 수출상인 매도인에 의하여 인도된 물품의 품질이 선적시점에 계약내용에서 약정된 품질과 일치하면 계약의 이행으로 간주하고, 그 후의 변질에 대하여는 매도인이 책임을 지지 않는 조건이다.

② 사 례

첫째, 품질결정시기에 관하여 당사자간에 별도의 합의가 없는 경우 정형거래조건의 E, F, C그룹은 선적지에서 확인된 품질을 기준으로 한다.

둘째, 표준품매매에서 평균중등품질조건(FAQ), Tale Quale(TQ)조건 등이 선적품질조건에 해당한다.

셋째, 국제 무역거래에서는 FOB계약은 물론 CIF계약도 선적품질조건이 원칙적으로 인정되지만, 후일의 분쟁을 피하기 위해서는 사전에 계약서에 명시하는 것이 좋다.

(2) 양륙품질조건

① 의 의

양륙품질조건(landed quality term)이란 수출상이 제공하는 인도물품의 품질이 목적항에서 양륙시에 계약에서 약정한 품질과 일치할 것을 조건으로 하는 것으로 운송도중에 생기는 물품의 변질 책임을 매도인이 부담하는 조건을 의미한다.

② 사 례

첫째, 당사자 사이에 품질결정시기에 관하여 별도의 명시가 없는 경우 정형거래조건이 'D'그룹이면 양륙지를 품질의 기준시점으로 한다.

둘째, 표준품매매에서 판매적격품질조건(GMQ), Rye Terms(RT) 등의 조건이 양륙품질조건에 속한다.

3) 품질조건에 대한 책임한계

제공되는 물품의 품질에 대해 매도인이 어디까지 책임을 지느냐에 따라 다음과 같이 구분된다.

(1) Tale Quale Terms(T.Q. 조건)

① 의 의

T.Q. 조건이란 매도인이 선적할 때의 품질은 보장하나, 양륙할 때의 품질상태에 대해서는 책임을 지지 않는 조건이다.

② 활 용

T.Q. 조건은 곡물의 거래할 때 주로 사용되는 조건으로 곡물의 선적품질조건이라고 할 수 있다.

(2) Rye Terms(R.T.조건)

① 의 의

R.T.란 약정물품이 해상운송 중에 흔히 예상되는 비율을 초과한 손상을 받고, 양륙시의 품질이 약정한 기준에 미달하는 경우에 매수인이 매도인에게 구상할 수 있는 품질조건이다.

② 활 용

러시아산 라이(rye)맥의 거래시에 이용되었던 조건으로 타 곡물의 거래에도 그 사용이 확대되었다. 곡물 거래시의 양륙품질조건이라고 할 수 있다.

(3) Sea Damaged Terms(S.D. 조건)

S.D.조건이란 원칙적으로 매도인이 선적시의 품질만을 책임지고 양륙시의 품질에 대해서는 면책되는 선적품질조건이지만 운송중의 품질위험에 대해서 해수(sea water)에 의한 손해만큼은 매도인이 부담하는 조건이다.

4) 품질의 증명방법

(1) 의 의

품질의 증명방법이란 거래대상물품의 품질이 계약상품의 품질과 일치하는지를 증명하는 방법을 말한다. 계약상품이 선적 또는 도착시에 계약상의 품질과 동일하다는 것을 입증하기 위해 입증책임을 가진 당사자는 특정의 검사기관의 검사나 증명을 받아야 한다. 품질의 증명방법은 다음과 같이 품질결정시기와 연관성이 많다.

(2) 선적품질조건하의 품질증명

선적품질조건에서 품질의 증명책임 즉, 거증책임은 매도인에게 있다. 매도인은 그 증명기관으로부터 선적지에서 품질증명을 받은 후 비로소 물품의 품질에 대한 책임이 면책된다.

(3) 양륙품질조건하의 품질증명

양륙품질조건에서는 매수인에게 거증책임이 있다. 매수인은 물품의 도착시에 외형 및 품질상의 결함을 발견한 경우 그 증명기관에 의뢰하여 감정하게 한 후 그 보고서를 증거로 하여 상대방에게 배상을 청구할 수 있다.

(4) Surveyor's Report

물품의 송화 및 수화에 관한 제반 사항의 검사, 감정, 보고, 증명을 전문업으로 하는 증명기관을 Surveyor라고 한다. Lloyds's Agent나 Lloyds's Surveyor가 가장 신용이 있으며, 이들의 Survey Report가 국제적인 신뢰를 받고 있다. 이러한 Surveyor가 없는 경우 수입지 주재의 수출국 영사나, 상공회의소 등에 적당한 감정 인의 선정을 의뢰하여 증명을 받을 수 있다.

국제 무역거래시의 수량에 관한 조건은 품질, 가격, 선적, 결제 등의 조건을 약 정하는 경우에 비해 어렵고 복잡한 문제가 없으므로, 소홀히 하기 쉬우나 무역 클 레임의 원인을 보면 수량조건의 불분명에 기인한 분쟁도 적지 않으므로 계약 이행 과정에서 문제가 될 수 있거나 오해하기 쉬운 부분에 대해서는 협정서에 명시할 필 요가 있다. 수량조건에 관해서는 다음과 같이 수량의 단위, 수량의 표현 방법, 수량 결정시기 등에 관하여 약정하여야 한다.

02 수량에 관한 조건

1) 수량의 단위

(1) 의 의

무역 상품의 수량단위에는 중량(weight), 용적(measurement), 개수(piece, dozen), 포장단위(case, bag, bale), 길이(length), 면적(square) 등을 사용한다. 수량 단위 중에서 주로 문제가 되는 것은 주로 중량에 관한 것이며, 백(bag)이나 케이스(case) 등의 포장단위를 이용하는 경우 포장 속에 들어갈 개수가 문제가 되지만 관습상 정해져 있는 경우가 많고, 관습상 정해져 있는 경우라 할지라도 계약시에 명시하는 것이 좋다.

(2) 중 량

① 의 의

중량의 경우 kg, lb(pound), ton을 단위로 하는데 이 중에서 ton을 가장 많이 사용한다.

② 중량 톤(ton)의 종류

중량 톤에는 다음과 같은 세 가지 종류가 있으며, 이것들 가운데 어떤 톤을 사용할 것인지 명시하여야 한다.

Ⓐ Long tonLong ton(L/T: English ton) : 2,240 lbs.=1,016kg

Ⓑ Short tonShort ton(S/T: American ton) : 2,000 lbs.=907.6kg

Ⓒ Metric tonMetric ton(M/T: French ton) : 2,204 lbs.=1,000kg

(3) 용 적(부피)

용적(measurement)의 경우 거래 대상 물품에 따라 다음과 같은 단위를 사용한다.

① 목재 등의 단위

Cubic Meter(M3; CBM), cubic feet(cft), Super Feet(S.F.; 1square feet × 1inch)

등을 사용한다.

② 액량의 단위

Ⓐ 1barrel＝31.5gallons(미), 36gallons(영)(석유는 1barrel＝42gallons 미, 35gallons 영)

Ⓑ 1gallon＝3.785liters(미; U.S. gallon ; American gallon; wine gallon), 4.546liters(영; imperial gallon)＝4quarts

Ⓒ 1quart＝1/4gallon＝2pints＝0.95liter(미), 1.14liter(영)

Ⓓ 1liter＝0.264gallon(미)＝1,000㎤

Ⓔ 1pint＝0.47liter(미), 0.57liter(영)＝about 1/8gallon

③ 건량의 단위

1bushel＝8gallon(영)＝about 35liters(미), about 36liters(영)

④ 용적톤(Measurement Ton : M/T)

용적의 경우 용적톤을 많이 사용하며 1M3을 1M/T로 사용(＝1CBM＝480SF)으로 사용한다.

1gallon＝231cubic inch(미국; wine gallon)

＝277cubic inch(영국; imperial gallon)

(4) 개 수

① 일반물품

일반 물품의 경우 1개(piece), 1대(set) 등을 사용한다.

② 연필, 양말

연필이나 양말 등의 물품은 1타스(dozen; 12pieces)를 사용한다.

③ 잡제품(핀이나 조화 등 값싼 제품)

Ⓐ 1gross＝12dozen＝144pcs

Ⓑ 1small gross＝10dozen＝120pcs

Ⓒ 1great gross＝12gross＝1,728pcs

(5) 포 장

포장(package)의 경우 상자(case), 곤포(bale), 포대(bag), 통(barrel), 묶음(bundle) 등을 사용하며, 면화, 비료, 밀가루, 유류, 과자, 통조림 등의 물품 거래에 사용된다.

(6) 길 이

길이(length)의 경우 센티미터, 미터(meter)와 인치(inch), 피트(feet), 야드(yard)를 주로 사용한다.

(7) 컨테이너의 수량 단위

컨테이너의 경우 TEU(Twenty Feet Equivalent Unit)나 FEU(Forty Feet Equivalent Unit)를 사용한다.

2) 수량의 표시방법

(1) 의 의

수량의 표현 방법수량의 표현 방법이란 거래 대상 물품의 수량을 어떤 방식으로 표현하느냐의 문제로 개수를 셀 수 있는 개체물품인지 포장단위 상품인지에 따라 수량의 표현이 다를 수 있다. 개체 물품의 경우에는 정확히 수량을 표시하여 약정을 하고 그 수량을 정확히 인도할 수 있으므로 그에 따라 인도한다. 곡물, 광물 등의 산물(bulk products)은 정확한 수량 표현이 힘들고 선적시의 수량과 양륙시의 수량을 계약 수량과 정확히 일치시키는 것이 곤란할 수 있으므로 일정한 과부족 한도를 정해두는 과부족용인약관(more or less clause)과 수량을 대략적으로 표현하는 개산수량조건(approximate quantity)을 이용하여 약정한다.

(2) 과부족용인약관

① 의 의

과부족용인약관(More or Less Clause; M/L Clause)이란 약정 물품의 수량에 대해 일정한 과부족의 한도를 정해두고 그 범위 내에서 상품을 인도할 경우에는 계약의 불이행으로 보지 않는 즉, 클레임의 대상으로 하지 않는 조건을 말한다.

② 과부족한도의 설정

계약 물품의 수량에 어느 정도의 과부족을 허용하는가 하는 것은 당사자의 합의에 따르며, 신용장을 통해 거래하는 경우 당사자가 합의하지 않더라도 아래의 신용장통일규칙의 규정에 의해 자동적으로 5%의 과부족이 인정되지만, 신용장 이외의 방식으로 대금을 결제할 경우 신용장통일규칙이 적용되지 않으므로 과부족한도를 명확히 설정하여 발생 가능한 분쟁을 피해야 한다.

③ 신용장거래시의 수량과부족인정의 적용요건

Ⓐ 첫째, 신용장상에 수량의 과부족을 금지하는 문구가 없어야 한다.

Ⓑ 둘째, 신용장금액을 한도로 어음을 발행하여야 한다. 수량을 초과하여 선적하였다 할지라도 어음을 신용장금액을 초과하여 발행하는 것은 허용되지 않는다. 그러므로 정산에 관하여 당사자는 별도의 합의를 하여야 한다.

Ⓒ 셋째, 비포장산물에만 적용한다. 포장단위로 거래되는 산물이나 개별품목으로서 개수를 세어 거래할 수 있는 품목은 제외된다.

(3) 개산수량조건

① 의 의

개산수량조건(approximate quantity)이란 과부족 용인약관의 설정 없이 수량문구 앞에 약, 대략에 해당하는 about, circa, approximately, around, some이라는 표현을 추가하여 수량표현에 신축성(flexibility)을 부여하는 방법이다.

② 신용장거래의 경우

신용장에서 위의 개략적인 표현이 사용된 경우에는 UCP의 규정에 따라 10%의 수량과부족이 인정된다. 또한 이러한 개략적인 표현은 수량 외에도 금액 또는 단가에 각각 개별적으로 사용할 수 있다.

③ 비신용장거래의 경우

신용장거래가 아닌 경우 당사자가 계약서에서 개략적인 표현을 사용하였다면, 당사자가 그 해석에 관하여 명백히 합의하였다면 그에 따르고, 합의한 바가 없다면 당해거래의 관습이나 준거법에 따라 판단할 사항이 되어 불확실하게 되므로 당사자는 명백한 문언으로 합의하는 것이 바람직하다.

(4) 정산기준가격

① 의 의

과부족용인약관이나 개산수량조건에 의해 수량을 표시한 경우 계약이 이행된 경우 과부족분에 대해 정산이 필요하다. 이 과부족분에 대해 원래의 계약시의 가격, 선적시의 가격 및 도착시의 가격의 세 가지 중 어느 것으로 과부족분을 정산할 것인지를 매매계약을 체결할 때 표시해 두어야 분쟁방지 및 해결에 유익하다.

② 당사자간 합의가 있는 경우

당사자간 합의가 있는 경우에는 당사자가 합의한 정산의 기준가격에 따라 정산한다.

③ 당사자간 합의가 없는 경우

당사자 사이에 정산기준가격에 관하여 특별한 약정이 없는 경우에는 계약가격으로 정산하는 것이 일반적이다.

3) 수량의 결정시기

품질 결정시기와 마찬가지로 수량의 결정시기도 선적수량조건과 양륙수량조건으로 구분해 볼 수 있다.

(1) 선적수량조건

① 의 의

선적수량조건(shipped quantity terms)은 선적지에 있어서 선적의 수량이 계약상의 수량과 일치하느냐 여부를 조사하여 계약상의 수량과 일치하였을 경우에는 비록 해상운송 중에 어떠한 감량이 일어났더라도 매도인이 그 책임을 부담하지 않는 조건이다.

② 수량의 증명

이 조건은 매도인에게 유리한 것인데, 매도인에 의한 부정이 있기 쉬우므로 선적시의 수량은 매수인이 승인한 검사기관 또는 공인 검량인(public weigher)의 검량을 받아 그들이 작성한 중량증명서(certificate of weight)로서 증명하도록 한다.

③ 사 례

당사자 사이에 특약이 없는 한 FOB나 CIF조건과 같은 선적품질조건은 선적수량조건으로 해석되며, 기타의 선적품질조건도 마찬가지다.

(2) 양륙수량조건

① 의 의

양륙수량조건은 목적항에서 물품을 양륙할 때에 수량검사의 결과로 계약이행 여부를 판정하는 조건이다. 양륙수량조건은 양륙항에서 화물을 양하할 때의 중량을 대금계산의 기준으로 하는 것이며, 수송도중에서 일어난 감량은 매도인의 부담이 된다.

② 매도인의 책임범위

양륙지의 수량이 계약 수량과 일치해야 하므로 수량검사 이전까지의 모든 감량에 대해 매도인이 책임을 져야 한다.

③ 적용 물품

잡곡류, 해산물, 유지류, 공업약품 등과 같이 장기 수송 중에 감량이나 누손이 발생하기 쉬운 상품에서는 그 화물도착 당시의 수량증명을 조건으로 하고 있다.

④ 검량의 이행

이 조건은 매수인에게 유리한 조건이며 매수인의 부정을 방지하기 위하여서도 또한 누손되기 쉬운 상품의 경우 양륙 후의 검량이 지연되면 지연될수록 부당한 손해청구의 구실을 매수인에게 제공하게 되므로 양륙수량은 매도인이 승인한 검량인에 의하여 규정된 검량기일 내에 행해져야 한다.

⑤ 사 례

당사자가 별도로 약정하지 않는 한 DES조건, DEQ조건 등의 양륙품질조건은 D조건은 양륙수량조건이며, 기타의 양륙품질조건도 특약이 없는 한 양륙수량조건으로 해석된다.

4) 계량의 방법

(1) 의 의

계약에서 정한 상품의 수량을 어떻게 계측할 것인가의 문제로 특히 중량이 문제된다.

(2) 중량산정방법

중량을 측정하는 데 있어서 포장의 무게를 포함하는가 여부에 따라 다음과 같이 구분한다.

① 총중량조건

총중량조건 또는 총량조건(gross weight)은 상품의 내포장과 외포장 그리고 내부의 충전물 및 상품 내용물의 순수한 자체 중량을 모두 포함하여 계량한다.

② 순중량조건

순중량조건 또는 순량조건(net weight: half gross weight)은 총중량에서 외포장의 무게를 제외하고 계량하는 방법 가장 보편적으로 채용된다.

③ 정미중량조건

정미중량조건 또는 자중조건(net weight)이란 순중량에서 내포장 및 충전물 등을 제외한 물품 내용물만의 순수중량으로 계량하는 방법이다.

④ 법적중량조건

법적중량조건(legal weight)이란 상품의 겉포장의 무게는 공제하나 상품이 소매될 때 포장되어 있는 포장의 무게는 포함시킨 무게를 말한다.

03 가격에 관한 조건

1) 의 의

가격조건이란 매매가격의 제시에 관련한 수출입 요소비용 부담의 귀속에 관한 조건을 의미한다. 가격조건은 경우에 따라서 는 정형무역거래조건과 용어를 같이하며 그 내용이 되기도 한다. 대부분의 가격조건에 관한 용어는 그대로 정형무역거래조건에 쓰이고 있다.

2) 가격조건 약정시의 고려요건

(1) 가격의 산출근거

① 의 의

물품의 매매가격은 매도인과 매수인이 부담해야 할 여러 가지 원가요소와 물품의 인도장소 등을 고려하여 결정하여야 한다.

② 정형거래조건의 활용

실제 무역거래에서는 매도인과 매수인이 거래할 때마다 이런 사항들을 고려하여 결정하고 계약서상에 명시하는 것이 매우 번잡하므로 무역거래 관습상 형성된 FOB, CIF 등의 정형거래조건에 의하여 매매가격을 산출한다.

③ 거래관습의 명시

정형무역거래조건을 사용하는 경우에도 당사자가 어떤 거래 관습의 조건을 채용할 것인가를 명시하는 것이 중요하다.

(2) 가격의 구성요소

매매가격(거래가격, 수출가격)의 원가에는 다음과 같은 원가요소들이 고려되어야 한다.

① 물품원가

물품원가(manufacturing cost)란 수출상이 물품을 직접 제조하거나 타사에서 구매하는 데 소요되는 원가를 의미하며, 기본원가라고 할 수 있다.

② 간접원가

수출상 내의 타부문의 간접비(영업이나 관리부서 등의 운영비용)를 물품에 배분하여 포함하는 것이다.

③ 부대비용

운송비, 보험료, 금융비용, 수출입 통관비용, 제세공과금 등이 고려되어야 한다.

④ 예상이익

수출상이 수입상에게 물품을 매매하면서 부가하고자 하는 이익을 의미한다.

(3) 표시통화

① 의 의

국가마다 다른 통화를 사용하고 있기 때문에 무역거래 당사자 간에 어느 국가의 통화를 사용할 것인지를 약정해 두어야 한다.

② 국별 통화단위의 명시

달러화의 경우 미국, 캐나다, 호주, 싱가포르, 홍콩 등의 여러 나라가 사용하며 통화가치도 서로 다르므로 국가별 통화단위를 명확히 표시하는 것이 중요하다.

③ 결제통화 선정시 고려 요소

무역거래에 사용되는 통화는 안정성과 교환성 및 유동성이 있는 통화를 고려하여야 한다. 무역 계약을 체결할 때에는 환 위험이 적고 유동성이 높은 결제통화를 선정하는 것이 좋다.

3) 가격조건을 통한 정형무역거래관습

(1) 의 의

엄밀히 말하자면 가격조건과 정형무역거래조건은 비교의 대상이 아니다. 가격조건은 원래 LOCO에서 FRANCO에 이르는 전형적인 가격조건이 존재하나 본서에서는 이를 구분하지 않고 인코텀스상의 표기를 원용하도록 한다. 이는 상당한 의미를 가진다. 일반적으로 무역거래조건 속에는 여러 조건들이 있으며, 가격조건은 그 중 하나의 조건임에 틀림없지만, 가격조건은 단순한 가격만을 의미하는 조건이 아니다.

가격조건, 즉 정형무역거래조건상의 11개 조건은 해당 조건의 원가를 말하는데, 무역거래에 있어서는 원가의 구성요소가 제조원가(공장도가격)가 아닌 유통단계에서의 원가개념(판매가격)이기 때문이다.

무역거래에서 가격조건을 표시하는 데는 FOB나 CIF 등과 같은 정형무역거래조건(정형무역조건; 정형무역약관; 무역조건)이라 불리는 관습을 사용한다. 이 정형무역거래조건은 기본적으로 거래 물품의 가격을 구성하는 비용요소 중 어디까지를 매도인(수출자)이 부담하고, 어디부터 매수인(수입자)이 부담하는가에 대한 비용 부담의 범위, 즉 가격조건과 계약물품에 대한 위험 부담의 분기점도 나타낸다.

(2) 정형무역거래조건과 인코텀스

정형거래조건이 무역거래에서 많이 사용되면서 그 해석이 나라마다 다르므로 해서 불편이 많았으므로 국제상업회의소(ICC)는 정형거래조건의 해석에 관한 일련의 통일된 규칙을 제공하기 위하여 인코텀스(INCOTERMS: International Rules for the Interpretation of Trade Terms, 약칭 International Commercial Terms)를 1936년에 제정하였고 2020년에 이르기까지 8차례의 개정이 있었다.

(3) 정형거래조건에 관한 국제규칙

정형거래조건에 관한 국제규칙으로는 인코텀스 외에도 CIF계약에 관한 와르소－옥스포드 규칙(Warsaw－Oxford Rules for CIF Contract), 미국의 미국무역정의(Revised Ameri can Foreign Trade Definitions) 등이 있다.

(4) 준거문언의 명시

인코텀스(INCOTERMS)는 국제법이 아니므로 국제무역계약 체결시 당사자간 채택한다는 합의에 의하여 당사자를 구속하는 효력을 가지게 되므로 매매 당사자는 가격조건으로 채택한 정형거래조건의 해석에 관하여 인코텀스를 준거한다는 문언을 명시하여야 한다.

(5) INCOTERMS 2020의 구성

인코텀스2020은 2020년 1월1일부터 기존의 인코텀스2010을 대체하게 되었다. 인코텀스2020은 국제무역거래뿐만 아니라 국내무역거래(역내무역 포함)에도 사용할 수 있다. 총 11개의 조건으로 구성되었으며, 1그룹은 모든 유형의 운송(복합운송 포함)에 적용할 수 있으며, 2그룹은 해양 또는 내수로 운송에만 적용하게 된다.

- 1그룹

    EXW : ex works

    FCA : free carrier

    CPT : carriage paid to

    CIP : carriage and insurance paid to

    DAT : delivered at terminal

    DAP : delivered at place

    DDP : delivered duty paid

- 2그룹

    FAS : free alongside ship

    FOB : free on board

    CFR : cost and freight

    CIF : cost, insurance and freight

04 선적에 관한 조건

1) 의 의

(1) 선적조건의 정의

선적조건(terms of shipment)이란 매도인이 약정물품의 인도의무를 이행하기 위하여 지정된 선적항에서 지정선박에 적재하거나 운송인등에게 물품을 인도하는 것에 관련하여 언제(선적시기), 어디서(선적 장소), 어떤 방법(인도방법)으로 선적할 것인지에 관한 제 조건을 의미한다.

(2) 매도인의 최대의무와 관련한 조건

국제 무역거래에서 매도인의 최대의무는 계약에서 정한 물품의 인도이고, 매수인의 최대의무는 약정 물품의 인수와 대금지급이므로 선적조건은 매도인의 인도의무와 관련하여 결제조건은 매수인의 대금지급의무와 관련하여 중요한 의의를 가지게 된다.

(3) 선적의 의미

선적이란 신용장 통일규칙의 규정에 따르면 본선적재(loading on board), 발송(dispatch), 운송을 위한 인수(accepting for carriage), 우편 수령(post receipt), 접수(pick－up) 및 수탁(taking in charge)을 포함하는 광범위한 개념으로 이해되고 있다.

(4) 인도조건과 선적조건

① 인도의 의미
물품의 인도란 영국 물품매매법에 따르면 특정인이 타인에게 행하는 자발적인 점유의 이전(voluntary transfer of possession)이라고 한다.

② 인도조건의 약정
인도조건과 관련하여 다음과 같이 인도장소, 인도방법, 인도시기에 대하여 약정할 필요가 있다.

Ⓐ 인도장소의 약정
  인도장소는 인코텀스(INCOTERMS)에 규정된 조건을 고려하여 당사자가 합의한 정형거래조건의 내용을 고려하여 결정한다.

Ⓑ 인도방법의 약정
  현물의 현실적 인도방식(actual delivery)에 의할 것인지, 서류에 의한 상징적 인도방식(symbolic delivery)으로 할 것인지에 대하여 약정물품의 소유권 이전 문제를 고려하여 약정한다.

ⓒ 인도시기의 약정

인도시기에 관해서는 수입국에서의 인도라 할지라도 운송인을 통한 간접적
인도가 보통이기 때문에 운송인의 인도지연이 있는 경우에는 매도인의 고의
나 과실이 없는 경우에도 매도인이 책임을 부담하는 문제가 발생할 수 있으
므로 적출지, 즉 수출지에서 매도인이 선적을 이행하는 시기를 약정하는 방
법이 좋다.

③ 선적조건의 약정

상술한 인도의 정의에 의하면 계약물품을 인수·인도하는 장소가 적출지인지
양륙지인지 오해의 여지가 있으므로 선적조건으로 약정하는 것이 혼란을 예방할 수
있는 방법이 될 수 있으며 선적조건은 다음과 같이 선적시기선적시기, 분할선적
(partial shipment)과 환적의 허용 여부, 선적지연에 관한 면책조항의 설정, 선적일자의
해석기준 등에 대하여 약정하여야 한다.

2) 선적시기의 결정

선적시기는 계약내용에 따른 인도의무를 이행하기 위해 매도인이 언제 또는
어느 기간에 선적하는가를 결정하는 것이다. 선적시기의 결정과 관련하여 일반적으
로 무역 물품의 수량이 많은 데 비해서 무역선의 배선 및 회수가 제한되어 있기 때
문에 확정일을 지정하는 것보다는 특정 기간을 선적기간으로 결정하는 것이 관례이
다. 선적시기의 결정 방법은 다음과 같이 특정조건(specific terms)과 즉시선적조건
(general terms)으로 구분하여 볼 수 있다.

(1) 특정조건

특정조건이란 선적시기를 일정한 기간 또는 일자로 구체적으로 약정하는 방법
으로 다음과 같은 것이 있다.

① 단월 조건
"August shipment"와 같이 특정 월을 지정하는 방법이다.
② 연월 조건
"Shipment shall be made from May to June, 200×"와 같이 약정하는 방법
이다.

③ 특정월의 특정기간 지정

특정 월의 상반(first half; 1~15일), 하반(second half; 16~말일), 상순(beginning; 1~10일) 중순(middle; 11~20일), 하순(end; 21~말일) 등으로 선적기간을 지정하는 방법이다.

"Shipment shall be made at the beginning of August, 200×"

④ 특정일의 지정

"Shipment must be made on May 10, 200×"와 같이 규정하는 방법으로 실무상 지정된 일자에 선편이 없는 경우에는 계약을 이행할 수 없으므로 바람직하지 못한 방법이다.

⑤ 특정기간의 지정

Ⓐ on or about

Shipment shall be made on or about July 10. 200x. on or about는 "당해 일자나 그때쯤"으로 당해 일자와 양끝 날을 포함하여 5일 전부터 5일 후까지의 기간을 포함하는 것으로 해석한다. 그러므로 이 경우 7월 5일부터 7월 15일까지의 기간 내에 선적해야 한다. 즉 총 11일 이내의 기간에 선적해야 한다. 그러나 신용장거래가 아닌 경우에는 용어의 해석에 관하여 당사자간에 분쟁이 생길 수 있으므로 유의한다.

Ⓑ 기준시점의 명시 필요

"Terms of Shipment : Within two months after receipt of L/C"와 같은 표현은 신용장의 수령 후 2개월 이내라고 하는 선적기간의 기산 기준이 통지은행의 통지일자인지 통지된 신용장을 수익자가 수령한 일자인지 문제가 될 수 있으므로 다음과 같이 선적기간의 기산점을 명백히 하는 것이 중요하다.

"Terms of Shipment: Within sixty days from the date of this contract"

⑥ 최종선적기일

최종 선적일(latest shipping date)을 표시하는 방법이다.

(2) 즉시선적조건

① 의 의

즉시선적조건(immediate shipment terms)이란 선적시기를 명확하게 약정하지 않고 막연하게 즉시 또는 조속히 선적하도록 하게 하는 조건으로 immediately, promptly, quickly, as soon as possible, as early as possible, at once, soonest, without delay 등의 용어로 선적을 요구하거나, ready shipment 또는 near delivery 등으로 표현하는 것이다.

② 문제점

막연하게 선적하도록 하는 즉시 선적조건은 명확한 시간의 한계가 없으므로 매매 당사자 간에 분쟁을 일으키기 쉬우므로 사용하지 않는 것이 현명하다.

③ 즉시선적조건의 해석

현행 신용장통일규칙에서도 신용장거래와 관련하여 이러한 용어를 사용해서는 안 된다고 금지하고 있으며, 그러한 용어가 사용된 경우에는 은행을 그것을 무시하도록 규정하고 있다. 그러므로 신용장에 즉시선적조건이 규정되어 있는 경우 은행은 이를 없는 것으로 보아서 수익자가 유효기일 내에 선적하고 유효기일 내에 서류를 지급·인수·매입은행에 제시하는 경우 이를 수리한다.

(3) 선적일 관련 용어

① 당해일자 포함

to, until, till, from

② 당해일자의 제외

after(그러나 before에 대해서는 UCP 규정이 없으며, 관례상 당해 일자를 제외하는 것으로 본다.)

3) 분할선적

(1) 의 의

분할선적(partial shipment)이란 일정한 경우에 매매 목적물을 전량 선적하지 않고 여러 회에 나누어 선적하는 것이다. 할부 선적은 일정기간마다 일정 분량을 나누어 선적하는 것을 의미한다.

(2) 분할선적의 약정

① 허용하는 경우

분할선적은 보통 "partial shipments are allowed"라고 허용하고 그 분할 회수와 매회 또는 각 회의 분할 수량을 약정함으로써 이루어진다.

② 금지하는 경우

"Partial shipments are prohibited" 등의 표현으로 분할선적은 금지된다.

(3) 분할선적 서류의 처리

① 분할선적이 계약에서 정해지지 않은 경우

신용장 상에 명시적인 분할 금지 약관이 없는 한 분할 선적을 허용한다.

② 동일항로를 운항하는 동일운송수단에 대한 분할선적

물품의 집하 장소가 상이하여 수회에 걸쳐 각각 다른 항구에서 선적함으로써 발행일자와 장소가 상위한 여러 장의 B/L이 발행되는 경우라 할지라도, 동일한 목적지를 향한 동일 경로의 동일 선박에 선적한 경우에는 분할선적으로 간주하지 않는다. 즉, 전량 선적으로 간주한다.

③ 복수의 우편수취증 또는 특사수령증

우편 또는 특사배달에 의한 선적은 그 우편수취증, 우송증명서, 특사배달 수취증 또는 발송장이 신용장에 규정된 물품의 발송장소 및 동일한 일자에 소인되거나, 서명되거나 또는 인증된 것으로 표시된 경우, 동 발송은 분할선적으로 인정하지 않는다.

(4) 할부선적의 불이행

신용장에서 일정기간 내의 할부방식에 의한 어음의 발행 또는 선적이 약정되어 있는 경우 어느 할부분이 이를 위하여 허용된 기한 내에 어음발행 또는 선적되지 아니하였다면, 이 신용장은 별도의 약정이 없는 한 이 할부분은 물론 그 이후에 있을 모든 할부분에 대하여도 무효가 된다.

4) 환 적

(1) 환적의 의의

환적(또는 이적; transshipment)이란 선적항에서 선적된 화물을 목적지로 가는 도중에 다른 선박 또는 운송기관에 옮겨 싣는 것을 의미한다.

(2) 환적의 위험성

환적을 할 경우에는 환적을 위한 하역작업 중에 물품의 손상우려가 크기 때문에 일반적으로 환적은 바람직하지 못하므로, "transshipment prohibited"라는 환적금지약관을 삽입하였다. 그러나 컨테이너의 등장, 포장 및 하역기술의 발전으로 환적으로 인한 화물의 멸실 또는 손상의 위험성이 크게 감소하였다.

(3) UCP 600에 따른 환적서류의 처리

현대의 운송과정 및 복합 운송의 과정 중에서 환적은 일반적으로 예상되는 것이므로 UCP(신용장통일규칙) 규정에서는 환적 금지의 특약이 없는 한 인정한다는 입장을 취하고 있다. 운송서류별로 환적서류의 처리에 대하여 살펴보면 다음과 같다.

① 선하증권과 해상화물운송장

신용장상에서 환적이 금지되지 않는 한, 은행은 단일 및 동일의 선하증권으로 포괄될 경우, 물품이 환적될 것이라는 표시가 있는 선하증권(해상화물운송장)은 수리한다.

또한 신용장 상에 환적이 금지되었다 할지라도 은행이 수리하는 선하증권선하증권은 다음과 같다.

  Ⓐ 환적될 것이라는 표시가 있다 하더라도 전 해상운송이 단일 및 동일 선하증권에 의해 포괄되는 경우, 당해 물품이 컨테이너, 트레일러, 바지선에 적재되었음이 선하증권상에 표시되어 있는 것
  Ⓑ 운송인이 환적할 권리를 유보한다는 조항이 포함되어 있는 경우

② 용선계약선하증권

용선운송은 환적을 예상하지 않으므로 환적에 대한 규정이 없다.

③ 기타 운송서류

제19조의 복합운송서류, 제23조의 항공운송서류 제24조의 철도, 도로, 내수로 운송서류에 관한 규정에서는 신용장에서 환적을 금지했다 할지라도, 단일 및 동일한 운송서류가 전 운송구간은 포괄하는 것을 조건으로 환적서류를 수리한다고 규정하고 있다.

④ 특사수령증과 우편수취증

UCP 제25조의 특사수령증과 우편수취증은 경량의 소포등에 대한 운송이며, 운송경로 등이 표시되지 않으며, 환적으로 인한 화물손상의 위험도 거의 없으므로 환적 관련 규정이 없다.

(4) 직항선적

① 의 의

직항선적(Direct Shipment)이란 관례적인 항로에 의하여 운항되어 운송 도중에 다른 항구에 기항하지 않고 목적지로 직립 항해하는 직항선에 의하여 물품을 적출하는 것으로 환적 금지 의미를 내포한다.

② 직항선적 약정의 효과

직항선적으로 약정한 경우 타지역을 경유하는 항로에 선적하거나 환적을 전제로 하고 있는 선박에 선적하면 계약 위반이 된다. 직항선적의 약정으로 목적항 이외의 지역의 항구에 기항하는 것이 금지되고 환적도 금지되지만 해난을 당하여 피난항에 기항하는 것은 인정된다.

5) 선적지연과 선적일의 증명

(1) 선적지연

① 의 의

선적지연 또는 선적지체(Delayed Shipment)는 매도인이 약정된 기한 내에 선적을 이행하지 않는 것과 약정된 기한을 경과하여 선적한 것을 포함한다.

② 선적지연의 효과

Ⓐ 매도인의 고의나 과실에 의한 선적지연

매도인의 고의나 과실에 의한 지연선적은 계약 위반이므로 매도인이 책임져야 하며, 매수인은 계약을 해제할 수 있다.

Ⓑ 매도인이 통제할 수 없는 사유에 의한 선적지연

ⓐ 불가항력조항의 활용

지연선적이 매도인이 통제할 수 없는 천재지변이나 전쟁, 동맹파업, 기타 불가항력으로 인한 때에는 매도인은 면책받을 수 있도록 불가항력조항(Force Majeure Clause)을 삽입해 두는 것이 중요하다.

ⓑ 불가항력조항의 효과

불가항력으로 인한 선적지연의 경우 실무적으로는 매도인이 불가항력의 사실을 입증할 책임이 있으며 수출국 소재 수입국의 공관이나 상공회의소, 공인기관으로부터 문서로 확인받아 이를 매수인에게 통지하면, 일정기간(약 3주 또는 1개월 정도) 선적기일이 자동 연장되는 것이 관례이다.

(2) 선적일의 증명

① 의 의

선적일의 증명선적일의 증명 또는 해석(Evidence of Date of Shipment)이란 매도인의 선적의무의 이행시기를 어느 일자로 할 것인가의 문제로 이 선적일에 따라 매도인의 계약에서 정한 기간내에 선적을 이행했는지 지연선적이 되었는지의 여부가 확인된다.

② 선적일의 증명의 원칙

선적일의 증명에 관해서는 신용장거래의 경우와 비신용장거래의 경우로 나누어 생각해 볼 수 있는바, 비신용장거래의 경우에는 개별 매매계약서나 일반거래조건협정서에서 명확하게 합의하는 것이 중요하다. 보통 선적일의 증명에 대하여 운송서류의 발행일을 기준으로 합의한다.

③ 신용장거래시 선적일자의 해석기준

Ⓐ 해양선하증권

ⓐ 미리 인쇄된 문언에 의하여 본선적재 또는 선적을 나타내는 경우

지정선박에의 본선적재 또는 선적은 물품이 지정선박에 적재되었거나 선적되었다는 용어가 사전에 인쇄된 선하증권에 의하여 명시될 수 있으며, 그러한 경우 선화증권의 발행일자는 본선적재일자 및 선적일자로 본다.

ⓑ 기타의 경우

선하증권의 발행일자는 본선적재는 반드시 물품의 본선 적재일자를 표시하는 선하증권상의 표기(on board notation)에 의하여 증명되어 있어야 하며, 그러한 경우에는 본선적재의표기일은 선적일자로 간주된다.

Ⓑ 해상화물운송장

해양선하증권의 경우와 동일하다.

Ⓒ 용선계약선하증권

해양선하증권의 경우와 동일하다.

Ⓓ 복합운송서류

ⓐ 발송, 수탁, 적재의 취지의 문언이 있는 경우

발송, 수탁 또는 본선적재는 복합운송서류상에 그러한 취지를 나타내는 용어로 표시될 수 있으며, 복합운송서류의 발행일자는 발송, 수탁, 본선적재일 또는 선적일자로 간주된다.

ⓑ 발송, 수탁, 적재의 소인 또는 기타 방법의 표시

복합운송서류에 소인 또는 기타 방법으로 발송, 수탁, 또는 본선적재일자가 표시된 경우, 동 일자는 선적 일자로 간주된다.

Ⓔ 항공운송서류

ⓐ 신용장에서 실제 발송일자를 요구하는 경우

신용장에서 실제 발송일자를 요구하고 있고, 발송일자는 그 발송일에 관한 특기사항을 명시한 경우 항공운송서류상에 표시된 발송일자는 선적일자로 인정한다. 운항번호와 운항일자와 관련하여 항공운송서류의 해당란("운송인 참고용에 한함" 또는 이와 유사한 용어가 표시된 난)에 표시된 정보의 경우 그러한 정보는 발송일자를 나타내는 그러한 특기사항으로 간주하지

　　　　않는다.
　　ⓑ 기타의 경우
　　　기타의 경우, 항공운송서류의 발행일자는 선적일자로 인정된다.
　Ⓕ 철도, 도로, 내수로 운송서류
　　운송서류에 수령 스탬프가 찍혀 있지 않는 한, 서류발행일자는 선적일자로
　　간주하며, 수령스탬프가 찍혀 있는 경우 수취소인의 일자를 선적일자로 간주
　　한다.
　Ⓖ 우편수취증과 특사수령증
　　ⓐ 우편수취증
　　　신용장에 규정한 물품의 선적지 또는 발송지에서 스탬프 또는 기타의 방
　　　법으로 인증되고 일자표시된 일자가 선적일자 또는 발송일자로 간주된다.
　　ⓑ 특사수령증
　　　접수일, 수취일자 또는 그러한 취지의 문언이 표시된 일자는 선적일자 또
　　　는 발송일자로 간주된다.

05 대금결제에 관한 조건

1) 의 의

(1) 결제조건의 개념

　　결제조건이란 매도인의 물품인도에 대한 매수인의 물품 대금의 지급시기, 지
급방식, 지급수단, 지급통화 등에 관한 조건을 의미한다.

(2) 국제무역거래의 대금결제조건에 따른 위험

　　국제무역거래의 이행은 무역거래 당사자가 합의한 계약내용대로 이루어진다.
무역거래 당사자의에 의한 계약의 성립으로 상호간에 채무를 부담하는 쌍무계약인
무역계약은 매도인의 물품인도에 대한 매수인의 물품수령과 대금결제로 계약이 이

행되므로 무역거래에서는 선적조건과 함께 대금지급에 관한 결제조건이 핵심이다.

결제조건이란 매도인의 물품인도에 대한 매수인의 물품 대금의 지급시기, 지급방식, 지급수단, 그리고 지급통화 등에 관한 조건을 의미한다. 국제무역거래에서는 당사자가 어떤 결제방법을 택했는가에 따라 매매당사자가 위험을 부담하는 것이 상이하게 된다.

2) 국제무역거래의 대금결제방식

(1) 신용장방식

신용장은 신용장 개설의뢰인(Applicant)의 요청과 지시에 의하여 신용장 개설은행(Issuing Bank)이 신용장조건과 일치하는 소정의 서류와 상환으로 수출상인 수익자(Beneficiary)에게 행하는 조건부 지급 확약(conditional undertaking)이며, 다른 방식과 달리 은행의 지급보증기능과 금융기능을 제공한다.

(2) 추심결제방식

수출상이 물품을 선적한 후 일람출급 환어음 또는 일람후 정기출급이나 확정일정기출급환어음과 같은 기한부 환어음을 발행하여 수출국의 추심의뢰은행(Remitting Bank)을 통하여 수입국의 추심은행(Collecting Bank)에 선적서류와 함께 환어음을 발송하면, 추심은행이 수입상에게 이를 제시하여 어음대금의 지급과 상환으로 선적서류를 인도하는 D/P(Documents against Payment; 지급도; 어음지급서류인도)방식과 어음의 인수와 상환으로 선적서류를 인도한 후 어음의 만기일에 지급받는 D/A(Documents against Acceptance)방식이 있다.

(3) 송금결제방식

송금결제방식(Remittance Basis)은 수출상이 약정 상품이나 상품에 대한 권리를 나타내는 권리증권 등의 서류를 인도하기 전 또는 인도 후 또는 인도와 동시에 수출업자에게 물품의 대금을 전액 외화로 송금하여 지불함으로써 결제를 완료하는 방법이다.

(4) 국제 팩토링 결제방식

팩토링(factoring)이란 제조업자(supplier)가 구매업자(debtor)에게 상품 등을 외상으로 판매한 후 발생되는 외상매출채권을 팩토링 회사(factor)에게 일괄 양도함으로써 팩토링 회사로부터 구매업자에 관한 신용조사 및 신용위험인수(지급보증), 채권의 관리 및 대금회수, 양도한 채권금액 범위 내에서의 금융지원과 기타 사무처리 대행 등의 서비스를 제공받는 새로운 금융기법을 의미한다. 최근 들어 국제간 신용사회화의 진전에 따라 국제간의 국제무역거래시에도 팩토링 서비스의 이용이 점차 증대되고 있다.

(5) 중장기연불 결제방식

중장기연불방식(Deferred Payment Basis)은 물품 대금의 전부나 일부를 일정한 기간에 걸쳐 분할하여 지급하는 조건부 계약에 의한 대금지급방식을 말한다. 일반적인 기한부신용장(usance L/C)이나 인수도 방식(D/A)에 의한 수출보다 장기의 연지급조건에 의하여 수출상이 수입상에게 신용을 공여하고 그 대금의 지급을 분할하여 일정한 기한까지 연기하여 주는 일종의 신용거래(외상거래)방식이라 할 수 있다.

(6) 포페이팅(forfaiting)결제방식

포페이팅이란 현금을 대가로 채권을 포기 또는 양도하는 것으로 포페이터에게 일정한 대가를 받고 무소구조건 및 고정이자율로 할인하여 매입받는 수출무역금융의 한 형태를 말한다. 포페이팅의 요건은 위의 중장기 연불방식 거래에서 이용되며, 대상은 개별적으로 확정된 매출채권이어야 한다. 포페이팅 금액 및 기간은 비교적 고액(10만 달러 이상)의 중장기채권(최대10년)이다. 또한 위험의 인수는 보증은행의 지급보증 하거나 AVAL을 이용한다. 포페이팅의 상환청구권은 조건부 무소구를 원칙으로 한다.

3) 대금지급시기에 따른 결제 방법의 분류

무역거래에서 매도인의 물품의 인도를 현물에 의한 인도와 물품에 대한 권리를 화체한 권리증권에 의한 인도로 구분하는 것이 일반적이다. 전자를 현물에 의한 현실적인도라 하고 후자를 서류에 의한 상징적인도라 한다. 대금지급시기에 따른 결제 방법은 매도인이 물품 또는 서류에 의한 인도에 대하여 대금을 지급하는 시기에 따라 결제방법을 분류하는 것이다. 즉 물품 또는 서류의 인도와 상환으로 대금을 지급하는 동시지급, 인도이전에 대금을 결제하는 선지급, 인도가 이루어지고 나서 일정기간 경과 후에 결제하는 후지급방법, 그리고 결제시기가 혼합된 결제방법 등으로 구분해 볼 수 있다.

(1) 선지급

선지급 조건이란 수출상이 물품을 선적 또는 인도하기 전에 미리 수입상이 대금을 지급하는 결제 조건을 의미하며 다음과 같은 것들이 선지급 조건으로 분류할 수 있다.

① CWO(Cash With Order)방식

수입상이 상품을 주문함과 동시에 수출상의 대리인 등에게 현금으로 결제하는 방법이다.

② 단순 송금 방식(Remittance Base)

수입상이 수출상에게 상품에 대한 주문과 함께 T/T(Telegraphic Transfer; 전신환) 등에 의하여 송금하여 결제하는 방법이다.

③ 전대 신용장(red clause L/C, packing L/C)방식

신용장의 일종으로 수출상이 신용장상의 수익자로 신용장을 수취하면 물품의 인도나 선적의무의 이행이 없어도 신용자의 대금이 결제할 수 있도록 하는 문언이 기재되어 있는 전대신용장에 의해 대금을 결제하는 방식을 의미한다.

(2) 동시지급

동시지급조건이란 수출상이 물품의 선적 또는 인도나 물품에 대한 권리를 화체한 선적서류의 인도와 동시에 대금 결제가 이루어지는 결제방법이다.

① 현물상환지급(COD: Cash On Delivery)

수출상이 약정 물품을 수입상에게 현물로 인도하는 것과 동시에 현금으로 결제하는 방법이다.

② 선적서류 상환지급(CAD: Cash Against Documents)

수출상이 약정 물품을 선적하고 구비한 B/L 등 선적서류를 수입상에게 인도함과 동시에 수입상이 대금을 지급하는 방법이다.

③ 일람지급신용장 및 일람불 매입신용장

신용장거래에서 서류가 일람지급은행에게 제시됨과 동시에 신용장금액의 지급이 이루어지는 일람지급신용장에 의한 대금결제와 매입신용장이 일람출급어음의 발행을 수권한 경우 신용장에서 명시된 서류와 개설은행을 지급인으로 일람출급어음을 제시하여 제시된 서류가 신용장 조건과 일치하는 경우 어음대금의 결제가 이루어진다.

④ D/P(Documents against payment)

추심결제방식에서 어음이 매수인에게 제시되었을 때 어음대금의 지급이 있어야 선적서류를 인도하는 방법이다.

(3) 후지급

물품의 선적 또는 인도나 선적서류의 인도가 있은 후 일정기간이 경과하고 난 후 대금결제가 이루어지는 외상거래조건이다.

① 단기 연지급조건

단기와 중장기의 시간적 한계가 명확하지는 않으나 통상 물품의 선적, 인도 또는 운송서류의 인도 후 1년 이내에 결제하는 조건을 의미한다.

② 신용장방식

발행된 환어음의 기간(Tenor)이 기한부이거나 서류의 제시 후 일정기일 이후에 대금지급이 이루어지는 신용장이 후지급에 해당한다. 환어음의 발행과 지급을 확약하는 방식에 따라 인수신용장, 연지급신용장, 기한부매입신용장으로 구분할 수 있다.

Ⓐ 인수신용장(Acceptance L/C)

어음이 지급인에게 제시되면 즉시 인수가 이루어지고 만기일이 도래하면 지급할 것을 약속하는 신용장이다.

Ⓑ 연지급신용장(Deferred payment L/C)

서류제시후 일정기간이 경과한 후에 지급이 이루어지는 것을 약정하고 있는 신용장으로 환어음의 발행지시는 없다.

ⓒ 기한부매입신용장(Usance Negotiation L/C)

환어음의 매입이 이루어지고 나서 어음의 만기일에 대금지급이 이루어지는 신용장을 말한다.

ⓓ 어음을 요구하는 경우 첨부된 기한부어음의 지급기일에 따라

ⓐ 일람 후 정기출급(at - days after sight)

ⓑ 일부 후 정기출급(at - days after date of draft)

ⓒ 확정일 후 정기출급(at - days after date of B/L)

ⓓ 확정일 출급(on a fixed date)으로 구분할 수 있다.

③ 인수도 방식(D/A: documents against acceptance)

추심결제방식에서 어음을 추심할 때 어음제시가 있어도 지급인은 대금지급을 하지 않고 어음의 인수만 하면 운송서류가 인도되어 어음 만기일에 대금지급을 하는 조건이다.

④ 국제팩토링 결제방식

팩토링(factoring)이란 제조업자(supplier)가 구매업자(debtor)에게 상품 등을 외상으로 판매한 후 발생되는 외상매출채권을 팩토링 회사(factor)에게 일괄 양도함으로써 팩토링 회사로부터 구매업자에 관한 신용조사 및 신용위험인수(지급보증), 채권의 관리 및 대금회수, 양도한 채권금액 범위 내에서의 금융지원과 기타 사무처리 대행 등의 서비스를 제공받는 새로운 금융기법을 의미한다.

⑤ 중장기 연불지급 방식

통상적으로 물품의 선적이나 인도 후 1년 초과 10년, 때로는 20년 이내의 기간에 결제되는 조건으로 플랜트(plant; 화학공장설비), 선박, 철도차량 등 거래 단위가 큰 중공업 제품의 거래에 주로 쓰인다.

⑥ 청산결제 방식

청산결제(open account)란 거래가 빈번하게 이루어지는 매매 당사자간에 매 거래할 때마다 물품대금을 결제하지 않고 이것을 장부상에서 상쇄하고 일정기간마다 그 차액만을 청산하여 결제하는 방식이다.

(4) 결제시기의 혼합

혼합결제조건은 선지급, 동시지급 및 후지급방식을 혼합한 결제조건을 말한다.

① 누진지급방식(progressive payment basis)

물품의 대금을 일시에 지급하지 않고 계약시, 선적시, 도착시 등으로 또는 공정, 즉 완성도에 따라 분할하여 지급하는 방식으로 누진지급방식이 이에 속한다.

② 분할지급 신용장(Payment by Installment L/C)

지급 기한이 서로 다른 복수의 환어음을 요구하여 수회에 걸쳐 분할하여 지급이 이루어지도록 하는 신용장이다.

4) 대금지급시기에 따른 무역거래당사자의 위험

결제시기에 따른 무역거래 당사자의 위험부담이란 물품 또는 서류의 인도에 대하여 매수인의 대금결제가 언제 이루어지는가에 따라 매도인과 매수인이 각각 대금회수불능의 위험 및 상품입수불능의 위험을 부담하는가 에 관한 문제이다. 이 경우 결제시기 및 결제방법을 기준으로 위험부담 여부를 고찰해 볼 수 있다.

(1) 선지급

일반적으로 선지급의 경우에는 매수인의 상품입수불능이 있다. 즉 매도인이 상품 또는 서류를 인도하기 이전에 매수인이 대금을 결제하므로 매수인은 대금을 결제하고도 매도인의 인도의무 불이행에 따른 손해를 입을 가능성이 있다. 그러므로 매수인은 소액거래에 해당하는 경우에 선지급을 이용하거나 선지급을 받는 매도인으로부터 채무이행에 대한 보증서나 보증신용장(standby credit) 등을 이용하여 위험을 회피하는 것이 바람직하다.

(2) 동시지급

통상 물품 또는 서류의 인도와 상환으로 대금을 결제하는 동시지급의 경우 매도인과 매수인 모두 위험이 없는 상태에서 거래한다고 할 수 있다. 그러나 구체적으로 COD의 경우 수출상이 현물을 선적해서 수입국으로 보내고 수입상이 현물의 상태를 확인한 후에 결제하기 때문에 수입상이 계약을 위반하여 결제하지 않는 경우 위험을 부담한다. CAD의 경우 수출상이 선적후 구비한 서류와 상환으로 현금결제가 이루어지지만 매수인이 계약을 위반하여 결제하지 않는 경우 매도인은 손해를 입을 위험이 존재한다.

신용장을 이용하는 경우 매도인은 신용장에서 요구하는 서류를 구비하여 제시한다면 대금을 회수할 수 있으므로 위험이 없다 할 수 있으나, 매수인은 제시된 서류에 대하여 대금을 결제하므로 계약내용과 상이한 물품을 입수할 가능성을 배제할 수 없다.

추심결제방식을 이용하는 경우 매도인은 매수인에게 신용을 공여하여 물품을 선적한 후 서류를 구비하여 은행을 통해 추심하게 되므로 매수인이 계약을 위반하여 대금결제하지 않는 경우 위험을 부담하게 된다.

(3) 후지급

후지급의 경우 일반적으로 매도인은 자신이 행하는 물품 및 서류의 인도에 대하여 일정기간 경과 후에 대금을 결제받게 되므로 대금회수불능의 위험이 있다 할 것이다. 그러나 구체적으로 신용장방식의 경우 은행의 지급확약이 있으므로 매도인은 위험을 회피할 수 있다. 그리고 추심결제방식의 경우 매도인은 대금회수불능의 위험이 있다. 중장기 연불방식의 경우 계약내용에 따라 중장기에 걸친 분할 지급이 이루어지므로 매도인은 대금회수불능의 위험이 있으며 보증을 받아두는 방법에 의하여 위험을 회피하여야 한다. 청산결제의 경우 서로의 거래내역을 장부상에만 기록해두고 일정기간 경과 후 그 차액만을 정산하는 방법에 해당하므로 거래당사자는 상호간에 일정한 신용을 공여한 것이므로 상호간에 거래의 차액에 해당하는 만큼의 위험을 부담한다 할 것이다.

(4) 결제시기의 혼합

누진지급방식의 경우에는 일반적으로 선적시를 기준으로 선지급금액은 매수인의 위험이 되며, 선적이후의 지급금액은 매도인의 위험부담이 된다할 것이다. 신용장을 이용해 복수의 환어음을 발행하고 분할 지급하는 경우 매도인은 위험 없이 거래할 수 있으며, 매수인이 신용장거래에 따른 통상의 위험을 부담한다 할 것이다.

5) 대금결제 수단

국제 무역거래에서 사용되는 결제의 수단으로는 현금, 어음, 송금환 그리고 현물 등이 있다.

(1) 현 금

환어음의 발행 없이 현금으로 무역거래 대금을 직접 결제하는 방식으로 다음과 같은 것들이 현금 결제 방식에 속한다.

① CWO

CWO(Cash With Order)는 주문불로서 수입상이 수출상에게 주문을 보냄과 동시에 현금으로 결제하는 방식이다.

② COD

COD(Cash On Delivery)는 상품인도결제방식으로 수출상이 수입국에 있는 자신의 지사나 대리인에게 물품을 선적하여 보내고, 이 지사나 대리인이 수입상에게 현물로 인도함과 동시에 현금으로 결제한다.

③ CAD

CAD(Cash Against Documents)는 서류인도결제방식으로 수출상이 수출국에서 약정물품을 선적하고 구비한 운송서류를 수출국의 수입업자의 대리인이나 거래은행에 제시하여 서류의 인도와 동시에 현금으로 결제한다.

④ 영수증 상환지급 신용장

영수증 상환지급 신용장(Payment on Receipt Credit)은 신용장 개설은행이 수출지의 은행에 대하여 수출상이 일정한 선적서류와 영수증을 제시하면 일정금액을 지급하도록 지시하는 신용장이다. 어음이 발행되지 않고 영수증을 사용하므로 개설은행의 지급거절시 소구권의 문제가 발생하지 아니한다.

(2) 환어음

① 의 의

국내 상거래에서는 보통 매수인(채무자)이 거래 대금을 결제하기 위해 어음을 발행하지만, 국제 무역거래에서는 채권자인 수출상(매도인)이 수입상(매수인)을 지급인으로 하는 어음 발행하여 이를 매각 또는 추심하여 수출대금을 회수하는 역환방식을 활용한다.

② 화환어음과 무화환어음

Ⓐ 화환어음

화환어음(Documentary Bill or Draft)이란 발행된 환어음에 선적서류 등이 첨부되는 어음으로 일반적으로 무역거래에서는 화환어음이 발행된다.

Ⓑ 무화환어음

무화환어음 또는 무담보어음(Clean Bill or Draft)은 선적서류를 첨부하지 않고 어음만 발행함으로써 어음금액의 담보가 첨부되지 않는 어음이다.

Ⓒ 신용장부 화환어음과 화환추심어음

ⓐ 신용장부 화환어음

신용장 거래시에 신용장의 조건에 따라 발행되는 환어음으로 일람지급어음(Sight Bill)과 기한부어음(Usance Bill)이 있다.

ⓑ 화환추심어음

추심결제방식인 D/A, D/P거래에서 발행되는 환어음으로 환어음의 지급인이 수입상으로 되어있는 개인어음이다.

(3) 송금환

① 의 의

전신환(T/TT/T: Telegraphic Transfer)이나 우편환(M/T: Mail Transfer)에 의해 송금함으로써 대금을 결제하는 방법이다.

② 단순송금방식과 누진지급방식

Ⓐ 단순송금방식

수입상인 매수인이 주문과 동시에 수출상에게 전신환이나 우편환을 이용하여 결제하는 방법과 송금수표(Demand Draft)방식이 있다. 송금 수표란 일람출급 송금환을 말하여 은행이 발행하는 수표를 수취인에게 송금인이 직접 보내는 것을 의미한다.

Ⓑ 누진지급(분할지급)방식

결제 대금을 일시에 결제하지 않고 계약시, 선적시, 도착시 등으로 또는 공정에 따라 분할하여 지급하는 방식으로 분할 대금을 송금환을 이용하여 결제한다.

(4) 물 품

거래대상 물품의 대금을 현금이나 환어음에 의해 지급하는 것이 아니라 물품으로 지급하는 것으로 물물교환방식(Barter Trade System)으로 물품의 대금을 그에 상당하는 물품으로 결제하는 방식이다.

6) 대금결제통화

(1) 의 의

거래대상 물품의 대금을 결제하기 위한 통화는 다음과 같은 세 가지 방법 중에서 어느 국가의 통화를 사용할 것인지를 명시하여야 한다.

(2) 결제통화의 종류

결제통화는 자국 통화, 상대국 통화 또는 제3국 통화를 이용하는 방법이 있다. 결제통화가 어느 나라의 통화인가에 따라 환위험의 소재가 달라진다. 즉, 자국통화로 결제하는 경우 거래상대방에서 환위험이 있으며, 상대국의 통화로 결제할 것을 약정하는 것은 자신이 환위험을 부담하게 되며, 제3국의 통화로 결제하는 경우에는 거래 당사자가 각각 환위험을 부담하게 된다.

06 포장에 관한 조건

1) 의 의

수출포장이라 함은 무역거래의 대상인 물품의 하역, 운송, 보관에 있어서 그 질적, 양적 보호를 통하여 상품으로서의 가치를 유지하기 위하여 적절한 재료나 용기로 포장하는 작업 및 그 결과를 의미한다. 포장은 산물(Bulk Cargo)이 아닌 한 필수적으로 행해지며, 물품이 당해 거래의 목적물임을 외관으로 파악할 수 있도록 하기 위하여 행해지기도 한다.

2) 포장의 종류

(1) 개 장

개장(unitary packing)이란, 소매의 단위가 되는 상품의 최소 묶음을 개별적으로 하나씩 포장하는 것을 의미한다. 개장에는 보통 상표나 제조업체의 회사명이 기재되고 구매의욕을 자극하도록 디자인된 포장지를 사용하는 것이 일반적이나 수출포장에서는 물품의 보호 기능에 중심을 두고 포장재료나 포장용기의 선택에 주의해야 한다.

(2) 내 장

내장(inner packing; interior protection)이란 개장물품을 수송과 취급에 편리하도록 보통 내장별로 또는 몇 개의 개장을 합하여 포장한다. 내장은 개장보다 튼튼한 용기를 사용하고, 보통 상품이 외부에 의해서 손상되지 않도록 외장의 내부에 판지나 합성수지를 사용한다.

(3) 외 장

외장(outer packing)이란 수송 도중의 변질, 손상, 파손, 도난 등을 막고 취급을 간편히 하도록 몇 개의 내장을 포장한 것이다. 외장은 일반적으로 내장보다 더 튼튼한 포장재를 사용하고 정형화된 포장격식이 사용되며 나무상자(wooden case), 판지상자(carton), 부대(bag), 드럼(drum) 등이 사용된다.

3) 화 인

(1) 의 의

화인(shipping mark; cargo mark)이란 각 화물의 외포장에 특정기호와 포장의 번호, 목적지 또는 목적항, 취급문구 등을 표시하는 것을 의미한다.

(2) 화인의 기능

① 화물의 식별 기능

매도인의 창고에서 매수인의 창고까지 전 운송기간 동안 화물을 확인하며 타 화물과의 혼합과 지연 없이 신속, 원활, 안전한 운송과 화물 및 화물 관련 서류의 대조점검을 위하여 일정한 식별기능을 제공한다.

② 화물의 내용 표시 기능

화물의 중량이나 용적 등의 화물의 내용을 표시한다.

③ 취급주의 표시 기능

화물의 운송 또는 보관시에 취급상의 주의사항을 표시하는 기능을 한다.

(3) 화인의 구성요소

① 주화인

주화인(main mark)은 다른 화물과 식별을 용이하게 하기 위하여 사용되며 일정한 기호로써 외장 면에 삼각형, 다이아몬드형, 정방형, 마름모형, 타원형 등의 표시를 하고, 그 안에 상호 등의 약자를 써넣기도 하며, 그림 표시없이 문자나 숫자만으로 된 주화인도 있다.

② 부화인

부화인(counter mark)이란 주화인이 다른 화물과 같을 것에 대비하여 주화인의 보조로서 다른 화물과 식별이 용이하게 하기 위한 것으로 이는 주로 생산자 또는 공급업자의 약호를 쓴다.

③ 품질표시

품질표시(quality mark)란 상품 내용물의 품질 또는 등급을 기호로써 표시하는 것이다.

④ 중량표시

중량표시(weight mark)는 화물의 순중량과 총중량을 표시하며 이는 운임계산과 하역작업에 도움을 주기 위하여 주로 표시한다.

⑤ 목적항 표시

목적항 표시(port mark; destination mark)는 화물의 선적 또는 양하 작업을 용이하게 하고 화물이 잘못 발송되는 일이 없도록 목적항 등을 표시하는 것을 의미한다.

⑥ 화물번호

화물번호(case number)는 포장물이 여러 개인 경우 포장마다 고유번호를 표시하고 또한 총 개수 중에서 몇 번째임을 표시한다.

⑦ 원산지표시

원산지표시(country of origin mark)는 화물이 제조·가공·생산된 원산지의 표시로서 보통 도착항 밑에 "Made in Korea"처럼 표시한다.

⑧ 주의표시

주의표시(caution mark ; side mark)는 화물의 선적 또는 운송시에 취급상의 주의를 표시한 것으로 보통 포장의 측면에서 표시하기 때문에 side mark라고도 한다. 주의표시에는 NO HOOKS(갈고리 사용금지), WITH CARE(취급주의), KEEP DRY(마른 상태로 보관), THIS SIDE UP(이쪽이 윗부분), OPEN HERE(이곳을 개봉할 것), FRAGILE(깨지기 쉬움) 등이 있다.

⑨ 지시표시

수입상이 수입화물의 분류의 편의를 위하여 주문번호(order no.) 등을 외장에 기재하도록 지시하는 경우 주문번호 등을 표시하는데 이를 지시표시(attention mark)라고 한다.

07 보험에 관한 조건

1) 의 의

국제무역거래는 물품을 운송하는 과정에서 선박의 좌초, 침몰, 충돌 등의 해상 고유의 위험이나 인위적인 전쟁 위험으로부터 화물이 멸실이나 손상을 입을 가능성이 있으며, 이러한 손해를 보상받기 위하여 적하보험을 부보하여 손해발생에 대비하는 것이 필요하다. 보험의 부보는 보통 당사자가 매매계약에서 합의한 위험부담의 분기점에 따라 위험을 부담하는 당사자가 임의로 판단할 사항이다. 그러나 일방의 위험에 대하여 상대방이 보험을 부보하는 경우 보험계약에 대하여 명백한 합의를 해두어야 한다. 이때 보험금액과 보험조건이 가장 중요한 약정내용이 된다.

2) 보험금액의 결정

보험금액이란 보험사고 발생 시 보험자인 보험회사가 지급해야하는 금액 또는 최고한도의 금액으로 통상 CIF 또는 CIP로 환산한 송장금액의 110%로 하는 것이 관례이다.

3) 보상범위의 선택

(1) 신협회적하약관(NEW ICC: NEW Institute Cargo Clauses)

신협회적하약관 ICC(A), (B), (C)조건, 협회 전쟁약관, 협회 동맹파업약관 등을 선택하여야 하며, 각 조건마다 보상범위가 다르므로 어느 조건을 채택할 것인지를 명시하여야 한다.

(2) 협회적하약관

구협회적하약관(ICC)에서는 전위험담보조건(All Risks)인 ICC(A/R), 분손담보조건(With Average)인 ICC(WA), 그리고 단독해손부담보조건(Free from Particular Average)인 ICC(FPA)으로 규정하고 있었으나 런던보험자협회와 로이드보험협회가 공동작업을 통해 각각 신협회적하약관인 ICC(A), ICC(B), ICC(C)를 제정하여 1982년 1월 1일부터 사용하고 있으며, 우리나라는 1983년부터 사용하고 있다.

(3) 협회전쟁약관 및 협회동맹파업약관

ICC(A), ICC(B), ICC(C)는 전쟁위험이나 동맹파업위험을 담보하지 않기 때문에 별도의 특약으로 담보할 수 있는데, 보통 협회전쟁약관(IWC: Institute War Clauses)나 협회동맹파업약관(ISC: Institute Strikes Clauses)을 별도로 부보한다.

4) 부보의무의 귀속

(1) 매수인의 임의 부보

INCOTERMS의 정형거래조건 중에서 EXW, FCA, FAS, FOB, CFR, CPT조건 하에서 원칙적으로 매수인은 운송중의 물품의 멸실·손상에 대한 자신의 위험에 대하여 임의로 부보한다.

(2) 매도인의 부보 의무

인코텀스의 CIF, CIP조건은 약정된 목적항(지)까지의 물품의 멸실·손상에 대한 매수인의 위험에 대하여 매도인이 부보해야 하는 의무가 있다.

(3) 매도인의 임의 부보

D그룹의 제 조건은 매도인이 목적항(지)까지 물품을 운송하는 데 따른 위험을 부담하므로 자신의 이익을 위하여 보험을 임의로 부보한다.

08 분쟁해결에 관한 조건

1) 의 의

분쟁해결에 관한 조건(dispute settlement terms)은 무역거래당사자가 계약내용과 관련하여 분쟁과 그 분쟁이 발생한 경우의 처리방안에 대한 합의를 의미한다. 보통 클레임조항(claim clause)와 중재조항(arbitration clause)을 의미한다.

2) 클레임조항

(1) 클레임의 의의

클레임이란 계약당사자가 계약내용의 이행에 관련하여 일방의 위반이 있는 경우 상대방이 계약내용에 근거하여 상실된 자신의 권리의 구제 또는 손해의 배상을 청구하는 것을 의미한다.

(2) 클레임조항의 내용

당사자가 무역계약시에 약정하는 클레임 조건에는 다음과 같은 내용이 명시되어야 한다.

① 클레임의 제기기간
② 클레임의 제기근거
③ 클레임의 제기방법
④ 클레임의 해결방안

(3) 클레임의 해결 방안

클레임이 제기되었을 경우 그 해결방법으로 당사자끼리 해결하는 방법과, 당사자가 합의를 못하는 경우 제3자 개입에 의한 해결이 이루어진다.

① 당사자간 해결방법
화해나 타협, 청구권의 포기 등이 당사자간의 해결방법이다.
② 제3자 개입에 의한 해결방법
알선, 조정, 중재, 재판 등 여러 방법이 있으나, 그 가운데 중재가 국제무역거래의 가장 보편적인 해결방법이다.

3) 중재조항

(1) 중재조항의 의의

중재조항(arbitration clause)이란 계약 당사자 간에 분쟁이 발생한 경우에 법원에 소를 제기하지 않고 사인인 중재인에 의뢰하여 중재인의 판정을 최종적인 것으로 인정하여 분쟁을 해결할 것을 당사자가 합의한 것을 의미한다.

(2) 중재의 요건

중재는 분쟁해결을 중재에 의한다는 중재조항을 미리 설정해 두거나 후에 중재에 붙인다는 중재합의를 하지 않으면 이용할 수 없다.

(3) 중재조항의 내용

당사자는 중재기관(인), 중재장소 및 중재절차의 준거법에 관한 사항을 그 내용으로 정해 두어야 한다.

4) 소송 관련 조항

(1) 의 의

계약체결시에 당사자의 의견이 합치하지 않아 분쟁해결을 중재에 의할 것을 합의하지 못하거나, 당사자의 국가가 뉴욕협약에 가입되어 있지 않아서 중재판정의 승인 및 집행이 용이하지 않거나, 그 외 다른 사유로 중재합의가 이루어지지 못하는 경우 분쟁이 발생하면 중재에 의해서 해결할 수 없고, 소송에 의하여 해결하는 방법밖에 없다.

(2) 재판관할조항

어느 국가의 법원을 재판관할 법원으로 할 것인가를 재판관할조항(jurisdiction clause)을 설정함으로써 명시해야 한다.

5) 국제무역계약 분쟁의 재판관할 문제

(1) 의 의

국제계약과 관련한 분쟁의 해결방법으로서 소송을 택하는 경우에는 어느 나라의 어느 법원이 관할권을 갖는가 하는 것이 문제되며, 당사자간의 재판관할에 관한 합의가 있는 경우 그 효력의 문제 즉, 당사자의 관할 합의의 유효성을 어떻게 확보될 것인가 하는 것이 가장 중요한 문제이다. 특히, 당사자가 합의한 법원이 당사자나 당해 거래와 관련이 없는 제3국 법원인 때에는 그 법원이 반드시 재판을 맡아준다는 보장이 없으며, 반면 당사자가 속해 있는 국가가 당사자에 대하여 국가권력의 하나의 작용으로서 갖는 재판권을 당사자간의 합의로 배제시킬 수 있는지 여부도 문제된다.

(2) 재판관할법원의 결정

국제무역계약과 관련한 분쟁을 소송에 의하여 해결하고자 할 때에는 소송을 제기할 법원을 먼저 결정하여야 한다. 이 문제는 당사자간에 재판관할의 합의가 있는 경우에 그 합의의 효력이 어떠한가 하는 문제와 당사자간에 관할법원에 관한 합의의 유무에 불구하고 당해 사건에 대하여 어느 나라의 법원이 관할권을 갖는가 하는 두 개의 문제로 구분할 수 있다. 연혁적으로 어느 사건에 대한 재판관할권을 결정함에 있어 대륙법계 국가와 영미법계 국가가 서로 다른 원칙을 적용하여 왔다.

① 대륙법계의 재판관할권 결정원칙

대륙법계에서는 전래적으로 토지관할의 일종인 피고의 주소지법주의를 기본으로 하여 피고가 있는 나라의 법원에 소송을 제기하여야 한다고 보았다. 현재 우리나라를 포함한 대륙법계의 대다수의 국가는 토지관할의 원칙에 입각하여 국제거래에 대한 관할권을 정하고 있는 것으로 해석된다. 따라서 관할지역, 즉 그 나라에 피고의 주소가 있거나 주된 영업소가 있거나 의무의 이행지로 그 나라를 정하고 있는 경우 등에는 관할권을 갖는 것으로 해석한다. 물론 계쟁의 대상인 토지나 기타 권리가 그 나라에 소재하거나 국제거래와 관련하여 행해진 불법행위가 그 나라 내에서 발생한 경우에도 당연히 관할권을 갖는 것으로 본다. 이러한 대륙법계의 관할결정의 원칙은 피고의 응소의 편의를 가장 우선적으로 고려한 것으로 이해된다.

② 영미법계의 재판관할권 결정원칙

영미의 보통법(common law)에서는 실효성의 원칙(principle of effectiveness) 및 복종의 원칙(principle of submission)에 입각하여 당사자와 가장 합리적인 관련을 갖고 있는 나라의 법원이 재판관할권을 갖고 있는 것으로 하였다.

영미의 경우 특히 미국에서는 현재 보통법상의 합리적 관련성의 개념을 좀 더 확장하여 최소한의 관련(minimum contact)이 있으면 관할을 인정하고 있으며, 대륙법계와는 달리 관할법원이 당해사건을 처리하는 데 정당한 이익을 갖고 있는지가 중요한 판단 기준이 된다. 최소한의 관련은 피고가 관할구역 내에 주소를 두고 있든가 영업활동을 하는 경우(doing business)에 인정되며, 미국의 여러 주에서는 최소한의 관련성을 보다 넓게 인정하는 내용의 관할확장법(long arm statutes)을 제정하였다.

뉴욕 주에서는 일반적으로 피고가 뉴욕에 소재하거나(presence of defendant in

New York), 뉴욕에서 영업을 하거나, 뉴욕에 거소(domicile)를 두고 있는 경우, 또는 이러한 관련성이 없더라도 피고가 응소함으로써 정당한 관할권을 갖는다.

그 밖에도 관할확장법인 민사소송법(civil procedure law and rules) 제302조 이하에서는 다음의 각 경우에도 뉴욕주 법원의 관할권이 인정되는 것으로 정하고 있다.

Ⓐ 소의 원인(cause of action)이 뉴욕에서 한 거래행위(transaction of business in New York)에 기한 경우, 위에서 설명한 영업행위(doing business)가 계속적이고 영속성을 띠는 사업을 의미함에 대하여 여기에서의 거래행위는 예를 들면 협상이 뉴욕에서 이루어진 것과 같이 소의 대상이 된 거래행위의 일부가 있었음으로써 충분한 것으로 보고 있다.
Ⓑ 비록 계약은 뉴욕 밖에서 체결되었으나 그 계약의 내용에 따라 상품이나 용역이 뉴욕 내에 제공되는 경우이다.
Ⓒ 소의 원인이 된 피고의 불법행위가 뉴욕에서 행해진 경우이다.
Ⓓ 소의 원인이 된 불법행위는 뉴욕 밖에서 행해졌으나 그 행위의 결과가 뉴욕 내에서 발생한 경우이다.
Ⓔ 청구의 원인인 권리나 재산이 뉴욕에 소재하는 경우이다.

최소한의 관련성에 기하여 또는 관할 확장법에 의하여 관할권이 인정되는 경우에도 만일 소의 제기를 받은 법원이 판단하여 정의와 편의(justice and convenience)에 비추어 그 법원에서 소송을 수행하는 것이 적당하지 않다고 보는 때에는 소송절차의 수행을 배제할 수 있다고 보는데, 이러한 이론을 불편한 법정지 이론(forum non-conveniens theory)이라고 한다. 즉, 이 이론을 근거로 법원은 양당사자의 편의와 법원의 증거에 의 접근의 용이성, 판결의 집행가능성, 증인소환에 드는 비용, 준거법과의 관계 및 그 주(州)의 이익 등을 고려한 후, 실질적 정의의 실현을 위하여 제기된 소송사건을 다른 법원에서 심리하는 것이 적정하다고 판단하는 경우에는 제기된 사건을 각하하거나 다른 법원으로 이송할 수 있다.

(3) 당사자의 재판관할의 합의

국제무역계약과 관련한 관할의 효력과 관련하여 우선 당사자의 소속국가나 계약체결지 소재국 등 당해거래에 대하여 국내법상 관할권을 갖고 있는 국가와의 관계가 문제된다. 관할의 합의는 전속적 관할의 합의와 비전속적관할의 합의로 구분할 수 있다.

① 전속적 관할 합의

전속적 관할 합의(exclusive jurisdiction agreement)는 전적으로 어느 한 국가의 법원에만 소송을 제기하기로 하는 재판관할의 합의를 의미한다.

전속적 관할 합의는 국가주권인 어느 나라의 재판권을 당사자가 임의로 배제하고자 하는 것이므로 그 효력을 인정할 수 있는지가 문제된다. 예를 들어, 한국인과 일본인 간에 무역계약을 체결하면서 뉴욕 주의 법원을 관할법원으로 합의한 경우에, 수입자인 일본인이 물건의 하자와 관련하여 피고인의 소재국인 서울지방법원에 소송을 제기하였다면, 만일 양자간의 관할의 합의가 비전속적인 관할합의이면 서울민사지방법원은 우리나라 소송법상의 원칙에 의하여 관할권이 인정되는 한 당연히 소송을 진행할 것이다.

그러나 당사자간의 관할합의가 당사자 간의 모든 소송을 반드시 뉴욕 주의 법원에만 제기하기로 하는 전속적 관할합의임에도 수입자가 서울지방법원에 소송을 제기한 경우에 이를 어떻게 처리할 것인지가 문제된다. 결론적으로 당해 사건이 어느 나라 법원의 전속관할사건이 아니고(즉, 우리나라 법원이 그 사건에 대하여 전속적 관할권을 갖지 않고), 또한 합의관할법원(뉴욕주 법원)이 그 사건에 대하여 재판을 진행할 것이 확실하다면, 그 합의가 현저히 협상력이 불균형한 상태에서 이루어져 권리의 남용에 해당하는 등 불합리한 합의가 아닌 한 재판관할의 합의도 유효라고 보고 있다.

② 비전속적 관할 합의

비전속적 관할의 합의(non-exclusive jurisdiction agreement)는 당사자가 재판관할에 대하여 합의하였다 할지라도 그 합의와 관계없이 소를 제기할 수 있는 합의를 의미하므로 새로운 관할의 창설이라 할 수 있다. 전술한 바와 같이 전속적 관할합의는 그 해석 및 적용상 여러 가지 논란의 여지가 있어 당사자의 의도와는 달리 불확정한 결과를 초래하므로 국제계약에서의 관할의 합의는 비전속적인 것으로 합의함이 일반적이다.

③ 재판관할의 전속여부가 불분명한 경우

재판관할의 합의가 전속적인 것인지 비전속적인 것인지 불분명할 때에는 비전속적 관할합의로 해석한다.

④ 재판관할 합의 법원의 수소(受訴) 여부

재판관할합의와 관련한 또 하나의 문제는 당사자가 합의하여 정한 법원이 당사자의 합의를 존중하여 재판을 맡아줄지 여부에 관한 문제이다. 예를 들어 뉴욕주의 법원이 불편한 법정지 이론에 기하여 당사자간의 관할합의에 불구하고 제기된 소송을 심리하지 않고 각하하는 것과 같은 결과가 나타날 수도 있다. 법원이 어떠한 경우에 재판권을 행사하지 않는지는 각 나라의 국내법적인 문제이므로 관할합의를 할 때는 관할로 정한 법원이 요구하는 관할의 요건을 충족시킬 수 있도록 하여야 한다.

(4) 외국판결의 승인과 집행

① 의 의

어느 나라의 법원에서 국제계약과 관련한 분쟁을 마무리짓는 판결이 확정된 경우에 그 판결의 집행도 그 나라에서 이루어지면 별 문제가 없다. 그러나 그 판결을 다른 나라에서 집행하여야 할 때에는 국가주권과 관련하여 집행할 국가의 법원이 그 판결의 효력을 그대로 인정할 것인지 여부, 즉 외국판결의 승인과 집행이라는 또 하나의 문제가 발행한다.

② 국제조약

민사 및 상사에 관한 외국판결의 승인 및 집행에 관한 조약(convention on the recognition and enforcement of foreign judgments in civil and commercial matters)안이나 유럽공동체의 재판관할권과 판결집행에 관한 조약(common market convention on jurisdiction and the enforcement of judgments) 및 외국판결과 중재판정의 역외적 효력에 관한 미주조약(Inter－American convention on extraterritorial validity of foreign judgments and arbitral awards) 등 국가간의 협정에 의하여 이 문제를 해결하고자 하나 아직 뉴욕협약과 같이 많은 국가가 동시에 가입하고 있는 국제조약은 있지 아니하다. 따라서 각 나라는 자국법에서 정한 요건에 따라 외국에서 내려진 판결을 승

인하고 집행한다.

③ 우리나라의 경우

우리나라는 독일 및 일본과 거의 같은 내용의 외국판결의 승인 요건을 민사소송법 중에 규정하고 있다. 즉, 우리나라 법원은 승인 및 집행이 요청된 외국의 판결을 심사하여 이러한 승인의 요건을 구비하고 있으면 그 내용대로 집행할 것을 명하는 집행판결을 내린다.

이러한 외국판결이란 외국의 주권의 행사로서 내려진 판결을 말하며, 외국판결의 승인요건은 다음과 같다.

Ⓐ 외국판결이 관할이 인정되는 법원에 의한 최종판결로서,

Ⓑ 피고에게 적정한 방어의 기회가 부여되었고(공시송달이 아닌 방법으로 소송개시의 송달을 받았거나 그러한 송달 없이 응소하였어야 함),

Ⓒ 통상적 방법으로는 더 이상 다툴 수 없는 확정된 판결이면,

Ⓓ 그 판결의 내용이 우리나라의 선량한 풍속 기타 사회질서에 위반하지 아니하는 한, 판결의 당부에 관한 실질적인 검토를 하지 아니하고, 그 효력을 인정하여 승인하는 것으로 규정하고 있다.

Ⓔ 다만, 그 판결을 한 나라도 실질심사 없이 우리나라의 법원이 한 판결을 인정하는 경우, 즉 상호보증이 있는 국가의 판결에 한한다.

④ 영국의 경우

영국은 보통법(common law)상 새로운 판결을 해야 하는 것으로 보고 있다. 다만, 1933년에 제정된 상호보증법(Reciprocal Enforcement Act)에서 상호보증이 있는 국가의 법원에서 내려진 금전지급판결은 새로운 판결 없이 등록함으로써 집행이 가능한 것으로 규정하고 있다.

⑤ 미국의 경우

Ⓐ 타주의 판결

미국의 경우에는 타주의 판결은 타주의 법이나 기록 및 재판절차를 완전히 믿고 지지할 것을 규정한 미국연방헌법 제4조 제1항의 전적인 신뢰 및 신용조항(full faith and credit clause)에 의하여 판결로서의 효력이 인정되며, 단지 관할흠결(lack of jurisdiction)을 이유로 하여서만 배척할 수 있는 것으로 보고

있다.

Ⓑ 외국판결

　대다수의 주가 외국의 판결에 대하여는 이 원칙을 적용치 않고, 대신에 예양(禮讓)의 원칙(principle of comity)에 따르고 있다. 따라서 각 주는 외국의 관할권 있는 법원이 적정절차(fair procedure)에 따라 내린 외국의 판결인 경우에는, 사기적인 수단에 의하여 얻은 것이 아니며 그 주의 공공정책에 어긋나지 아니하는 한 그 유효성을 인정해야 한다고 보고 있다.

6) 준거법 조항

(1) 의 의

　준거법(governing law; applicable law)이란 무역계약의 성립과 이행에 관하여 그리고 해석에 관해서 어느 국가의 법률을 적용할 것인가의 문제이다.

(2) 재판관할 조항과의 관계

　준거법과 재판관할지가 일치하지 않을 경우 준거법 규정의 효력이 상실될 수도 있기 때문에 주의해야 한다.

09 기타 조건

1) 불가항력조항

(1) 불가항력조항의 개념

　불가항력이란 실제개개의 거래의 경우 이행불능의 여부를 판단하기 어려울 수 있으므로 현명한 당사자는 계약서에 미리 양당사자가 통제할 수 없는 어떤 사건이 발생하면 이것이 법률적으로 계약의 이행불능을 구성하든 않든 간에 관계없이 당사자의 권리와 의무를 규정한 계약조항을 삽입하고자 할 것인바 이를 불가항력조항(force majeure clause)이라 하며 영법에서는 불가항력의 개념은 천재지변의 개념보다 광의로 해석하여 천재지변의 개념이 자연적인 불가항력을 의미하는 데 반하여 불가항력은 인위적인 불가항력까지 포함하는 개념으로 본다.

(2) 불가항력조항의 구성

① 불가항력사유

불가항력조항은 보통 각종의 불가항력의 사태를 열거한 목록과 이들 목록에 나타나지 않는 경우를 포함하기 위한 일반적인 문언(any other contingency whatsoever beyond the control of either party)으로 구성된다.

② 계약위반에 대한 일정기간의 면책

불가항력조항에서는 당사자 중 일방이 계약을 위반한 경우에 일정기간 동안 그 위반에 대한 책임이 면책된다고 규정하고 있는 것이 보통이다.

불가항력조항은 어떤 사간의 발생의 결과로 당사자 중 일방이 계약을 위반했든 아니든 관계없이 적용되는 것이나, 단순한 면책조항은 계약을 위반한 당사자를 보호하고자 하는 점에서 구분된다.

③ 면책기간 중의 계약이행

불가항력사유로 인한 계약의 위반에 대하여 일정기간 면책이 인정되면, 결국 계약이행기간이 연장되는 효과가 발생하고 즉, 계약의 효력진행이 일시정지되는 효과가 발생하며, 연장된 기간중의 계약이행이 정상적인 이행으로 간주된다.

④ 매수인의 선택권

불가항력사유의 지속 또는 그 결과의 존재로 인하여 계속적으로 계약의 이행이 방해받는 경우에는 매수인이 재연장 또는 취소의 선택권을 가진다고 규정하게 된다.

⑤ 불가항력사유의 존재에 대한 입증

불가항력을 주장하여 계약을 위반한 당사자는 제3의 공정한 기관의 확인을 통해서 불가항력 사유의 존재에 대한 입증을 요구하는 문언이 기재된다.

(3) 불가항력조항의 활용

실제계약에서는 계약당사자가 처할지도 모르는 불가항력의 내용을 명시하는 경우가 많으며, 이러한 명시는 불가항력의 의미를 제한하거나 확정하거나 또는 그 의미를 설명하는 것이 일반적이다. 특히 이러한 명시의 문언은 그것이 사용되고 있는 전후의 문맥, 계약의 성질 및 일반조건과 관련하여 해석하여야 한다. 실무에서도 매도인의 자신의 선적의무의 불이행을 불가항력이라는 구실로 면책을 주장할 가능성이 있다. 이를 방지하기 위하여 매도인에게 이러한 사태가 발생하면 이를 속히 매도인에게 알리고 공신력 있는 기관이 입증한 증명서를 제공할 것을 규정할 수 있다.

(4) 불가항력조항의 효과

계약의 이행시간을 연장하는 경우 즉, 일정기간 동안 계약의 효력의 진행정지를 규정하는 경우가 일반적이며, 다음 단계는 연장된 기간 뒤에 계속되는 불가항력 사항에 대하여는 각 당사자가 계약을 취소할 수 있도록 하고 있다. 이를 위하여 불가항력조항에서는 이행기간의 연장을 요구하는 당사자가 다른 당사자에게 주의통지 및 최종통지를 하도록 규정하기도 한다.

2) 하드십(Hardship)조항

(1) 의 의

하드십조항은 계약체결후 정치적·경제적 사정 등 주위사정의 큰 변화로 인하여 계약상 채무의 이행이 불가능하지는 않으나 현저하게 상업적으로 곤란한 경우를 의미하는바, 이와 같은 경우 채무이행이 불가능하지는 않으므로 채무이행을 바로 면제받는 것은 아니지만, 계약당사자가 예견하지 못한 곤란한 사태가 발생했음에도 불구하고 본래의 채무이행을 강제하게 되면 채무자로서는 큰 부담이 되고, 또한 계약의 형평이란 관점에서 부당하므로 이에 관하여 당사자간에 합의한 조항이며, 불가항력조항과 구분하여야 할 개념이다.

(2) 효 용

불가항력 조항 이외의 경우 면책을 인정하지 않는다면 계약상 장기간에 걸쳐 이행채무를 부담하는 당사자는 계약에 따른 구제책이 마련되어 있지 않는 한 계약체결 후 사정변경에 따른 위험을 고려하여 반대급부를 정하지 않을 수 없고, 위험부담이 증가하는 경우 반대급부는 상대적으로 높아지게 된다. 그렇다면 계약상대방은 발생이 불확실한 사정변경을 예상하여 위험대가를 추가시킨 값비싼 반대급부를 계약기간을 통하여 지불하는 것을 원하지 않을 것이므로, 이와 같은 양당사자 간에 있어서 사정변경에 따르는 위험을 고려하면서 현시점에서의 원활한 거래성립을 도모하기 위한 방법으로 생겨난 것이 하드십조항이다.

(3) 내 용

하드십조항은 당사자가 계약체결시에는 예상하지 못한 사정변경이 발생하여 채무이행이 불가능하지는 않지만 그 이행을 강요한다면 극히 불공평한 결과가 되는 경우 계약당사자가 이를 시정하기 위한 계약수정에 응하도록 약속하는 것을 포함하는 것이다.

다음은 약정기간이 장기인 무역계약에 수반되는 하드십조항의 예이다.

3) 완전합의조항

(1) 의 의

국제무역계약서의 완전합의조항(entire agreement clause)은 당사자 사이의 합의사항은 모두 계약서에 기재된다는 것을 전제로 "이 계약서 작성 이전에 있었던 당사자간의 구술 및 서면합의는 기속력을 상실한다."는 내용을 규정하는 조항으로서 영미계약상 분할계약(divisible contract)과 전체계약(entire contract)을 구분하는 관점에서 유래한다.

(2) 내 용

완전합의조항은 "이 계약은 양 당사자 간의 합의내용을 완결짓는 것이며 이 계약의 목적과 관련된 이전의 양 당사자 간 모든 협상 및 의사표명, 양해, 약정 등을 대체하고, 양당사자의 서면 합의에 의하지 아니하고는 수정될 수 없다"는 취지를 규정하는 것이 일반적이다. 영미 증거법상 원칙의 하나인 구두증거의 법칙(parol evidence rule)은 완전합의조항의 효력을 법적으로 뒷받침하여 주는 이론으로 영문계약상 위 조항의 필요성을 확인하고 있다. 영미계약법과 증거법 체계상 위와 같은 법적인 배경을 가진 완전합의조항은 서면기재의 형태와 완전합의의 내용을 포괄하는 계약법원리의 구체적 표현이라고 할 것이다.

(3) 완전합의조항의 효용

완전합의조항은 전술한 바와 같이 국제계약 당사자가 합의한 모든 사항은 계약서에 기재한다는 것을 전제로, 당해 계약서의 작성 이전에 당사자간에 이루어진 구술 및 서면합의는 계약서조항에 기재되지 않는 한 구속력을 상실한다고 규정한 것이다. 장기간의 계약협상을 필요로 하는 국제계약의 경우 협상도중의 잠정합의나 동의가 최종서명한 계약에 반영되지 않는 경우 분쟁방지의 큰 효력을 가질 뿐만 아니라 그 본래의 효력 이외에도 부수적 효과로서 계약내용의 증감이나 수정은 당사자나 그 대리인의 서면합의에 의하여야 한다는 결과를 낳는다.

(4) 완전합의조항의 문제점

이러한 완전합의조항의 기본적 효과를 감안하여 볼 때 영미법이 준거법이 되는 영문계약에서는 계약서에 서명하기 전에 이전의 계약협상과정에서 구두로 약속한 모든 유리한 내용이 서면으로 기재되어 있는가를 반드시 검토하지 않으면, 추후 협상시의 유리한 사항을 주장할 수 없는 불이익이 있을 수 있다. 즉, 완전합의조항은 국제계약 서명이전의 모든 약정을 부인하는 면책적 효과도 갖는다는 점을 유의해야 한다.

4) 권리침해조항

(1) 의 의

권리침해조항(infringement clause)이란 무역계약과 관련하여 매매당사자 중의 일방이 제3자의 권리를 침해하는 물품을 주문하거나 인도한 경우 제3자의 배상청구로부터 면책된다는 것을 규정한 조항을 의미한다.

(2) 공업소유권의 침해로부터의 면책

매도인이 상품을 매수인에게 판매하거나 매수인이 상품을 주문한 경우 상대국이나 제3국에 있어서 그 상품에 대한 특허(patent), 의장(design), 상표(trade mark) 및 실용신안(utility model)의 공업소유권(industrial property right)이나 저작권에 대한 권리침해(infringement)의 소송제기로부터 면책되는 것을 사전에 약정해야 한다.

(3) 특허의 침해로부터의 면책

매도인은 매수인의 지시대로 물품을 선적하였는데, 그것이 수입국의 특허권이나 상표권의 침해가 되어 소송을 당하게 되는 수가 있으므로 이에 관한 면책조항을 삽입하여야 한다.

5) 검사조항

검사조항(inspection clause)은 품질과 수량에 관한 검사에 관한 것을 규정하는 내용으로 검사기관, 검사장소, 검사시기를 규정하고 그에 따른 위험과 비용을 매도인과 매수인 중 누가 부담할 것인지를 명시하는 조항이다.

제5장

전통적 무역관습

국제무역거래에서 물품의 인도장소 및 대금의 지급장소를 결정하기 위해 관습상 특수한 거래조건을 사용하고 있다. 이러한 조건은 크게 적출지조건(수출지조건)과 양육지조건(수입지조건)으로 나눌 수 있다. 전자에 속하는 가장 중요한 조건이 'Free on board(port of shipment)'조건이지만, 그 밖에도 'Ex works', 'Free on rail' 및 'Free alongside ship'조건 등도 이 범위에 속한다. 후자에 속하는 조건으로는 'Cost, Insurance, Freight(port of destination)'조건 및 그 변형으로서 'Ex ship', 'Franco quay', 'Free delivered'조건 등이 있으며 그 중에서도 가장 중요한 조건이 'FOB(free on board)'조건과 'CIF(cost, insurance, freight)'조건이다.

이들 두 가지 조건을 이해해야만 국제무역거래에서 발생하는 모든 유형의 거래조건 내용과 문제점 그리고 국제무역관습을 올바로 이해할 수 있게 된다.

01 FOB조건

1) FOB조건의 발달

국제무역거래에 있어서' Free on board(port of shipment)'라는 어구처럼 여러 가지 의미로 사용되고 있는 것은 거의 없다. 그럼에도 불구하고 FOB거래의 실체에 관하여 일반적으로 다음과 같이 이해하고 있다. 즉 FOB는 수출자가 자기의 비용으로 선적항에서 선내로 물품을 적재하는 것이며, 원칙적으로 물품을 적취할 선박의 난간(ship's rail)이 수출자와 수입자와의 책임상의 경계선으로 된다는 것을 의미했다(현재는 그 의미가 무시되고 있음). 그러나 이는 단순한 내용으로써 실제거래에 적용하려고 할 때에는, 특히 통관절차 및 선하증권과 항r구에서의 관련비용(port dues) 등의 부가비용을 누가 부담할 것인가 하는 문제에 관하여 견해가 달라지고 있는 것이다. 그 결과 FOB거래에 있어서 수출자와 수입자와의 책임을 명확히 하기 위하여 국제적으로 많은 시도가 있었다.

이러한 시도 중에서 가장 중요한 것은 국제상업회의소 영국국내위원회에서 채택한 정의, 영국제항구에 있어서의 무역관행에 관한조사를 포함한 영국상업회의소의 제언 및 당시의 무역관습과 법률을 신중하게 검토한 끝에 1951년에 승인된 영국수출협회(The Institute of Export) 제안의 정의 등이다. 이러한 정의는 모두 같은 것은 아니며 사실상 각각 FOB조건의 다른 측면을 다루고 있다. 즉 국제상업회의소 영국국내위원회 및 영국수출협회에서는 일반 FOB조건의 법적 내용을 확정하되 계약당사자 또는 지방적 관습에 의한 변형조건은 고려하지 않았으나 영국상업회의소의 조사는 이러한 지방적 변형조건을 상세하게 검토하고 있다.

2) FOB조건의 형태

무역거래 현장의 실무자들이 FOB(port of shipment)조건의 의미에 관하여 상이한 견해를 취하고 있는 이유는 FOB조건이 다양하게 변형되어 사용하고 있기 때문이다.

첫째로, 이 조건은 공급거래 및 수출거래에 있어서 차별 없이 사용되고 있다. 예컨대 수출거래는 수출용 물품을 국내시장에서 FOB London조건으로 구매해서 이를 같은 조건으로 해외 고객에게 판매한다. 이 경우에 FOB조건이 양거래에 있어서 본질적으로 같은 의미를 가지면서도, 수출자의 부가적 의무가 상위하다. 왜냐하면 공급거래에 있어서의 수출자는 제조업자 또는 국내상인인 반면에 수출거래에 있어서의 수출자는 수출업자이기 때문이다. 따라서 수출업자로서의 각기 다른 계약 중에 공급 FOB조건과 수출 FOB조건이 존재하며, 그 의미하는 바가 다르다는 사실을 주의하여야 한다.

둘째로, 협의의 FOB조건에 의하면 선적 및 보험의 수배는 수입자에 의해서 행하여져야 한다. 즉, 수입자는 수출자에게 유효한 선박 말하자면 선적항에서 물품을 적취할 수 있고 그 준비가 완료된 선박의 명칭을 통지할 의무가 있으며, 수출자는 물품을 선적한 때에 그 책임을 다하는 것이 된다. 그런데 실제로는 FOB조건의 변형방식이 자주 사용되고 있는바, 수출자는 협의의 FOB조항에 의한 의무 외에도 화물의 선적 및 보험에 대한 수배를 인수하여야 한다. 대부분의 수출자들은 이 변형조건에 익숙하다.

3) FOB조건과 법원칙

FOB조건의 법적 의미를 정확하게 이해하기 위해서는 다음의 두 가지 기본적 법원칙을 유의할 필요가 있다.

- 제1법칙 : 영국법에 있어서는 free on board는 명료하고 정확한 의미를 가지고 있다. 즉, 이 조항은 그 통상적 의미에 있어서는, 수출자 및 수입자의 의무 및 책임을 명확하게 정의를 내리고 있다. 매매계약이 FOB조건을 포함하고 있는 경우에는 이 조항은 그 통상적 의미로 해석되는 것으로 추정된다.

- 제2법칙 : 영국법상 매매계약 중 FOB조건에 부여되는 통상적 의미는 다음의 경우에는 변경된다.

  첫째, 당사자가 명시적 또는 묵시적으로 이 조항에 그 통상적 의미와 다른 의미를 부여하는 경우
  둘째, 선적항 또는 당해무역거래에 있어서 명백히 확립된 상관습 또는 상관행이 있는 경우

  그러한 상관습은 FOB조건에 의해서 부과되는 의무에 관한 당사자의 명시 또는 묵시의 합의를 무효로 할 수 없으며 확립된 상관습 또는 상관행의 성격을 가지지 아니하는 단순한 지방관행은 이 조항의 통상적 의미를 변경하지 아니한다.

4) FOB조건의 의미

  CIF조건의 의미에 관하여는 법원에 의해 비교적 상세히 정의가 내려지고 있음에도 불구하고 근대 영국법에 있어서 FOB조건의 의미를 법원에서 구할 수는 없으므로 우리는 무역과 관련된 대표적 단체가 제시한 정의에 따를 수밖에 없다. 1951년 영국의 수출협회에서 제시한 정의는 일반적 의미를 가지는 FOB조건이 포함된 계약에 의한 수출자 및 수입자의 책임을 잘 설명해 주고 있다. 일반적 FOB계약에 있어 상대방의 의무는 다음과 같이 정의를 내릴 수 있다.

  ### (1) 수출자가 부담할 비용 및 책임

  첫째, 모든 면에서 매매계약 중의 설명서에 일치한 물품을 선적항에서 준비하여 본선인도로 적재할 것
  둘째, 위의 작업에 관련되는 일체의 화물취급비용 및 운임을 지급할 것
  셋째, 보세구역으로부터 또는 관세 및 조세의 환급에 의하여 물품을 인도할 때

에는 영국세관 및 관세당국이 요구하는 수출신고를 완료할 것

넷째, 물품이 선박의 난간을 넘을 때까지 물품에 관련해서 발생한 일체의 비용을 부담할 것

다섯째, 1893년의 영국 물품매매법 제32조 제3항의 규정에 따를 것

동항의 규정에 의하면 다른 약정이 없는 한, 수출자로부터 수입자에 대한 물품의 수송경로가 해상운송을 포함해서 부보하는 것이 통례로 되어 있는 때에는 수출자는 수입자에 대하여 해상운송중 물품을 보호할 수 있도록 통지를 하여야 한다. 수출자가 이를 위반한 때에는 해상운송중 물품에 관한 위험은 수출자의 부담으로 한다.

(2) 수입자가 부담할 비용 및 책임

첫째, 수출자가 계약상 합의한 선적항에 있어서 물품을 본선인도조건으로 적재할 선박에 관하여 적기에 수출자에게 통지할 것

둘째, 지정선박에 있어서의 선복을 확보할 것

셋째, 필요하다면 수출허가를 취득할 것

넷째, 약정기간 내에 수출자가 인도할 수 있도록 준비된 선박을 지정할 것

다섯째, 관세법에 규정된 바에 의하여 물품의 통관 및 수출신고를 행하고, 이러한 통관절차로 인하여 발생하는 비용을 부담할 것

여섯째, 영국항만비용과 같이 선박이 항외로 통항중 사용하는 수로의 유지 및 보전을 위하여 발생하는 비용을 부담할 것

일곱째, 선박의 수배가 불능으로 된 때에는 가능한 한 지체 없이 대선을 수배하여 대환 또는 이환으로 인하여 발생한 일체의 추가운송비, 사용료 기타의 비용을 지급할 것

앞서 본 바와 같이 FOB조건 중 가장 빈번하게 사용되는 네 개의 변형은 공급 FOB조건(export f.o.b. clause), 수출 FOB조건(export f.o.b. clause), 협의의 FOB조건 및 추가적 업무를 규정하는 FOB조건(f.o.b clause providing for additional services)이다. 여기서 일반적 의미로 정의되는 FOB조건이 수출거래에서 이용되는 협의의 FOB조건이다. 이것은 FOB조건의 다른 2종의 변형, 즉 공급거래에 있어서의 조건과 추가적 업무를 규정하는 조건이 앞서 공식화한 제2법칙에 의하여 지배된다는 것

을 의미한다. 그 결과 이 점은 지나치게 강조할 수는 없지만 당사자가 FOB조건에 관한 일반적인 법률상의 의미를 변경하려고 하는 경우에는 매매계약 중에 그 뜻을 규정하여야 하는 것이다. 특히 공급거래(supply transaction) 및 수출자가 선적과 보험의 수배를 하여야 할 수출거래(export transaction)에 있어서는 일반적인 FOB조건의 의미에 대한 이러한 변형은 계약 중에 명백히 규정해 두지 않으면 안 된다.

더구나 일반적인 FOB조건이 당사자가 부담하는 전혀 다른 두 가지의 책임을 규정하고 있다는 것을 주의할 필요가 있다. 무엇보다도 그것은 매매계약에 관한 사항, 즉 물품의 인수장소 및 대금의 지급장소, 그리고 각 계약당사자가 부담하여야 할 비용을 정하고 있으나 또한 정상적인 통념상 매매계약의 범위 외에 수입자는 준비된 선박을 지정하여야 하고 또 수출자는 수입자에게 물품의 부보를 가능하게 하기 위해서 선적에 관한 상세한 사항을 통지하여야 한다는 책임을 부과하고 있다.

5) FOB거래의 이행과정

일반적인 FOB거래는 다음과 같이 진행된다.

첫째, 수출자 또는 선적항에 있어서의 수입자의 대리인은 약정한 선적항에서 판매물품의 수령준비를 하고 또 수령할 준비가 되어 있는 선박을 수출자에게 지정해 주어야 한다. 수입자는 운송인과 운송계약을 체결하여 선복을 확보하며, 적재선박의 선명 및 선적항에 있어서의 정박기간을 결정하고, 또 이러한 상세한 사항을 지체 없이 수출자에게 통지하여 물품의 선적이 가능하도록 하여야 한다.

둘째, 수입자로부터 이러한 통지를 받은 수출자는 약정물품을 포장하고 수취인을 기재하여 부두에 발송하며, 잔교 또는 부선(lighter)에 의한 선적수배를 하여 물품을 지정선내로 적재하는 데에 필요한 모든 수단을 강구하여야 한다. 수출자는 이러한 작업에 관련된 화물취급과 운송비용에 관하여 책임을 진다.

셋째, 수출자는 수입자가 부보할 수 있도록 하기 위하여 선적에 관한 상세한 사항을 수입자 또는 선적항에 있어서의 그 대리인에게 통지하여야 한다.

넷째, 수출자는 수출허가를 취득하여야 하며, 수입자는 통관절차를 이행하고 항만비용을 지급하여야 한다. 수입자가 선적항에서 FOB조건상 그의 의무를 이행하는 데에 있어서 대리인의 서비스를 필요로 할 때가 많다. 수입자는 선박회사가 이러한 업무를 하지 아니할 때에는 수출자를 그의 대리인으로 고용하게 될 것이다. 이것이 바로 오늘날의 무역거래의 실제에 있어서 추가적 업무를 규정하는 FOB조건(f.o.b clause providing for additional services)이 빈번하게 사용되는 이유이다.

6) 선박의 지정

수입자가 물품을 수령할 선박을 수출자에게 지정하지 아니한다면, 매매계약의 내용을 위반한 것으로 되어 손해배상의 책임을 부담하게 된다. 경우에 따라서는 FOB조건이 특정한 선적항을 지정하지 아니하고 FOB United Kingdom port라는 식으로 선적항의 선택을 규정하는 수가 있다. 협의의 FOB조건에 있어서는, 이 선택권은 그 조항 중에 규정된 범위 내의 항구에 선박을 지정한 수입자를 위해서 유리하게 작용하는 것이라고 말할 수는 없다. 그러나 추가적 업무를 규정하는 FOB조건에 있어서는 수입자를 위하여 수출자가 행하는 선박수배를 하는 경우에는, 항구의 FOB조건으로 합의하지만, 수출자가 선적항의 선택권을 유보하려고 할 때에는, 그는 FOB nearest U.K. port라든가 FOB U.K. port of seller's choice라는 규정을 두어야 한다.

7) FOB거래에 있어서 소유권 · 점유권 및 위험의 이전

물품이 FOB조건으로 판매되는 경우에 그 점유권은 물품이 선박의 난간을 넘어 인도될 때에 수입자에게 이전된다. 이것은 앞서 살펴본 바와 같이 수입자가 선박수배를 하고 수입자 또는 그 대리인의 운송인으로부터 직접 선화증권을 수취하게 되는 협의의 FOB매매에 있어서는 중요한 결과를 낳게 된다. 즉 이러한 경우에 대금의 지급에 관하여 특별한 규정이 없는 한 대금의 지급과 물품의 인도는 동시이행조건(concurrent conditions)이 적용된다. 그 결과 협의의 FOB조건을 포함해서 대금지급에 관하여 다른 약정이 없는 한 수입자는 물품이 선박의 난간을 넘을 때에 대금지급 책임이 있는 것이다.

그러나 FOB조건이 수출자에게 추가적 업무의 이행, 특히 선박수배를 의무로 하고 있는 경우에는 사정은 달라진다. 이 경우에 수출자는 운송인으로부터 선화증권을 취득하고 수입자는 선화증권의 제공을 받은 때에 비로소 대금지급의 의무를 부담할 뿐이다. 그 점에 있어서는 선화증권이 수출자 앞으로 작성되든 수입자 앞으로 작성되든 아무런 차이가 없다.

한편 화물의 우발적 손실의 위험은 FOB계약에 있어서는 물품이 선박의 난간을 넘을 때에 수입자에게 이전한다. 다만 수출자가 수입자로부터 요구받은 보험수배에 대한 상세한 사항을 수입자에게 통지하지 아니한 때에는 그러하지 아니하다.

매매법의 일반원칙에 따라 FOB계약에 의해서 판매되는 물품의 소유권은 당사자의 의사에 의하여 이전한다. 수출자가 그 소유권을 유보하고 그 이전을 환어음의 지급 또는 인수조건과 결부시킨 때에는 소유권은 그 조건이 성취한 경우에 이전한다. 그와 다른 경우에 있어서는 당사자의 의사결정에 대하여 다음과 같은 추정이 작용된다. 즉, 협의의 FOB매매에 있어서는 물품이 선박의 난간을 넘을 때에 소유권은 수입자에게 이전하는 것으로 추정되며, 추가적 업무를 규정하는 FOB매매에 있어서는 물품의 소유권은 선화증권이 수출자에 의하여 수입자의 이용에 제공된 때에 이전되는 것으로 추정된다.

요컨대 FOB계약에 있어서는 선박의 난간이 법률가 및 실무가들이 다 같이 중시하는 분계선(dividing line)이다. 선박의 난간은 수출자 또는 수입자가 각각 부담하여야 할 비용을 결정할 뿐만 아니라, 그것은 또한 계약의 이행을 위해서 채용된 법률적 시험대 즉 당사자의 다른 의사가 명백한 경우를 제외하고는 소유권의 이전, 물품의 인도 및 위험의 이전에 있어 분수령이 되는 것이다. 이와 같이 선박의 난간은 수출자와 수입자 간에 있는 법률적 한계(legal frontier)이며, 따라서 FOB계약은 수출자에게 있어 물품이 선박 내로 적재되는 항구에 있어서 이행되는 셈이다.

8) FOB거래와 제 비용

FOB계약상의 수출자가 항만까지의 물품운송비용 및 선박에의 적재비용을 부담하고, 또 물품이 선박의 난간을 넘은 이후에 발생하는 일체의 비용을 수입자의 계산으로 한다는 것은 의심할 여지가 없다. 그러나 실제의 무역거래에서는 통관비용(costs of customs entries), 출항비용(port rates), 선화증권 작성료 등 기타 비용을 누가 부담할 것인가와 같은 문제를 놓고 수입자와 수출자 간에 의견이 대립하고 있다. 많은 사례에 있어서는 해외의 수입자에게 FOB조건으로 판매하는 수출업자는 그 법직 권리를 행사하지 아니하고 이러한 비용에 대해 전부 또는 일부 책임을 수

락하고 있으며, 이러한 경향은 영업상의 관례일 수도 있다. 그러나 이러한 비용의
책임에 관하여 이를 법률적 관점에서 검토하자면 앞서 설명한 2대 법원칙에 따라
해결하여야 한다.

통관·출항 및 선화증권의 비용에 관하여는, 공급 FOB조건(supply f.o.b clause)
과 수출 FOB조건(export f.o.b. clause)과의 구별이 중요하다. 공급거래에 있어서는
어떠한 당사자도 이러한 항목을 지급할 의무는 없다고 생각되지만, 수출거래에 있
어서는 수입자가 부담하여야 한다. 그러나 이러한 부대비용에 관하여는 각 항구마
다 지방관행이 확립된 무역관습의 성격을 가진 것인지에 관해 주의하여야 할 필요
가 있다. 이는 많은 경우에 있어서 당사자는 문제된 항구의 관행에 따라 FOB계약
상의 의무를 해석하려 한다는 것을 주장할 수 있기 때문이다. 더구나 이러한 관행
에는 상당한 차이가 있다는 것은 영국상업회의소가 조사한 바와 같으므로, FOB매
매의 당사자로서는 예컨대 United Kingdom port(excluding charges for customs
entries, bills of lading, and port rates)와 같은 제한문헌을 부기하여 동 조건에 수출자
또는 수입자가 부담하여야 할 비용을 특정하는 것이 바람직하다.

9) FOB와 FAS / FOR / Ex Works

Free alongside ship(port of shipment)조건은 수출자가 자기 비용으로 물품을
선측까지 운반해서 두는 것을 의미하며 선적작업은 수입자의 책임으로 하는 것이
다. 기타의 문제에 관하여는 FOB거래와 동일하다. Free on rail 및 Ex works조건
의 매매는 국내시장에서 이루어지는 매매의 성격을 가지며 매매법의 일반원칙이 적
용된다.

02 CIF조건

1) CIF조건의 발달

CIF(port of destination)조건은 무역거래에 있어서 가장 빈번하게 사용되는 거래
조건의 하나이다. CIF계약은 해상거래(sea-borne commerce)의 목적으로 사용되는

다른 어떠한 계약보다도 가장 광범하고도 빈번하게 이용되는 계약방식이다.

CIF계약은 상인간의 관습의 소산으로서 그 발전과정을 고찰해 보면 흥미있는 점이 있다. 15세기에 있어서 상인들은 선화증권을 사용하기 시작하였으나 이 증권은 18세기경에 이르러서야 권리증권(Documents of title)의 성질을 취득하였으며, 19세기에는 국제적 상관습이 그것을 기초로 하여 수출자와 수입자와의 책임을 분별한 CIF거래를 창출하였다. 20세기에 들어 와서 본래 물품의 인도(Delivery of the goods)에 관한 CIF조건이 널리 일반적으로 인정되는 지급조건(Payment clause), 즉 화환신용장에 의한 지급규정에 의해서 보완되게 되었다.

상인간의 관습으로서 CIF조건의 기원을 살펴보면 CIF계약상 수출자와 수입자의 책임한계가 정확하고 합리적인 데에서 그 이유를 알게 된다. 수출자는 적출항(port of dispatch)까지의 물품수출 및 그 선적, 운임지급을 포함해서 목적항까지 해상운송의 수배를 하며, 목적항까지 물품에 관한 해상보험에 대하여 책임을 부담한다. 이러한 절차는 통상 목적항보다도 적출항에서 하는 편이 훨씬 편리하며 따라서 그것은 당연히 수출자의 권한 내에서 이루어져야 하는 것이다. 그러나 물품이 목적항에 도착한 때에는 수출자의 책임은 종료한다.

다시 말해서 물품의 양육·수입관세의 지급·내국목적지까지 물품의 운송은 수입자의 책임으로 한다. 수입자가 운송의 최종과정에서 발생하는 이러한 상황에 관하여는 수출자보다도 그 처리하기가 적합한 것은 분명한 사실이다. 매매계약상 당사자의 책임에 있어서 이러한 자연적인 분별은 역시 CIF거래에서도 나타나고 있다. 즉, 수출자는 통상 물품의 가격에 추가되어야 할 비용 말하자면 선적비용·도착항까지의 운임 및 보험료를 비교적 용이하게 확정할 수 있는 반면에 CIF조건으로 수취하는 수입자는 이와 마찬가지로 쉽게 물품의 양육가격을 확정하고, 이 확정을 기초로 해서 전매가격을 정할 수 있게 된다. 당사자의 책임에 있어서 이와 같은 자연적인 분별이야말로 특히 상품거래에 있어서 CIF거래의 일반적 속성을 잘 설명해 주는 것이다. 그러나 CIF거래를 제대로 이해하기 위해서는 CIF계약상의 의무이행에 있어서 운송서류가 얼마나 중요한가를 충분히 고찰하여야 한다.

2) CIF의 의미

CIF조건의 의미는 수많은 판례 특히 그 중에서도 영국상원(The House of

Lords)의 판결에 의하여 법률상 확정되어 왔다. CIF계약에 의한 수출자의 책임에 관하여는 다음과 같이 정의를 내린 바 있다.

첫째, 선적항에서 계약상 표시한 물품을 선적할 것
둘째, 물품을 계약상 정해진 목적지에서 인도하기 위하여 운송계약을 체결할 것
셋째, 수입자의 이용에 제공하기 위하여 현행 무역조건에 의한 보험의 수배를 할 것
넷째, 통상 약정대금 또는 원가, 수수료, 운임 및 보험료를 수입자의 채무계정으로 하고, 목적항에서 물품을 인도할 때에 선주에게 지급하여야 할 운임을 수입자의 채권계정으로 하며, 상업송장을 작성할 것

이와 같은 법원판결에서는 수출자가 통상적인 CIF매매에서 발생하는 세 가지의 주요 의무 및 이와 관련된 서류입수의 필요성이 강조되고 있다. 세 가지의 주요 의무는

① 약정물품을 선적하여, 그에 관한 상업송장을 작성하고
② 물품에 관한 해상운송계약을 체결하여 선화증권을 취득하며
③ 물품을 부보하여 보험증권을 취득하는 것이다.

수출자가 이러한 3종의 서류 다시 말해서 선화증권·보험증권 및 상업송장을 취득하여야 한다는 것은 CIF계약상 중요한 의미를 가지고 있다. 이러한 서류는 운송서류(transportation documents)라고 불리고 있으며, 그것을 수입자에게 양도하면 대부분의 경우에 CIF계약을 이행한 것으로 본다. 운송서류는 CIF계약의 이행에는 필요불가결한 것인데 만일 당사자가 개별적인 경우에 그것을 무시하기로 약정한다면 CIF계약이라고 하더라도 그것은 법률상 CIF계약으로서의 성질을 갖지 않게 될 것이다. 더구나 이러한 운송서류는 반드시 다음과 같은 성질을 갖추어야 한다.

즉 해상운송계약 및 해상보험계약에 관한 서류는 그 양도를 받는 수입자로 하여금 물품에 손실 또는 손해가 생긴 경우에 운송인 또는 보험자를 상대로 하여 직접 청구를 할 권리를 부여하는 것이어야 한다. 이는 CIF계약의 본질을 이루는 것인데, 즉 수출자는 단순히 운송서류를 취득할 의무가 있을 뿐만 아니라 이러한 서류가 양도시에 수입자를 운송인 및 보험자와 직접 계약관계에 있게 한다는 특별한 성

질을 가지는 것이 아니면 안 된다. 운송계약에 관해서는 선화증권 또는 선박에 대한 화물인도지시서가 필요하게 되는데 수출자의 대리인 또는 제3자에 대한 화물인도지시서만으로는 불충분하다. 또 보험계약에 있어서는 보험증권 또는 보험자가 보험증권의 발행책임을 부담하는 보험증명서가 필요하다.

3) CIF조건과 법원칙

　　계약당사자가 CIF조건이라고 표시하는 계약에는 다음과 같은 네 가지 법원칙이 적용된다.

- 제1법칙 : 법률상의 의미에 있어서의 CIF매매는 위에 설명한 바에 있는 최소한도의 법적 요건에 합치하여야 한다.
- 제2법칙 : 최소한도의 법적 요건을 충족하지 아니하는 매매는 법률상 CIF매매가 아니다
- 제3법칙 : 당사자는 통상의 CIF매매의 조건을 변형할 수 있다. 다만 최소한도의 법적 요건에 영향을 주지 않는 경우에 한한다. 이러한 변형계약도 법률상의 의미에 있어서는 당연히 CIF매매이다.
- 제4법칙 : 당사자가 CIF계약상 최소한도의 요건에 합치하지 아니하는 방법으로 그 계약 내용을 변경할 경우에는 그 계약은 법률상의 의미에 있어서는 CIF계약이 아니라 양육지선측조건계약(arrival contract) 또는 착선인도조건계약(ex ship contractex ship contract)이다.

　　한편 CIF규정의 정의는 FOB조건의 경우보다 훨씬 명료하고도 엄격하다는 것을 주의할 필요가 있다. 이것은 CIF계약의 의미에 관한 소송이 FOB 조건보다 많이 발생하며, FOB의 중요 사항이 법정에 의하여 명확하게 정의되고 있지 않은 데 비하여 CIF조건에 관하여는 법원판결에 의한 정의를 이용할 수 있다는 사실이다. 그 결과 CIF조건은 FOB조건보다 훨씬 표준화되어 있고 그 변형이 적다.

　　법원이나 실무자가 CIF조건에 명료한 의미를 부여하고 있는 점에 비추어 볼 때 이 조건은 FOB조건의 경우와는 다른 방법으로 접근해야 한다. FOB 조건에 대한 연구는 주로 동 조항에 부여된 통상적인 의미를 확정한다는 문제였지만 CIF조건의 경우는 표준화된 의미를 가지는 조항으로서 당사자가 문언을 사용하든 아니하든 간에, 또 그 거래에 어떠한 명칭을 부여하든 아니하든 간에, 그 계약이 법원에 의하

여 CIF거래로 귀속시키는 데에 불가결한 최소한도의 요건에 합치하지 않는다면 그 것은 진정한 의미의 CIF계약이 아니다.

최소한도의 법적 요건이라 함은 앞서 본 바와 같이 수출자가 운송서류를 취득 하여 이를 수입자에게 제공하지 않으면 안 되고, 운송계약 및 보험계약에 관한 서 류는 이를 수입자에게 양도할 때에 수입자로 하여금 직접 운송인 및 보험자를 상대 로 청구할 수 있다는 것을 말한다. 가령 계약이 당사자에게 의하여 CIF계약이라고 표기되더라도, 이러한 요건에 합치하지 않는다면 그것은 법률상 진정한 CIF계약이 아니다. 물론 당사자는 그가 원하는 대로 자유로이 약정을 맺을 수도 있고 또 그 계 약에 원하는 명칭을 붙일 수도 있으나 그러나 그 계약이 이러한 최소한도의 법적 요건을 충족하지 못할 때에는 그러한 계약에 CIF조건의 효과를 기대할 수 없음을 알아야 한다.

4) CIF조건과 운송서류

운송서류란 선화증권(Bill of Lading), 보험증권(Insurance Policy) 및 상업송장 (Commercial Invoice)을 포함하는 것이지만 CIF계약으로서의 성격을 해치지 않는 이 상 일정한 범위 내에서 다른 서류를 대용하거나 추가서류를 요구할 수 있다.

계약당사자는 원계약에 3종의 주요 서류를 갈음할 서류를 명시하는 것이 바람 직하다. 수출자는 선화증권 대신에 본선화물인도지시서(Ship's delivery order)를, 혹 은 보험증권에 갈음하여 보험증명서(Insurance certificate)를 제공할 권리를 유보하려 고 하는 일이 있으며, 또는 수입자가 운송서류 중에 영사송품장(Consular invoices), 원산지증명서(Certificates of origin) 혹은 품질증명서 또는 중량증명서(Official quality or Weight notes)를 추가하려고 주장하는 수도 있다.

원계약 중에 운송서류가 특정되어 있지 않고 그러한 취지의 거래방식이나 상 관습이 없는 경우에는, 상대방의 동의 없이 대용서류를 제공하거나 추가서류를 요 구할 권리는 없다. 당사자가 CIF계약상의 수출자측에게 통상적인 상업송장을 작성 하고 무고장 선적선화증권(Clean shipped bill of lading)을 취득하며, 통상의 위험을 담보하는 보험증권을 입수할 책임이 있는 것이다.

화물인도지시서는 선화증권보다 법적 지위가 낮다. 후자는 권리증권(Document of title)이지만, 전자는 그러한 성질을 가지지 아니한다. 선화증권은물품의 점유권이 선화증권이 수입자에게 이용가능하게 된 때에 이전하지만, 화물인도지시서의 경우에는 선장 기타 수취인이 소지인에 대하여 양도승인한 때에 한하여 이전한다. 더구나 선화증권의 유가약인(Valuable consideration)에 대한 선의의 수하인 또는 피배서인(Bona fide consignee or Indorsee)은 1855년 영국선화증권법(The Bill of Lading Act, 1855)에 의하여 보호된다. 왜냐하면 동법의 결정에 의하면 선적선화증권(Shipped or on board bill of lading)을 물품의 전부 또는 일부가 선적되지 아니하였다고 하더라도, 선장 기타 선화증권에 서명한 자에 대하여는 선적이 있었다는 결정적 증거로 되기 때문이다. 그러나 물품인도지시서의 소지인은 그러한 보호를 받지 못한다.

선박에 대한 화물인도지시서는 수출자가 1부의 선화증권에 의하여 여러 개의 화물로 구성되는 적화(Consignment)를 발송할 경우에는, 적화보험의 유용한 대용물로 될 수 있다. 이 경우에 만일 수출자가 운송인이 아니라 자기의 지방대리인 앞으로 화물인도지시서를 작성한다면 앞서 본 바와 같이 그 매매는 법률상의 의미에 있어서는 CIF조건의 매매가 아니게 된다.

계약서에 수출자가 선박의 화물인도지시서를 제공할 수 있다는 뜻의 규정이 있는 경우에는 운송인 이외의 자에 대한 화물인도지시서는 수입자가 그 대신 수취할 필요가 없으며 특히 창고업자에 대한 화물인도지시서로서는 불충분하다.

5) CIF조건의 효과

CIF거래에 있어서는 수출자가 물품이 멸실되어 목적항에 도착할 수 없음을 양당사자가 인지하고 있더라도 계약과 일치하는 운송서류를 제시하면 대금을 받을 권리가 있다. 이와는 반대로 물품이 안전하게 목적항에 도착하였고 계약과 일치한다고 해도 만일 수출자가 운송서류를 제공할 수 없을 때에는 물품의 수령을 거절할 수가 있다. 이것은 순수한 법률적 의미에 있어서의 CIF계약 즉 앞서 설명한 최소한도의 법적 요건을 충족하는 계약에만 나타나는 효과인 것이다.

이것이야말로 CIF거래가 다른 어떤 무역거래조건과도 구별되는 특징이 아닐 수 없다. CIF거래의 현실적 목적은 물품의 매매라고 하기보다 운송서류의 매매라고 일컬어지고 있으나 그러한 표현은 반드시 옳은 것이라고 할 수 없다. 그것은 수입자가 물품이 도착한 때에 계약상의 기재 기타의 내용에 합치하지 않는다고 인정하면 이를 거절할 수 있다는 점을 고려하지 않기 때문이다.

실제상의 용도와 목적에서 볼 때에 CIF거래는 수출자가 계약의 내용에 합치된 운송서류를 제공할 때에 여러 가지 면에서 이행되는 것이다. 다시 말해서 그러한 결과는 엄격한 법적 의미에 있어서의 CIF계약에만 전속하는 것이므로 그것이야말로 이러한 종류의 계약과 도착지 인도조건의 계약(Arrival contract)과도 구별되는 특징이라 할 수 있다.

요컨대, 운송서류가 사실상 CIF계약의 주요한 요소이며 CIF계약상의 수출자에게는 운송서류가 계약의 내용에 합치하도록 유념하는 것이 가장 중요한 과제라고 해도 결코 지나친 말이 아니다.

6) CIF조건과 대금지급

대금은 운송서류의 제공을 받을 때에 수출자의 소재지에서 확인화환신용장(Confirmed documentary credit)에 의하여 지급한다는 식으로 당사자가 대금의 지급에 관하여 달리 약정을 하지 않는 한, 수출자는 수입자의 영업소재지에서 서류를 제공할 의무가 있으며, 수입자는 이러한 제공을 받는 즉시 대금을 지급하여야 한다. 운송서류의 일부를 구성하는 선화증권의 인도는 1893년 영국물품매매법 제28조의 규정에 의한 물품의 인도로 되며 앞에서 본 바와 같이 이러한 인도가 있으면 대금을 지급하여야 한다.

7) CIF거래에 있어서 소유권, 점유권 및 위험의 이전

CIF거래에 있어서 소유권이 이전되는 문제를 고찰할 때에는 선화증권의 발행이 이러한 종류의 계약의 이행상 통상적인 계기가 된다는 것을 유의할 필요가 있다. 실제로 운송서류 중에는 당사자가 저순위의 서류로 대용할 것을 합의하지 않는 한 선화증권을 포함하여야 한다.

물품매매계약에 있어서는 권리이전에 적용되는 일반원칙에 따라 다음의 세 가지 경우를 생각해 볼 수 있다.

첫째, 수출자가 소유권의 이전을 정지조건으로 하여 소유권을 유보할 경우에는 그 조건이 성취할 때까지 소유권은 이전되지 아니한다. 그러한 경우란 예컨대 수출자가 수입자에게 화환어음을 제시하거나 또는 대금을 수취할 때까지 그 처분권을 유보할 경우에 발생한다.

둘째, 선화증권이 발행될 경우에 수출자가 선화증권을 수입자 또는 그 대리인의 이용에 제공할 때에 소유권은 수입자에게 이전되는 것으로 추정된다. 이것은 법률상 수출자가 수입자에게 권리를 이전한다는 의사를 표시한 것으로 생각되는 것이므로 이 추정이 생기는 것은 선화증권이 수출자의 명의로 취득되어 수입자에게 배서되거나 또는 직접 수입자 또는 그 대리인 앞으로 작성된 경우이다.

셋째, 선박의 화물인도지시서가 선화증권에 갈음하여 사용될 경우에는 소유권은 화물인도지시서가 수입자 또는 그 대리인의 이용에 제공할 때에 이전될 의사가 있는 것으로 본다.

운송서류가 수입자 또는 그의 대리인에게 제공될 때에 영국물품매매법 제28조의 규정에 의하여 인도, 즉 물품에 대한 점유의 이전이 행하여지지만, 동법의 다른 규정에 의하여 특히 대금의 지급을 받지 못하는 수출자의 유치권을 종료시키는 경우란 물품이 운송인에게 교부될 때에 수출자의 점유도 종료하고 물품은 인도되는 것으로 된다.

그러나 무엇보다 중요한 것은 CIF거래에 있어서 위험의 이전이다. CIF 거래에 있어서 위험의 이전은 FOB거래에 있어서와 같이, 물품이 선박의 난간을 넘을 때에 수입자의 위험으로 들어가는 것으로 추정되고 있다. 이는 특히 주목할 필요가 있다. 왜냐하면 FOB거래에 있어서와는 달리, CIF거래에서는 운송수배는 수출자에 의해서 이루어지기 때문이다. 이러한 법의 원칙에 따라 CIF계약상의 수입자는 자기가 요구하는 보험요건이 통상적인 보험전보를 초과할 경우에는 물품의 운송중 수출자가 부보할 보험에 관하여 원매매계약 중에 명백히 특약해 두지 않으면 안 된다.

보험에 의하여 전보되지 않으며 수출자가 전보책임을 부담하지 아니하는 위험으로 말미암아 물품이 운송중에 멸실한다면 그 손실은 수입자가 부담할 도리밖에 없으며 수출자는 운송서류를 수입자에게 제시할 때에 대금을 청구할 권리를 가진다.

8) CIF와 C&F / CIF&C / CIF&E / CIF&C&I

C&F, CIF&C, CIF&E, CIF&C&I와 같은 조건은 일반적인 CIF조건의 변형 및 수정으로서, CIF계약상 최소한의 법적 요건을 충족하는 것이다. C&F조항은 원가(cost) 및 운임(freight)을 표시하되 보험은 수입자의 계산으로 한다는 의미이다. 따라서 보험이 수출자에 의하여 부보된다고 하더라도 비용은 수입자가 부담한다.

그러나 경우에 따라서는 보험담보의 취득이 전적으로 수입자에게 일임되는 경우도 적지 아니하다. 이 조항은 수출자와 수입자 사이의 책임한계가 자연스럽지 못하기 때문에 일반적이라고 할 수 없다.

그 밖의 CIF조건의 변형 및 수정조건은 특정거래에 사용되는 방식이다. 일반적으로 CIF & C는 수수료가 대금 중에 포함된다는 의미이고, 또 CIF & E라고 할 때에는 E는 외국환(exchange), CIF & C & I라고 할 경우에 C & I는 수수료 및 이자를 말한다.

당사자는 CIF계약상 최소한도의 법적 요건을 저해하지 않는 범위 내에서 자유로 다른 수정조항을 사용할 수 있다.

9) CIF조건과 도착지인도조건 및 착선인도조건

도착지인도조건 또는 착선인도조건은 여러 면에서 CIF조건과 공통된 점이 있다. 즉 계약당사자가 선택하는 인도조건(delivery clause)은 목적항(port of destination)과 관련되고, 수출자는 선박이 목적항에 도착할 때까지의 운임, 기타 모든 비용을 지급할 의무가 있다. 그러나 도착지인도조건의 계약과 CIF계약과의 사이에는 다음과 같은 근본적인 차이가 있다.

전자는 운송서류의 제공에 의하여 이행되는 것이 아니고, 물품 자체를 목적항에서 제공하여야 한다. 수출자가 이를 할 수 없다면 계약에 합치하는 운송서류를 제공할 수 있다는 사실만으로는 아무런 도움도 되지 못하며 대금을 회수할 수도 없는 것이다. 도착지인도조건의 계약에서는 운송서류란 이차적인 의미밖에 없기 때문에 가령 부보하지 않은 채 물품이 운송되었다고 하더라도 약정항(the agreed port)에서 물품을 제공할 수만 있다면 수출자는 대금을 청구할 수가 있다. 따라서 물품은 자연히 운송중에는 수출자의 위험으로 운송되는 것이다. 이와 같이 법적 개념에서 볼 때, 목적항착선인도(Ex ship port of destination)조건의 계약은 선적지본선인도(f.o.b port of shipment)조건의 계약과는 정반대되는 것이지만 CIF계약은 상인간의 관습에 의하여 독자적인 영역을 형성하고 있다.

제6장

정형무역거래조건과 국제무역관습

정형무역거래조건은 비단 Incoterms만을 의미하지는 않는다. 그럼에도 불구하고 정형무역거래조건이라고 하면 Incoterms를 떠올리는 이유는 Incoterms가 범세계적으로 이용되고 있기 때문이다. 본 장에서는 Incoterms를 포함해서 정형무역거래조건과 국제무역관습에 대해 자세히 알아본다.

01 정형무역거래조건의 유형

1) 정형무역거래조건의 의의

(1) 국제무역거래의 쌍무계약성

국제무역거래는 법체계와 상관습을 달리하는 상이한 국가에 소재하는 매도인과 매수인 사이의 물품을 대상으로 하는 매매거래이며, 국제무역계약은 계약의 성립과 동시에 의무를 부담하는 쌍무계약이므로 무역 계약의 체결에 있어서는 무엇보다도 매매 당사자의 법률관계 즉 권리 의무의 내용을 명확히 해두는 것이 중요하다.

(2) 정형무역거래조건의 의의

정형무역거래조건이란 국제 무역거래에 있어서 매매거래 당사자가 부담하는 의무의 내용을 약관(조건)별로 정형화한 것으로서 국제무역관습의 다양성에서 오는 혼란을 피하기 위하여 표준화 내지 통일화가 이루어진 조건을 의미한다. 즉, 국제물품매매거래에서는 오랫동안 매매당사자의 의무에 관하여 정형화된 내용을 가진 FOB나 CIF와 같은 조건들이 관용되고 있는데 이와 같은 조건들을 정형무역거래조건이라 한다.

2) 정형무역거래조건의 필요성

(1) 계약내용 열거의 불편함 제거

국제무역거래시에 매매당사자가 부담하는 권리와 의무의 내용을 거래를 할 때

마다 구체적으로 약정하고 이를 계약에 열거한다는 것은 대단히 번잡하고 불편한
데, 정형무역거래조건의 내용에는 일정한 권리와 의무의 내용이 정형화되어 있으므
로 이를 채용하여 불편함을 제거하고 있다. 국제매매계약 체결하는 데 있어 번잡과
불편, 혼란을 없애기 위하여 거래조건 즉 무역물품의 매매거래에 따른 당사자의 의
무 내용을 정형화할 필요가 있다.

(2) 상관습의 해석에 관한 분쟁의 회피

국가와 지역마다 상관습이 다를 수 있으며, 이의 해석에 관한 분쟁의 발생위험
을 배제할 수 없으므로 국제매매거래에 관련된 상관습의 정형화가 필요하다.

(3) 무역거래의 간소화

정형무역거래조건은 국제무역거래 당사자간의 물품의 매매에 따른 법률적 문
제에 관하여 각국 관행의 최대공약수를 정형화시켜 표시하므로 매매 당사자는 정형
무역거래조건을 채택함으로써 무역거래를 간편하게 할 수 있다.

3) 정형무역거래조건의 기능

(1) 계약내용의 보완적 기능

정형무역거래조건은 매매 당사자간에 명시적으로 체결된 계약 내용의 보완적
기능을 한다.

(2) 법률문제의 해석기준

당사자가 합의하여 채택한 정형무역거래조건이 매매 계약에 관련된 복잡한 법
률문제의 해석기준이 된다.

4) 매매계약 관련 정형무역거래조건의 종류

매매당사자의 권리의무관계의 내용을 정형화시킨 대표적인 정형무역거래조건
은 다음과 같은 것들이 있으며 당사자가 채택하는 합의를 하면 당사자를 구속하게
된다.

첫째, ICC의 INCOTERMS(International Rules for the Interpretation of Trade Terms)

둘째, ILA(International Law Association)의 Warsaw−Oxford Rules

셋째, 미국의 미국무역정의(Revised American Trade Definitions)

넷째, 미국의 통일상법전(Uniform Commercial Code)

다섯째, UN의 CISG(Contracts For The International Sale Of Goods)

5) 정형무역거래조건의 내용

정형무역거래조건은 매매 거래 당사자의 의무의 내용 즉, 매매에 따른 법률관계의 내용을 규정하고 있으며 주요 내용은 다음과 같다.

(1) 인도의무 완료의 지점

인도란 특정인이 타인에게 행하는 자발적인 점유의 이전이며, 매도인이 매매계약의 내용에 따라 매수인의 임의처분하에 물품의 점유를 이전하는 것을 의미한다. 인도의무는 매매계약의 당사자인 매도인의 최대의무로서 정형무역거래조건에서는 보편적으로 매도인이 인도의무를 완수하는 장소를 구체적으로 규정한다.

(2) 위험부담의 분기점

위험부담이란 물품의 소유권자가 물품의 멸실이나 손상에 대한 위험을 부담하는 것을 의미하며, 위험부담의 분기점이란 매매거래 대상물품이 수출국의 매도인으로부터 수입국의 매수인에게로 이동하는 과정중의 물품의 멸실이나 손상에 대한 위험부담이 매도인으로부터 매수인에게로 이전하게 되는 일정 시점 및 일정 장소를 의미한다. 각 정형무역거래조건에서는 거래 대상물품이 멸실 또는 손상되었을 때에 그 위험부담, 즉 멸실이나 손상으로 인한 손해가 이 당사자 가운데 누구에게 귀속되는가를 규정하고 있다.

(3) 비용부담의 분기점

국제무역거래에 수반하여 발생하는 여러 가지의 비용요소 가운데 어떤 비용들을 매도인의 부담으로 하고 나머지 비용을 매수인의 부담으로 할 것인가의 문제로 이것이 곧 가격조건에 관한 것이다. 정형무역거래조건은 매도인이 매수인에게 판매

가격을 견적함에 있어서 물품의 가격에 포함시켜야 할 수출입 요소비용의 범위를
정형화시킨 것이다.

6) 국제물품의 매매계약에 관한 협약(CISG)상의 비용부담의 이전

(1) 비용부담의 이전의 의의

국제물품매매거래시 비용이란 물품의 원가 및 이윤과 함께 물품의 매매가격의
구성요소에 해당하며, 물품의 원가 및 이윤을 동일하다고 가정하면 결국 비용이 매
매가격의 수준을 결정한다고 할 수 있다. 국제물품매매거래시에는 국내거래와 달리
물품의 이동에 관련한 많은 비용요소들이 있는데 이러한 비용부담요소의 귀속에 대
한 당사자간의 합의의 내용에 따라 일정시점 및 장소 이후의 비용을 매수인이 부담
하는 것을 비용부담의 이전이라 한다.

(2) CISG상의 규정

CISG란 각국의 상이한 물품매매법을 통일할 목적으로 UN이 1980년에 제정하
여 1988년 발효한 국제물품의 매매계약에 관한 협약이다. CISG는 매매계약의 성립
및 당사자의 의무, 당사자의 의무위반에 대한 구제조치, 위험부담의 이전에 관한 규
정을 두고 있으나 비용부담의 이전에 관한 규정은 두고 있지 않다.

(3) CISG를 준거법으로 한 매매거래의 비용부담

CISG를 준거법으로 한 매매거래에서의 비용부담의 이전은 당사자간 합의 및 그
준거법에 따르게 되는데, 보통 당사자가 채택한 정형무역거래조건에 따르게 된다.

(4) 매도인의 제공서류

현물의 거래가 주종인 국내 상거래와 달리 국제무역거래는 격지자간의 매매거
래이므로 물품에 관련된 서류가 대단히 중요한 역할을 하며 매도인이 어떤 서류를
물품의 인도와 함께 제시할 것인가를 규정하는 것이 중요하다. 대부분의 정형무역
거래조건은 물품의 인도와 더불어 매도인이 제공해야 하는 서류에 대하여 규정하고
있으며, 2000년 인코텀스(INCOTERMS 2000)는 각 정형거래조건에서 매도인의 서류
제공 의무를 규정하고 있으며, 매도인의 제공하는 서류는 다음과 같이 구분해 볼

수 있다.

① 필수적 제공서류

매수인의 요청이 없더라도 매도인이 당연히 제공할 의무를 부담하는 서류를 말하며 이것은 어떤 정형무역거래조건을 택하느냐에 따라 달라질 수 있다.

② 임의적 제공서류

매수인의 요청이 있을 때에 한하여 그의 위험과 비용부담으로 제공하는 서류들이다.

02 INCOTERMS의 변천과정

앞의 제1장 국제무역관습의 이해를 통해 인코텀스를 비롯한 몇 가지의 주요한 정형무역거래조건을 다루었다. 이제 인코텀스의 변천과정을 자세히 살펴본다.

1) INCOTERMS의 의의

인코텀스(INCOTERMS)란 International Commercial Terms의 관습적 약어로 국제무역거래(매매거래)에 관한 조건들이라는 의미로, 11가지의 개별적인 무역조건으로 구성된 국제상업회의소(ICC: International Chamber of Commerce)가 제정하여 현재에 이르기까지 8차례에 걸쳐 개정된 정형무역거래조건의 해석에 관한 국제규칙(International Rules for the Interpretation of Trade Terms; INCOTERMS의 정식명칭)을 의미한다. 다만 제7차 개정된 INCOTERMS 2010 이후에는 영문명을 ICC Rules for the Use of Domestic and International Trade Terms로 하고 있다.

2) INCOTERMS의 제정

(1) 제정배경

① 무역거래시 정형거래조건의 활용

무역계약은 쌍무계약으로서의 성질을 가지므로 무역계약의 성립과 동시에 매도인과 매수인은 계약내용대로 이행할 의무가 있다. 매매거래 당사자가 부담하는 매우 다양한 의무를 거래를 할 때마다 일일이 열거하는 것은 실무상 복잡하고 번거로우므로 FOB나 CIF와 같은 간단한 정형무역거래조건을 이용하여 거래하는 것이 일반적이다.

② 정형거래관습의 상이성

정형화된 무역거래 조건무역거래 조건도 국가나 지역에 따라 각기 다른 상관습과 실정법 체계 때문에 그 해석에 통일성이 결여된다면 국가간 혹은 당사자간 무역분쟁의 원인이 된다.

③ 동일한 정형거래조건의 통일적 해석 추구

동일한 정형무역거래조건 또는 정형무역거래관습의 해석의 상이함에 따른 불확실성을 배제하도록 통일된 국제 규칙에 의한 확실성을 추구하게 되었다.

(2) INCOTERMS의 제정

① 제정경위

세계 각국에서 관용되고 있는 무역조건이 그 해석이나 적용이 다양하여 무역업자간에 오해나 분쟁을 일으키고 결국에 소송으로 번지는 경우가 많기 때문에 국제무역의 확대 및 발전에 많은 혼란과 지장을 초래하게 되므로, 이를 사전에 예방하여 국제무역의 확대와 발전을 도모하고자 하여 국제상업회의소(ICC: International Chamber of Commerce)가 1920년에 창립되었다. 그 후 첫사업으로 이러한 무역거래에서 빈번하게 사용되는 정형무역거래조건들을 국제적으로 통일시키려는 작업을 시작하였으며, 그 노력의 결과 1936년 "정형거래조건의 해석에 관한 국제규칙"(INCOTERMS : International Rules for the Interpretation of Trade Terms)을 제정하였다.

② 제정목적

외국과의 무역거래에서 가장 일반적으로 사용되는 정형무역거래조건의 해석에 관하여 일련의 통일된 국제규칙을 제공하는 것을 목적으로 제정되었다.

3) 개정과정

1936년 인코텀스 제정 이후 무역관습의 변화에 대응하기 위하여 1953, 1967, 1976, 1980, 1990, 2000, 2010, 그리고 2020년에 개정되어 오늘에 이르고 있다.

(1) 제1차 개정(INCOTERMS 1953)

① 경 위

제2차 세계대전의 종전 후 ICC는 제정 1936년 인코텀스의 11개 조건 중 2개 조건을 삭제하고 9개 조건만으로 1953년 인코텀스를 공표하였다.

② 개정이유

제정시의 11개 조건 중 지정선적항 반입인도(free−named port of shipment)조건과 지정목적지 반입 인도(free or free delivered−named point of destination) 조건이 서로 혼동되기 쉽고 각국의 해석이 너무 다르며, 실제 무역거래에 거의 이용되지 않았기 때문이다.

(2) 제2차 개정(INCOTERMS1967 : Montreal Rules)

제2차 개정에서는 국경인도조건(DAF)과 통관반입인도조건(delivered duty paid−named place of delivery)을 1967년 제2차 몬트리얼 총회에서 채택하여 1953년 인코텀스에 추가 보완되었다.

(3) 제3차 개정(INCOTERMS1976 : Supplement)

공항인도조건(FOA: FOB Airport−named airport of departure)이 1976년 제정되어 부록에 수록되었다.

(4) 제4차 개정(INCOTERMS1980)

① 개정의 배경

1950년대에 등장한 컨테이너 운송이 1970년대부터 본격화되기 시작하여 문전에서 문전(door to door) 운송을 위주로 하는 복합운송이 비약적인 발전을 하기 시작함에 따라 개정할 필요성이 높아졌다.

② 개정의 주요 내용

기존의 조건을 무역환경의 변화에 맞추어 개정하고 아래의 두 가지 조건을 신설하여 총 14종의 조건으로 구성되는 1980년 인코텀스를 발표하였다.

ⓐ DCP조건으로 개정

Freight or Carriage paid to 조건을 복합운송에 적용할 수 있도록 DCP조건으로 정형화하였다.

ⓑ FRC와 DCP의 신설

운송환경의 변화에 대응하여 지정지점 운송인 인도조건(FRC: Free Carrier-named point) 조건과 지정목적지점 운임 보험료 지급필 조건(CIP: Freight or Carriage and insurance paid to-named point of destination)을 신설하였다.

ⓒ 약호의 사용

ICC는 총 14종의 정형거래조건을 각각 3자씩의 국제부호를 정하여 사용하도록 하였다.

(5) 제5차 개정(INCOTERMS1990)

① 개정 배경

제4차 개정 1980년 인코텀스 이후의 운송과 통신기술의 계속적인 변화에 따라 일부 조건들을 통합하거나 재조정하여 무역환경의 변화에 대응할 필요성이 있었으며, 구체적인 개정의 필요성은 다음과 같다.

ⓐ 운송환경의 변화에 대응

컨테이너 운송컨테이너 운송과 복합운송복합운송이 많은 발전을 하고, RO/RO 운송방식 등으로 운송기술이 변화·발전한 것에 대응할 필요성이 있었다. 특히 FCA조건은 모든 운송방식에 적합하도록 개정하였다.

ⓑ EDI(전자데이터 교환방식)에 대응

1980년대에 컴퓨터 기술의 발달로 전자데이터 교환방식(Electronic Data Interchange)이 서류의 발행, 전송 등에도 사용될 수 있게 됨에 따라 새로운 발달에 충분히 대응할 수 있도록 준비할 필요성이 있었으며, 최근 EDI의 사용 증대에 부응하여 당사자 간에 선하증권과 같은 유통성의 서류뿐만 아니라 기타 서류를 제공함에 있어 EDI를 대용할 수 있게 하였다.

ⓒ 구성의 체계화

ⓐ 참조의 편의 도모

인코텀스의 구성면에서도 매도인과 매수인이 각 항목별로 의무사항을 비교할 수 있도록 하여 활용상의 편의를 도모하고자 했다.

ⓑ 4개의 그룹으로 분류

실무적으로 식별하기 쉽도록 13가지 무역조건을 근본적으로 서로 다른 4가지 그룹으로 분류하고 개별 무역조건별로 매도인과 매수인의 의무를 비교 및 대조가 용이하도록 10개의 의무 내용별로 체계화하였다.

② 개정의 주요 내용

Ⓐ FOA(공항인도조건)과 FOR/FOT 조건의 폐지

개정 1990년 인코텀스는 공항인도조건(FOA)과 철도인도조건(FOR) 및 화차인도조건(FOT)을 폐지하고 운송인 인도조건(FCA)으로 흡수·통합하였다.

Ⓑ 운송방식에 따른 거래조건 채택

1990년 인코텀스는 운송방식에 따라 제한이 있는 정형거래조건과 제한이 없는 정형거래조건을 명시하여 구분하고 있다.

ⓐ 해상운송 및 내수로 운송에만 사용이 제한되는 조건

FAS, FOB, CFR, CIF, DES, DEQ조건

ⓑ 운송방식에 관계없이 사용될 수 있는 조건

EXW, FCA, CPT, CIP, DAF, DDU, DDP조건

ⓒ 관세미지급인도조건(DDU: Delivered Duty Unpaid)의 신설

1990년 인코텀스는 DDP조건을 분리하여 DDU조건을 신설하였다.

ⓓ 거래조건 약호 변경

1990년 인코텀스는 기존의 거래조건에 대한 약호를 다음과 같이 변경하였다.

㉠ FRC → FCA

㉡ DCP → CPT

㉢ EXS → DES

㉣ EXQ → DEQ

ⓔ 거래조건별 당사자의 의무의 단순화 및 명확화

1990년 인코텀스는 매도인과 매수인의 세부 의무 조항을 10개 항으로 구분하여 대칭이 되도록 함으로써 비교검토를 용이하게 하였다.

ⓕ EDI에 대응

EDI의 사용 증대에 따라 EDI에 의한 서류도 운송서류에 상응하는 서류로 인정할 수 있게 하였다.

(6) 제6차 개정(INCOTERMS 2000)

① 개정 이유

2000년에 6차 개정을 하게 되었다. 개정을 하게 된 주요 이유로는 해상에서의 거래 인수지점이 더 이상 전통적인 FOB지점(본선의 난간 통과)이 아니고 오히려 해상이나 결합되는 다른 수단들에 의한 후속 운송을 위하여 컨테이너 속으로 물품이 적입되는 지점이 되는 빈번한 사례를 다루기 위하여 FCR조건이 재도입되었다.

또한 1990년 인코텀스 개정에서, 매도인의 인도의 증거를 제공하는 의무를 다루는 조항들이 당사자들이 전자적으로 통신할 것을 합의했다는 것을 조건으로 EDI 통신문에 의한 종이서류 구비의 대체를 허용했었다. 말할 필요도 없이, EDI에 의한 전자무역거래가 활발하게 되어 인코텀스의 초안과 제시 때 실질적인 성취를 촉진하기 위하여 당시의 상관습에 인코텀스를 적응시킬 필요성이 발생했기 때문이다.

② 개정의 주요 내용

1990년 인코텀스의 내용과 비교하여 볼 때 2000년 인코텀스는 그 전체 구성의 변화나 개별 정형거래조건의 추가나 삭제는 없으며, 인코텀스 서문상에서 언급된 주요 변화의 내용과 서문에서 언급하고 있지 않더라도 특기할 내용은 다음과 같다.

Ⓐ 통관 및 관세지급 의무에 관한 변화

ⓐ FAS조건

1990년 인코텀스의 FAS조건에서는 매수인이 수출통관절차를 이행하고 수출시에 부과될 수도 있는 관세 및 제세 공적인 경비를 부담하도록 규정되었으나 개정 2000년 인코텀스에서는 이를 매도인의 의무로 규정하여 상거래 현실에 부합하도록 규정하였다.

ⓑ DEQ조건

1990년 인코텀스의 DEQ조건에서는 매도인이 수입통관절차를 이행하고 물품의 수입시에 부과되는 관세 및 제세, 기타 공적인 경비를 매도인이 부담하도록 하는 duty paid를 규정하고 있었으나, 개정 2000년 인코텀스는 이를 매수인의 의무로 규정하여 현행 상관습에 부합하도록 규정하였다.

ⓑ 적재 및 양륙의무에 관한 변화

ⓐ FCA조건

1990년 인코텀스의 FCA조건하에서 매도인은 물품을 운송인의 관리하에 물품을 인도함으로써 위험이 매수인에게 이전하고 인도의무는 운송형태가 해상, 내수로, 항공, 철도, 도로, 복합운송 및 미지정 운송인 경우로 구분하여 각각 인도가 완료되는 시점과 장소를 명시하였다. 그러나 개정 2000년 인코텀스에서는 물품의 인도를 위하여 지정된 장소가 매도인의 구내인 경우와 그렇지 않은 경우로 구분하여 전자의 경우 매수인이 보낸 집화차량에 물품이 적재되는 때에 인도가 완료되고, 후자의 경우에는 매도인에 의하여 제공된 차량에서 물품이 양륙되지 않은 상태로 매수인에 의하여 지정된 운송인이나 다른 자의 임의처분하에 적치되는 때로 규정하여 현실에 부합하는 간결하고 명료한 규정으로 개정하였다.

ⓑ DDU와 DDP

1990년 인코텀스의 DDU와 DDP조건에서는 매도인이 물품을 매수인의 임의처분하에 두어야 한다고만 규정하고 있었던 것을 2000년 인코텀스에서는 지정된 목적지에서 매수인에게 또는 매수인에 의하여 지명된 다른 자에게 물품을 인도하여야 한다고 규정하고 있으며, 지정장소가 매수인의 구내 또는 그의 통제하의 다른 장소인 경우에는 물품이 도착한 운송수단에서 양륙되지 않은 상태로 매수인의 임의처분하에 적치된 때에 인도의무가 완료되고, 그 외의 경우는 매수인이나 매수인의 대리인에 의하여 제공된 집화를 위한 운송수단에 적재 완료된 때라고 하여 적재 및 양륙의무에 대한 구체적인 규정을 두고 있다.

ⓒ 운송형태에 대한 제한의 현실화

1990년 인코텀스의 규정에서는 13가지의 정형거래조건 중에서 FAS, FOB, CFR, CIF, DES, DEQ 조건에 대해서 해상운송이나 내수로 운송에 한정하여 사용하도록 하고 있다. 개정 2000년 인코텀스에서는 이 여섯 가지의 정형거래조건에 제한을 두고 있는 것은 같으나 DES와 DEQ의 규정에서는 해상운송이나 내수로 운송 또는 목적항에서 선박으로부터 부두 상으로 양륙하는 것을 조건으로 한 복합운송에 의하여 물품이 인도되는 때에 한정하여 채용되어야 한다는 것을 추가로 규정하고 있다.

Ⓓ 기타 주요 특징

ⓐ 용어 해설의 추가

개정 2000년 인코텀스는 서문에서 'shipper', 'delivery', 'check'와 'inspection' 과 같은 용어에 대한 해설을 하여, 가능한 한 용어(terminology)의 일관성을 기하고 자 하였으며, 특히 1980년 국제물품매매계약에 관한 유엔협약(CISG)과 일치시키고 자 노력하였다.

- '송화인'(shipper)이라는 용어는 운송을 위하여 물품을 교부하는 자와 운송계 약을 체결하는 자를 나타내는 것으로 FOB 계약의 경우 양자가 서로 다를 수 있지만, 이들을 모두 하나로 사용하였다.

- '인도'(delivery)라는 용어는 매도인의 인도의무를 완료시점으로 결정할 경우와 매수인의 인도수령 또는 승낙의무에 관계되는 경우에는 서로 다른 의미로 사 용되고 있다. 특히 'C'조건에서 '인도의 승낙'이라고 할 경우에, 이는 물품이 계약과 일치함을 승낙한다는 것이 아니라 운송계약에 따른 물품의 교부의무 를 이행함을 승낙한다는 의미일 뿐이라고 구분하여 규정하고 있다.

- 일부 정형거래조건에서는 매매당사자의 의무와 관련하여 '합리적'(reasonable) 이라는 문언보다는 '통상적'(usual)이라는 문언을 주로 사용하였는데, 전자가 법률적인 해석을 요하는 주관성이 있는 반면에, 후자는 관습과 현실의 문제로 서 객관성이 있어서 훨씬 더 명확한 안내지침이 될 수 있기 때문이라고 밝히 고 있다.

- 수출 또는 수입통관과 관련하여 '공적 경비'(official charges)라는 용어를 사용 하면서 '공적'이라는 수식어를 삭제하였다. 그렇다고 하여 통관업무에 필수적 으로 관련되지 아니하고 사적인 당사자에 의하여 부과되는 비용(보관료 등)도 그러한 경비에 포함된다는 것은 아니라고 규정하고 있다.

- 인도장소에 관련하여 '항구'(ports), '장소'(places), '지점'(Points) 및 '영업소구 내'(premises)를 구분하여 사용하였다. 즉, 해상인도조건에서는 '항구', 기타 모 든 조건에서는 '장소'를 각각 사용하고, 그 장소 내에서도 구체적인 인도장소 를 지칭할 때 '지점'이라는 표현을 사용하고, 특히 이것이 매도인의 장소인 경

우 '매도인의 영업소구내'라는 표현을 사용하였다.

- 해상인도조건에서 '선박'(ship)과 '본선'(Vessel)이라는 표현은 동의어로 사용하고, 특히 전통적인 표현에서는 'ship'이라는 용어를 사용하였다고 규정하고 있다.

- '점검'(checking)과 '검사'(inspection)는 동의어지만, 매도인의 인도의무에 관련해서는 전자를, 선적전 검사에 관련해서는 후자를 각각 사용하였다고 밝히고 있다.

ⓑ 위험과 비용의 조기 이전

물품의 위험과 비용부담의 의무는 매도인의 인도의무가 완수된 때에 매수인에게 이전하는 것이 원칙이지만, 인코텀스상의 모든 정형거래조건에서 매수인의 인도수령의무의 불이행이나 매도인의 인도를 위한 지시를 부당하게 이행하지 않는 경우에는, 물품은 계약에 정히 충당되어 있는 것을 조건으로, 인도가 있기 전에도 위험과 비용이 이전할 수 있다는 것을 명시하고 있다.

ⓒ "no obligation"의 의미

"의무 없음"(no obligation)에 관련하여 인코텀스에서는 각 당사자의 상대방에 대하여 부담하는 의무만을 규정하고, 의무를 부담하지 아니할 때에는 "의무 없음"이라는 표현을 사용하였지만, 그러나 이것은 당사자 자신의 이익을 위하여도 당해 업무를 이행할 필요가 없다는 의미가 아니라고 규정하고 있다.

ⓓ 인코텀스의 변형조건들

인코텀스는 각 거래조건에 어떠한 의무를 추가한 변형, 예컨대 "EXW loaded", "FOB stowed", "FOB stowed and trimmed" 등을 사용할 경우 매도인이 그 비용만을 부담한다는 것인지 또는 비용과 위험 모두를 부담한다는 것인지에 대한 포괄적인 규정을 두고 있지 않으므로 당사자들이 매매계약서에서 분명하게 밝혀두는 것이 좋다고 규정하고 있다.

ⓔ 선적장소에 대한 매수인의 선택권

일부 정형거래조건의 경우 물품의 인도장소가 어느 구역이나 광범한 장소로 명시되어 있을 때 매수인이 그 정확한 지점을 지정할 권리나 의무를 갖도록 규정하고 있으며, 매수인이 정해진 의무를 이행하지 아니한 경우에는 이로 인한 위험과 추가비용을 부담하여야 하며, 또 이러한 경우 매도인에게 그 지점을 선택할 권리를 부여하도록 하고 있다.

ⓕ 통관의무

인코텀스(INCOTERMS)에서 '통관'(customs clearance)에 관한 의무는 관세와 기타 경비의 지급, 세관을 거치는 모든 행정적인 의무의 이행과 지급 및 당국의 정보도 포함하는 것으로 범위를 정하였으며, 또 통관절차가 요구되지 아니하는 지역에서도 이 규정을 애매함이 없이 사용할 수 있도록 "적용가능한 경우"(where applicable)라는 문언을 추가해 두었다. 또 통관절차는 그 이행국가의 거주자가 하는 것이 바람직하기 때문에, 수출통관은 EXW조건을 제외하고 모두 매도인이 이행하도록 하고, 수입통관은 DDP조건을 제외하고 모두 매수인이 이행하도록 하였다.

ⓖ 포장

2000년 인코텀스에서는 매도인에게 목적지까지 물품의 안전한 운송을 위한 포장을 할 것을 요구하고 있는데, 매도인은 운송을 위하여 요구되는 방법으로, 그리고 계약의 체결 이전에 운송에 관하여 알려진 범위 내에서 포장하도록 규정하고 있다.

ⓗ 물품의 검사

2000년 인코텀스에서는 물품의 선적전검사(PSI)가 매수인의 이익을 위하여 이행되는 경우에는 그 비용은 매수인이 부담하도록 하였으며, 또 그러한 검사가 수출국가의 당국에 의하여 요구된 경우에는 통관의무자 즉, EXW조건을 제외하고 그 비용은 매도인이 부담하도록 하였다.

ⓘ 운송방식에 따른 정형거래조건의 채용

각 정형거래조건의 전문에 그것이 복합운송을 포함한 모든 운송방식에 사용가능한지 또는 해상운송에만 사용가능한지의 여부를 밝히고 있다.

ⓙ 전자상거래

인코텀스는 전통적인 선하증권의 기능인 물품인도의 증거, 운송계약의 증명 및 물품에 대한 권리의 이전수단으로서 이와 동등한 법적 효력을 갖는 전자통신문의 사용에 대비한 규정을 두고 있다. 이를 위하여 1999년부터 시범운용 중에 있는 BOLERO 서비스, 1990년에 제정된 CMI의 전자식 선하증권관한 규칙 및 1996년에 제정된 UNCITRAL 전자상거래 모델법 등의 관련규정도 원용할 수 있도록 개방해 두고 있다.

ⓚ 운송인에 대한 지시권

인코팀스에서는 'C'조건의 경우 비유통성의 서류를 사용하면 매수인이 대금을 지급한 후에도 매도인이 운송인에게 다시 물품처분을 지시할 가능성이 있기 때문에, 1990년에 제정된 CMI 해상화물운송장 통일규칙을 원용하여 '처분권금지'(no-disposal)조항을 규정하여 이를 방지할 수 있도록 하고 있다.

ⓛ ICC 중재조항

매매계약상에 인코팀스를 당사자들이 채택한 정형거래조건의 해석규칙으로 준거한다는 문언을 삽입한다 하더라도 이것이 곧 ICC 중재에 회부한다는 합의로 볼 수만은 없으므로, 계약당사자들은 ICC 중재에 관한 별도의 명확한 합의규정을 두도록 권고하고 있다.

ⓜ EXW조건

- 인도장소의 범위 확장

    '작업장 인도'조건이라 함은 매도인의 영업장구내에서 물품을 인도하는 것으로서, 구체적인 인도장소를 매도인의 영업소 구내뿐만 아니라, 기타의 장소로서 작업장, 공장, 창고 등을 인도장소로 지정할 수 있도록 범위를 확장하였다.

- 매수인의 수출통관이 불가능한 경우 FCA조건 채용의 요건

    매수인이 매도인의 영업소구내에서 물품을 수령하되 수출통관을 할 수 없을 경우 이를 FCA조건으로 전환하려면, 매도인이 차량적재비용과 위험에 대한 부담을 동의하여야만 가능하도록 명시하였다.

- 매수인의 비용부담

    EXW조건에서 물품의 수입시 및 제3국으로의 통과시에 지급되는 비용은 매수인의 비용부담 의무에서 삭제하였는데, 그 이유는 EXW조건하에서 이러한 비용은 매수인이 매도인에 대하여 의무로서 부담하는 것이 아니라, 매수인 자신의 이익을 위하여 부담하게 되는 것이기 때문이다.

ⓝ FCA조건

- 인도의무

    '운송인인도'조건이라 함은 지정된 운송인에게 물품을 인도하는 것으로서, 개정 인코팀스에서는 운송인에 대한 인도의무의 완료시점을 단순화하여 1990년 인코팀스에서의 운송형태에 따른 인도의무의 완료시점에 대한 열거규정을 삭

제하고, 매도인의 영업소구 내에서 이루어질 경우와 기타 모든 지정장소에서 이루어질 경우의 두 가지로만 구별하고 있다.

- 적재 및 양륙의무

  FCA조건하에서 인도장소를 매도인의 영업소 구내로 선택한 경우에는 매도인이 차량적재의 책임을 부담하지만, 기타의 장소를 선택한 경우에는 매도인이 지정된 장소에서 운송인에게 도착한 운송수단으로부터 양륙인도 할 책임을 부담하지 아니한다고 규정하고 있다.

  ⊙ FAS조건

  1990년 인코텀스에서는 매수인이 수출통관을 이행하도록 하였으나 개정 2000년 인코텀스에서는 무역관습에 맞추어 그 반대로 수출국가에 거주하는 매도인이 수출통관을 이행하도록 수정하였다.

  ⓟ FOB조건

  '본선인도'조건은 선적항에서 본선의 난간 너머로 물품을 인도하는 것이지만, 당사자들이 본선의 난간을 분기점으로 인도할 의도가 없는 경우에는 이 조건 대신에 FCA조건을 사용할 것을 권고하고 있다.

  ⓠ CFR조건

- 제3국 통과운송비용의 포함

  '운임포함인도'조건은 매도인이 선적항에서 본선의 난간너머로 물품을 인도하되 목적항까지의 운임(freight)을 지급하는 조건으로 운송계약이 제3국으로의 통과운송을 포함하는 경우에는 그 비용도 매도인이 부담하도록 내용을 보완하였다. 이는 CIF조건에서도 마찬가지이다.

- 통상적인 운송서류의 요건

  개정 2000년 인코텀스에서는 1990년 인코텀스에서 매도인이 용선계약 선하증권을 제공하는 경우에는 반드시 용선계약서 사본도 첨부하도록 하였던 조항을 삭제하였다. 이것은 제5차 개정 신용장 통일규칙에서 용선계약 선하증권을 발급할 때 용선계약서를 심사대상의 서류에서 제외시켰고, 또 해운실무에서도 선하증권을 발급할 때 용선계약서의 사본을 첨부하지 아니하는 관습을 반영한 것으로 볼 수 있는데, CIF조건에서도 동일한 취지로 규정하고 있다.

ⓡ CIF조건

'운임보험료포함인도'조건은 선적항의 본선의 난간 너머로 물품을 인도하되 목적항까지의 운임(freight)과 보험료(insurance premium)를 지급하는 조건으로 매수인이 추가보험계약을 위하여 필요한 정보를 계약상의 물품명세로부터 알 수 없을 경우에는, 매도인이 이에 관한 정보도 제공해 주도록 내용을 보완하였는데, 이러한 취지는 CIP조건에서도 동일하다.

ⓢ CPT조건

'운송비지급인도'조건은 매도인이 자신이 선택한 운송인에게 물품을 인도하되 목적지까지의 운송비(carriage)를 지급하는 것으로서, 운송계약에 포함된 경우에는 제3국으로의 통과비용도 매도인이 부담하도록 내용을 보완하였으며, CIP조건에서도 이와 동일한 취지를 규정하고 있다.

ⓣ CIP조건

'운송비·보험료지급인도'조건은 매도인이 자신이 선택한 운송인에게 물품을 인도하고, 지정된 목적지까지의 운송비와 보험료를 지급하는 조건으로, 앞의 CIF와 CPT조건에 언급된 바와 같이 개정이 이루어졌다.

ⓤ DAF조건

－ 매수인의 도착한 운송수단으로부터의 양륙의무

'국경인도'조건은 국경의 지정장소에서 물품을 인도하는 것으로, 물품을 양륙 (하차)지 아니한 상태로 인접국가의 국경에 도착하는 운송수단 상에서 인도하는 조건임을 명확히 하였다.

－ 육상의 국경에서의 인도

DAF조건은 육상의 국경에서는 운송방식에 관계없이 사용할 수 있으나, 해상의 갑판상이나 부두상에서 인도할 경우에는 오히려 DES나 DEQ조건을 사용하도록 권고조항을 두었다.

－ 최종목적지까지의 연계운송의 합의 가능

이 조건은 주로 도로나 철도로 연결된 육상의 국경에서 인도된다는 점을 감안하여, 개정 규칙에서는 매도인은 매수인의 요청과 비용 및 위험부담으로 국경의 인도장소를 넘어 매수인이 지정한 최종목적지까지 물품의 연계운송계약에 합의할 수 있도록 내용을 추가 보완하였다.

ⓥ DES조건

DES조건은 해상운송과 내수로 운송뿐만 아니라, 목적항에서 본선상에서 인도하는 것을 조건으로 한복합운송의 경우에도 사용할 수 있도록 적용범위를 확장하였다.

ⓦ DEQ조건

－ 매수인의 수입통관의무

'부두인도' 조건은 목적항의 부두상에서 수입통관 미필상태의 물품을 인도하는 것으로 규정하고 있다. 즉, 매도인은 목적항에서의 양륙비까지만 부담하고, 물품의 수입통관은 구 규칙과는 반대로 매수인이 이를 부담하도록 개정하였다.

－ 부두 이외의 인도장소에 대한 특약

목적항의 부두 이외의 다른 장소 즉, 터미널, 역 등의 장소에서 물품을 인도하고자 하는 경우 오히려 DDU나 DDP조건을 사용하도록 권고조항을 두었다.

ⓧ DDU조건

－ 매수인의 양륙의무

'관세미지급인도' 조건은 수입통관을 제외하고, 목적지까지 물품을 운반하여 인도하는 것으로서, 목적지에 도착하는 운송수단으로부터 물품을 양륙하지 아니한 상태로 인도한다는 내용을 추가하였다(DDU 전문).

－ '관세'의 의미 규정

관세(duty)라는 용어는 통관절차의 책임과 절차, 관세, 제세 및 기타 경비의 지급까지를 포함한다는 것을 규정하였다.

－ 본선 또는 부두인도의 특약

DDU조건은 모든 운송방식에 사용할 수 있으나 목적항의 갑판상이나 부두상에서 인도하는 해상운송에서는 DES나 DEQ조건을 사용하도록 권고조항을 두었다. 이는 DDP조건에서도 마찬가지이다.

ⓨ DDP조건

'관세지급인도' 조건은 수입통관을 필하고 목적지까지 물품을 운반하여 인도하는 것으로서, DDU조건에서와 마찬가지로 목적지에 도착하는 운송수단으로부터 양륙하지 아니한 상태로 인도한다는 내용을 추가하였다.

(5) 제7차 개정(INCOTERMS 2010)

① 개정 이유

2010년에 7차 개정을 하게 되었다. 개정을 하게 된 주요 이유로는 WTO와 FTA의 가속화에 따라 관세 없는 무역거래가 실현되고, 지속적으로 전자무역이 확대되고, 국제간의 물품이동에 있어서 안전에 대한 문제가 대두되면서 운송실무의 환경변화에 대응하기 위해서이다.

② 개정의 주요 내용

INCOTERMS 2010은 2011년 1월1일부터 기존의 INCOTERMS 2000을 대체하게 되었다. INCOTERMS 2010은 국제무역거래뿐만 아니라 국내무역거래(역내무역 포함)에도 사용할 수 있다.

INCOTERMS 2010의 가장 큰 변화는 지금까지의 4개그룹(E, F, C, D)이 2개 그룹으로 변경되었으며, 총 11개의 정형무역거래조건으로 구성 되었다. 1그룹은 모든 유형의 운송(복합운송조건)에 적용할 수 있으며, 2그룹은 해양 또는 내수로 운송(해상운송조건)에만 적용하게 된다. 특기할 내용은 다음과 같다.

Ⓐ 타이틀 변경

일반적으로는 우리가 알고 있는 INCOTERMS는 International Commercial Terms의 약자로 인식하고 있으나 사실 그 어원이 모호하다. 앞에서 INCOTERMS의 정확한 명칭은 정형무역거래조건의 해석에 관한 ICC규칙(ICC Official Rules for the Interpretation of Trade Terms)이라고 설명하였다. 1936년 INCOTERMS의 제정 이후 6차에 걸친 INCOTERMS는 이렇게 사용되어 왔으나 INCOTERMS 2010은 과거와 달리 INCOTERMS의 공식명칭을 "국내 및 국제거래조건의 사용에 관한 ICC규칙(ICC Rules for the Use of Domestic and International Trade Terms)"으로 바꾸어 사용하고 있다.

Ⓑ 정형거래조건의 축소

국제운송은 port to port에서 door to door로, 그리고 point to point 또는 desk to desk의 형태로 진화되고 있다. 이와 같은 운송실무의 현상을 감안하여, INCOTERMS 2000에서의 DAF, DES, DEQ, DDU의 4가지 조건들을 삭제하고 DAT, DAP의 두 가지 조건을 신설하였다.

DAT는INCOTERMS 2000의 DEQ를, DAP는 INCOTERMS 2000의 DAF, DES, DDU를 대체하고 있으며, 운송방식에 상관없이 사용할 수 있다.

ⓒ 정형거래조건의 분류

INCOTERMS 2000에서는 13가지의 거래조건을 4개의 그룹으로 분류하였다. 그러나 INCOTERMS 2010에서는 2개의 그룹으로 분류하고 있다. 구체적으로는 복합운송조건인 EXW, FCA, CPT, CIP, DAT, DAP, DDP와 해상운송조건인 FAS, FOB, CFR, CIF로 구분하고 있다.

ⓓ 국내거래에의 적용

지금 까지INCOTERMS는 국제무역거래에서만 사용되어 왔다. 그러나 미국에서는 주와 주 사이의 거래(국내거래)에 있어서도1940년 개정 미국무역정의 또는 미국상법전의 규정보다는 INCOTERMS의 사용이 점차로 증가하고 있으며, EU는 국가간의 거래를 국내거래처럼(역내무역) 다루고 있는 현실을 감안하였다. 더욱이 최근의 FTA확장 추세에 따라 국제거래가 국내거래처럼 취급되는 현상을 볼 때 INCOTERMS 2010의 국내적용을 더 이상 미룰 필요가 없어졌다.

ⓔ 사용지침서의 도입

INCOTERMS 2010의 가장 큰 특징 중 하나가 11개의 각 조건마다 사용지침 (Guidance Note)을 제시하고 있다는 것이다. 이 사용지침은 지금까지 국제무역거래 당사자들이 종종 잘못된 거래조건을 사용함으로써 당사자 간에 분쟁이 발생한다는 것을 염두에 두고 만들어졌다.

이 사용지침은 각 각의 거래조건에 대해 언제 사용되며, 언제 위험이 이전되며, 비용은 누가 지급할 것인지 등에 대해 기본적인 사항을 설명함으로써 거래조건을 선택하는데 도움을 주기 위한 것이다.

ⓕ 전자서류의 효력 인정

국제무역거래의 특징은 서류거래이다. 이는 거래당사자가 시간적, 공간적으로 괴리 상태에 있는 국제무역거래의 단점을 보완 하고 무역거래의 원활화를 기하기 위한 것이었다. 이러한 서류의 대부분은 종이서류였다. 그러나 1990년 이후 국제무역거래는 확실히 전자무역에 의한 무역거래가 시현되었고, 그 증거로서 과거의 종이서류 대신에 전자서류로 대체되고 있는 실정이다.

이를 반영하여INCOTERMS 2010에서는 전자서류에 대해 당사자간에 합의 하거나 관례적으로 사용되고 있는 경우에는 전자통신수단에 서면통신과 동일한 효력을 부여하고 있다.

ⓖ 보험계약당사자의 의무 명확화

격지자간의 거래에 있어서는 국제운송과 관련하여 예상하지 못한 많은 위험이 존재하게 된다. 이를 위해 보험에 가입하게 되는데, 일반적으로 국제무역거래는 협회적하약관(I.C.C: Institute Cargo Clauses)을 원용하여 보험계약을 체결하고 사고 발생시 이를 활용하여 손실을 보전받고 있다.

INCOTERMS 2010은 2009년 이후 시행된 신협회적하약관(I.C.C: Institute Cargo Clauses)의 규정을 고려하였다. 이를 통해 보험에 관한 당사자의 의무를 명확히 하고 있다.

ⓗ 보안규정의 적용

국제무역거래에 있어서 물품의 이동은 필수적이다. 그러나 물품이동과 관련하여 최근 보안 및 안전에 관한 관심이 높아지면서, 해당물품이 물품 고유의 성질 이외의 이유로 생명이나 재산상의 위험을 가하지 않는다는 증명을 요구하고 있다.

INCOTERMS 2010은 서류상으로도 이를 위해 매매당사자간에 보안과 관련한 확인을 함에 있어서 당사자 간에 상호 협력할 의무를 부과하고 있다.

ⓘ 수출입 부대비용(터미날 취급 수수료) 지급의 명확화

국제무역거래시 물품의 가격조건은 수출지에서의 Loco가격(거래조건으로는 EXW조건에 해당)을 시작으로 수입지에 도착할 때까지의 Franco가격으로 구분된다. 그런데 이 중 물품자체의 제조원가에 해당하는 것은 Loco가격뿐이다. 수출물품은 이 Loco가격에다 수출지로부터 수입자가 지정한 장소에 이를 때까지 각종 부대비용(국내운송비, 국내보험료, 터미널 수수료, 국제운송비, 국제보험료 등 기타비용)이 더해지면서 수출상품의 가격(각 단계에서의 수출원가)이 형성되는 것이다.

CPT, CIP, CFR, CIF, DAT, DDP 조건들은 수출자가 운송을 수배하여야 한다. 즉 운송계약을 수출자가 체결하게 된다. 이들 조건은 운임과 운송비용을 수출자가 부담하는데 실제로는 수출원가에 포함되기 때문에 매수인이 지급하는 것이 된다.

그런데 운송비용과 관련하여 볼 때 때로는 운송인이 수입자에게 운송비용(항구사용료, 터미널수수료 등)을 청구하게 되는데, 이런 경우 수입자는 이중으로 운송비용을 지급하게 된다.INCOTERMS 2010은 이러한 비용발생시 누가 지급할 것인가를

명확히 하고 있다.

Ⓙ 연속매매의 관련규정 명확화

국제물품매매는 운송되는 도중에도 그 소유권이 변동되는 경우가 있다. 그것도 1번이 아니라 여러 번 변동이 되기도 한다.

이와 같은 경우(연속매매) 중간에 판매한 사람은 물품을 선적할 의무는 없게 된다. INCOTERMS 2010은 이러한 경우 선적이라는 표현 대신 조달(Procuring)이라고 표현한다.

(6) 제8차 개정(INCOTERMS2020)

① 개정이유

무역거래의 현실을 반영하기 위하여 1936년 제정시 10년마다 개정하기로 하였다.

② 개정경위

2017년부터 ICC의 상사법무위원회(Commission on Commercial Law and Practice: CLP)가 초안그룹(Drafting Group)을 결성하고, 각국 국내위원회로부터 "Incoterms 2020 Questionnaire" 취합하여 2017년 4월 14일에 제1차 초안을 작성하였고, 이에 대한 각국의 의견을 수렴하였다. 이후 2017년 11월 17일 제2차 안을 작성하였고 이에 대한 각국의 의견을 수렴하였다.

이와 같은 과정을 거쳐 2018년 9월 19일 최종안을 완성 하였다. 이후 2018년 10월 24일 상사법무위원회의 최종안을 승인하였으며, 2019년 9월 10일 전세계에서 동시에 발간하였다. 최종안은 2020년 1월 1일부터 사용한다.

③ 주요 개정사항

Ⓐ 개별규칙 내 조항순서 변경

Incoterms 2010 조항	Incoterms 2020 조항
A1/B1 General obligations of the seller/buyer	A1/B1 General obligations
A2/B2 License, authorizations, security clearances and other formalities.	A2/B2 Delivery/Taking Delivery
A3/B3 Contracts of carriage and insurance	A3/B3 Transfer of Risks
A4/B4 Delivery/Taking delivery	A4/B4 Carriage
A5/B5 Transfer of risks	A5/B5 Insurance
A6/B6 Allocation of costs	A6/B6 Delivery/Transport Document
A7/B7 Notices to the buyer/seller	A7/B7 Export/Import Clearance
A8/B8 Delivery document/Proof of delivery	A8/B8 Checking/Packaging/Making
A9/B9 Checking/Packaging/Making	A9/B9 Allocation of Costs
A10/B10 Notices	A10/B10 Notices

Ⓑ 개별조건 내 조항순서 변경

Incoterms 2020은 개별조건의 중요한 규정을 앞쪽에 배치하였다.

• A2/B2 Delivery/Taking Delivery

• A3/B3 Transfer of Risks

• A4/B4 Carriage

• A5/B5 Insurance

• A6/B6 Delivery/Transport Document

그러나 비용조항은 중요도에도 불구하고 "비용일람표(one stop list)"를 제공하는 목적에서 A9/B9(Allocation of costs)에 두고 있다.

Ⓒ CIP조건의 최대 부보 의무

특히 CIP조건의 경우, 매도인은 ICC A 약관으로 부보하도록 함으로써 매도인에게 최대 부보의무를 부담시키고 있다. 물론 Incoterms는 임의규범이므로 필요한 경우 당사자들의 합의에 의해 낮은 수준의 부보도 가능하다. 그러나 일차산품의 해상무역에서 널리 사용되고 있는 CIF조건에서는 개정하지 않고, 최소 부보 의무를 유지하였다.

Ⓓ FCA조건의 본선 적재표기 선하증권

FCA조건에서 해상운송의 경우 매도인/매수인(특히 신용장 발행은행)이 본선 적재 표기(on board notation)가 있는 선하증권(선적선하증권) 혹은 본선적재(선하증권)가 필요할 수 있다. FCA조건에서 물품인도는 본선적재 전에 완료되나 운송인은 운송계약상 물품이 실제로 선적된 후에 비로소 선적선하증권을 발행할 의무와 권리가 있다. 이에 FCA조건 A6/B6에서 본선적재 표기가 있는 선하증권에 관한 규정을 신설하였다.

ⓐ FCA A6 신설규정(선적선하증권 제공의무)

"매수인이 B6에 따라 매도인에게 운송 서류를 발행하도록 운송인에게 지시한 경우에 매도인은 그러한 서류를 매수인에게 제공하여야 한다."

ⓑ FCA B6 신설규정(지시의무)

"당사자들이 합의한 경우에 매수인은 물품이 적재되었음을 기재한(본선적재 표기가 있는 선하증권과 같은) 운송서류를 자신의 비용과 위험으로 매도인에게 발행하도록 운송인에게 지시하여야 한다."

Ⓔ DAT조건을 DPU조건으로 명칭 변경

DAT(Delivered at Terminal)를 DPU(Delivered at Place Unloaded)로 명칭을 변경하였다. DPU는 인도장소(목적지)가 터미널로 제한되지 않는다.

매도인의 입장에서 볼 때 종전의DAP조건과 신설한 DPU조건의 유일한 차이점은 다음과 같다.

•DPU - 물품을 도착 운송수단으로부터 양하한 후 인도함

•DAP - 물품을 도착 운송수단에 적재한 상태에서 양하를 매수인의 처분하에 둠으로써 인도함

Ⓕ 매도인/매수인 자신의 운송수단에 의한 운송 허용

FCA조건 및 DAP/DPU/DAT조건에서 다음과 같이 자신의 운송수단에 의한 운송을 허용하고 있다.

• FCA B6

- 매수인은 자신의 비용으로 물품을 지정인도장소로부터 운송하는 계약을 체결하거나 그러한 운송을 마련하여야(arrange the carriage) 하되…"라고 규정함으로써 FCA의 경우, 매수인은 지정 인도장소에서 물품을 수취하기 위하여 또는 그 인도장소에서 자신의 영업구내까지 운송하기 위하여 자신의 운송수단(예컨대 차량)을 사용할 수 있다.

• DAP/DPU/DAT A6

- 매도인은 자신의 비용으로 물품을 지정 목적지까지 또는 그 지정 목적지에 합의된 지점이 있는 때에는 그 지점까지 운송하는 계약을 체결하거나 그러한 운송을 마련 하여야 한다"라고 규정함으로써 DAP/DPU/DDP의 경우, 매도인은 지정 목적지까지 운송을 제3자에게 아웃소싱하지 않고 자신의 운송수단을 사용하여 운송할 수 있다.

Ⓖ 운송/비용조항에 보안관련의무 삽입

인코텀즈 2010 시행 후 테러 등에 대비한 보안문제에 따른 새로운 선적관행이 이제는 상당한 수준에 이르고 있다. 이러한 보안통관은 운송 및 통관과 직결되기 때문에 각 인코텀즈 규칙의 A4(운송)와 A7(수출통관)에 보안관련 의무를 명시하게 되었다. 이에 따라 보안관련 비용도 A9/B9(비용분담)에 규정하고 있다.

Ⓗ 사용자를 위한 설명문

Incoterms 2010의 "사용지침(Guide Note)"을 Incoterms 2020에서는 "사용자를 위한 설명문(Explanatory Notes of Users)"으로 표기하였다. 여기에서는 개별 인코텀즈 규칙의 기본적인 사항을 설명하고 있다. 이에 따라 Incoterms의 사용자들이 거래에 적합한 인코텀즈 규칙을 정확하게 효율적으로 찾을 수 있도록 하였으며, 개별 인코텀즈 규칙의 해석이 필요할 때 지침을 제공하였다.

Ⓘ "소개문 (Introduction)"의 강화

Incoterms 2020의 ICC 공식문서 서두에 있는 "Introduction(소개문)"은 인코텀즈 2020 규칙 자체의 일부를 구성하지 않음을 알리고 있다. 소개문(Introduction)은 단지 인코텀즈 2020 자체의 기초적 사항들을 비교적 상세하게 유익하게 설명할 따름이다.

6) INCOTERMS 채용의 효과

(1) 정형거래조건해석상의 불확실성 제거

정형거래조건의 해석에 대한 통일된 규칙을 제공하는 인코텀스를 채용함으로써 서로 다른 국가에 소재하는 당사자들 사이에서 사용되는 조건에 대한 상이한 해석으로 인한 불확실성을 제거 내지 감소시킬 수 있다.

(2) 불필요한 분쟁의 회피

동일한 정형거래조건을 채택한 무역거래당사자는 동 조건을 상이하게 해석함으로 인하여 분쟁이 발생할 가능성이 상존하며, 이러한 분쟁에 관련하여 불필요한 시간과 비용의 낭비가 문제되는바, INCOTERMS를 채용함으로써 동일한 조건의 통일적인 해석을 통해 분쟁발생을 회피하고, 시간과 비용의 낭비를 회피하거나 최소화할 수 있다.

(3) 무역거래 당사자가 겪는 장애요인의 극복

① 준거법의 불확실성의 해소

국제무역거래의 당사자는 상이한 법체계와 상관습의 국가에 소재하는 매도인과 매수인으로서 무역거래시 어떤 법을 준거할 것인가 하는 것이 장애요인으로 작용하는데 정형거래조건을 채택하고 INCOTERMS를 채용함으로써 이런 준거법의 불확실성을 해소할 수 있다.

② 불충분한 지식의 해소

국제무역거래의 당사자는 다양한 무역조건 및 정형거래조건에 대한 지식이 불충분한 것이 또 하나의 장애요인이며, 정형거래조건을 지정하고 인코텀스를 채용하여 통일된 해석을 함으로써 불충분한 지식을 어느 정도 해결할 수 있다.

③ 해석상의 상이점의 해소

국제 무역거래의 당사자는 상관습과 실정법 체계가 다른 나라에 있으므로 동일한 정형거래조건에 대한 해석상의 상이점들을 INCOTERMS를 채용함으로써 통일적인 해석을 하여 해석상의 상이점을 해소할 수 있다.

7) 인코텀스의 문제점

INCOTERMS가 정형거래조건의 해석에 관한 통일된 규칙을 제공함으로써 무역거래를 원활하게 한다 할지라도 다음과 같은 한계를 지니고 있다.

- •A4/B4　Carriage (운송)
- •A5/B5　Insurance (보험)
- •A6/B6　Delivery/Transport Document (인도/운송서류)
- •A7/B7　Export/Import Clearance (수출/수입통관)
- •A8/B8　Checking/Pakaging/Marking (점검/포장/하인 표시)
- •A9/B9　Allocation of Costs (비용분담)
- •A10/B10 Notices (통지)

(4) Incoterm 2020의 문제점

- •물품의 계약 적합성에 관하여는 다루지 않는다.
- •매수인의 대금지급방법에 관하여 다루지 않는다.
- •계약의 성립에 관하여는 다루지 않는다.
- •의무위반에 대한 구제수단에 관하여는 다루지 않는다.
- •물품의 소유권에 관하여 다루지 않는다.
- •자족적 매매규범으로 부족하다.
- •매매계약과 관련해서는 국제물품매매협약(CISG) 및 계약의 준거법(국내법)에 의존한다.

(5) CISG에 따른 Incoterms의 적용 근거

　　Incoterms는 당사자들이 Incoterms를 표준거래약관으로 적용하기로 약속한 경우에만 표준거래약관으로서의 적용한다. 이와 같이 묵시적으로 Incoterms의 자치규범성을 인정하고 있다 그러나 실제에 있어서는 거의 모든 경우의 국제무역거래에 있어 적용근거로 작용하고 있으며, 우리나라의 대법원도 동일한 입장이다.

　　즉 Incoterms는 국제무역거래시 매매 당사자가 동의한 관행으로서 적용되고 있으며, 이렇게 당사자들이 Incoterms를 관행으로서 적용하기로 의도한 경우(CISG 제9조 제1항)에는 국제거래관행으로서의 적용(CISG 제9조 제2항)된다.

　　이는 Incoterms가 ① 국제거래에서 ② 당해 거래와 동종의 계약을 하는 자에게 널리 알려져 있고 ③ 통상적으로 준수되고 있는 관행으로서 ④ 계약의 당사자들이 계약체결 시에 알았거나 알았어야 하는 관행으로 적용 가능하기 때문이다.

(6) Incoterms 2020 적용의 효과

Incoterms는 CISG 보다 우선하므로 Incoterms와 CISG의 규정이 상충하는 경우에 계약내용은 Incoterms에 따른다. 다만 CISG에 규정되지 않은 사항의 경우에는Incoterms가 단독으로 계약의 공백을 갈음하게 된다. 특히 매도인의 물품인도 장소, 위험이전 시기, 물품인도에 관한 통지, 운송계약의 체결, 부보 및 부보를 위한 정보제공, 수출입통관 등에 있어서 Incoterms지위는 거의 독보적이라 할 것이다.

(7) Incoterms의 위치

국제무역거래에 있어서 Incoterms 보다 우선하는 것은 당사자간의 합의이다. 다만 당사자 간의 합의에 도달하지 못하는 경우에는 Incoterms(약관이든 관행이든 불문)가 그 지위를 대신한다. 따라서 Incoterms는 CISG 또는 국내 계약법 보다 우선한다.

(8) 기존의 분류기준 유지 조건들

Incoterms2020은 다음의 경우 기존의 Incoterms 분류기준을 유지하고 있다.
- Rules for Any Mode or Mods of Transport(모든 운송방식에 적용되는 규칙)
- 복합운송 규칙: EXW, FCA, CPT, CIP, DAP, DPU, DDP
- Rules for Sea and Inland Waterway Transport(해상운송과 내수로 운송에 적용되는 규칙)
- 해상운송(전용) 규칙: FAS, FOB, CFR, CIF

(9) 기존의 분류기준 변경 조건들

Incoterms 2020은 다음과 같이 기존의 Incoterms 분류기준을 변경하였다. 즉 FCA/CPT/CIP 등을 전면 배치함으로써 컨테이너 화물 운송시 FOB/CFR/CIF가 오용되는 문제를 해결 하였다. 예를 들면, 매매물품이 컨테이너로 운송됨에도 FCA가 아닌 FOB를 사용하는 경우에 ① 위험부담과 ② 적하보험과 관련하여 문제가 발생할 수 있다. 즉 "FOB airport, FOB warehouse"의 경우, 매수인은 어떤 종류의 운송계약을 체결하여야 하는지, 자신의 운송인의 물품수령 장소를 어디로 하여야 하는지(이는 매수인의 운송계약의 내용임)에 관하여 논란이 발생할 수 있다. 따라서 매수인이 자국의 내륙에서 물품을 수령하고자 하면서도, CIF계약을 체결하면서 특정 항구를 목적지로 지정하는 경우, 매도인은 운송계약의 목적지를 어디로 하여야 하는지, 보험구간은 어디까지로 하여야 하는지 논란이 발생할 수 있다.

2) 인코텀스의 활용과 유의사항

(1) Incoterms 2020의 활용

Incoterms는 International Commercial Terms의 약어로 국제상업회의소(International Chamber of Commerce)에서 제정한 국제규칙으로 계약당사자인 매도인과 매수인이 준수해야 하는 의무, 비용부담, 보험가입 의무 등에 대하여 규정하고 있다. 이를 그림으로 보면 다음과 같다.

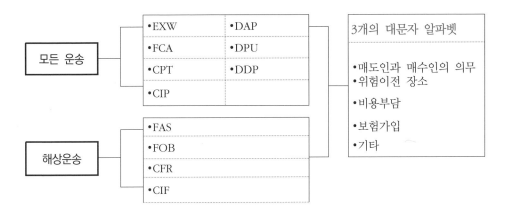

(2) Incoterms 2020의 유의사항

• 계약상의 모든 분쟁을 해결할 수 없다.
• 인코텀즈 각 조건의 세부조항은 수정하거나 배제하여 적용할 수 있다.

3) Incoterms 2020의 내용

(1) 모든 운송방식에 적용가능한 조건들

A. EXW : Ex Works(공장인도조건)

① 일반의무
- 매도인은 매매계약에 일치하는 물품 제공 및 상업송장과 그 밖에 계약에서 요구될 수 있는 일치성에 관한 증거제공 의무
- 매수인은 매매계약에 따라 물품대금을 지급할 의무를 부담
- 합의가 없다면 양 당사자가 제공해야 할 서류를 종이서류 또는 전자적 방식으로 제공 가능

② 인도와 위험이전
- 매도인이 물품을 매도인의 공장이나 창고와 같은 지정장소에서 매수인의 처분하에 놓였을 때 물품이전에 관한 매도인의 위험(파손이나 훼손)이 매수인에게 이전된다.

③ 운송계약
- 매수인이 운송계약을 체결함
- 매수인의 요청에 따라 매수인의 매도인은 운송계약을 위한 정보를 매수인에게 제공해야 한다.

④ 보험
- 매도인은 매수인에 대하여 보험계약 체결의 의무를 부담하지 않음
- 매수인은 매도인에 대하여 보험계약 체결의 의무를 부담하지 않음
- 매수인의 요청에 따라 매도인은 보험계약을 위한 정보를 매수인에게 제공해야 함.

⑤ 운송서류/인도의 증거
- 매도인은 운송서류를 매수인에게 제공할 의무가 없음
- 매수인은 물품의 인도를 수령하였다는 적절한 증거를 매도인에게 제공해야 함

⑥ 수출/수입통관의 의무
- 매수인이 수출국/통과국/수입국 통관의 의무를 부담

•매도인은 매수인이 수출국/통과국/수입국의 통관절차에 관한 서류 및/또는 정보를 취득하는 데 매수인에게 협력해야 함

⑦ 점검/포장/하인의 표시

•매도인은 물품을 인도하기 위한 목적에서 필요한 점검작업(품질점검, 용적측량, 중량 측정, 수량계수)에 드는 비용을 부담

⑧ 비용부담

•매도인은 물품이 인도된 때까지 물품에 관한 모든 비용을 부담

•매수인은 물품이 인도된 때부터 물품에 관한 모든 비용을 부담

•매수인은 수출통관, 통과국 및 수입통관에 부과되는 모든 관세, 세금 등을 부담

•매수인은 물품을 수령하지 않아 발생하는 추가비용을 부담

⑨ 통지

•매도인은 매수인이 물품을 수령할 수 있도록 하는데 필요한 통지를 해야 함

•매수인은 물품을 수령할 장소/시기를 충분한 통지를 매도인에게 해야 함

B. FCA : Free Carrier(운송인 인도조건)

① 일반의무

•매도인은 매매계약에 일치하는 물품 제공 및 상업송장과 그 밖의 계약에서 요구될 수 있는 일치성에 관한 증거제공 의무

•매수인은 매매계약에 따라 물품대금을 지급할 의무를 부담

•합의가 없다면 양 당사자가 제공해야 할 서류는 종이서류 또는 전자적 방식으로 제공 가능

② 인도와 위험이전

•인도의 지정장소가 매도인의 영업구내인 경우 물품이 매수인이 제공한 운송수단에 적재된 때 물품이전에 관한 매도인의 위험(파손이나 훼손) 부담이 매수인에게 이전된다.

•인도의 지정장소가 매도인의 영업구내가 아닌 경우에는 물품이 매도인의 운송수단에 실린 채 양하준비된 상태로 매수인이 지정한 운소인 또는 제3자의 처분에 놓인 때 물품이전에 관한 매도인의 위험(파손이나 훼손) 부담이 매수인에게 이전한다.

③ 운송계약

•매수인이 운송계약을 체결할 의무를 짐

•매수인의 요청에 따라 매도인은 운송계약을 위한 정보를 매수인에게 제공해 야 함

④ 보험

•매도인은 매수인에 대하여 보험계약 체결의 의무를 부담하지 않음

•매수인은 매도인에 대하여 보험계약체결의 의무를 부담하지 않음

•매수인의 요청에 따라 매도인은 보험계약을 위한 정보를 매수인에게 제공해 야 함

⑤ 운송서류/인도의 증거

•매도인은 자신의 비용으로 물품이 인도되었다는 통상적인 증거를 제공해야 함

•매도인은 매수인의 요청에 따라 매수인의 위험과 비용으로 매수인이 운송서 류를 획득 하는데 협력해야 함

•물품이 적재되었음을 기재한 운송서류(예 본선적재 선하증권)가 필요한 경우 매 수인은 자신의 위험과 비용으로 운송서류를 매도인에게 발행하도록 운송인에 게 지시해야 하며 매도인은 그 서류를 매수인에게 제공해야 함

⑥ 수출/수입통관의 의무

•매도인은 수출통관의 의무를 부담하며 이에 대한 비용을 부담

•매수인은 통과국 및 수입국 통관을 위해 부과되는 절차와 비용을 부담

⑦ 점검/포장/하인의 표시

•매도인은 물품을 인도하기 위한 목적에서 필요한 점검작업(품질점검, 용적측량, 중량측정, 수량계수)에 드는 비용을 부담

⑧ 비용부담

•매도인은 물품이 인도된 때까지 물품에 관한 모든 비용을 부담

•매수인은 물품이 인도된 때부터 물품에 관한 모든 비용을 부담

•매도인은 수출통관에 부과되는 모든 관세, 세금 등을 부담

•매수인은 통과국 및 수입통관에 부과되는 모든 관세, 세금 등을 부담

•매수인은 물품을 수령하지 않아 발생하는 추가비용을 부담

⑨ 통지
•매도인은 물품을 인도하였다는 사실 또는 물품을 수령하지 않았다는 사실을 매수인에게 통지해야 함
•매수인은 물품을 수령할 장소/시기/운송인 등에 대한 충분한 통지를 매도인에게 해야 함

C. CPT : Carriage Paid To(운송비 지급인도조건)

① 일반의무
•매도인은 매매계약에 일치하는 물품 제공 및 상업송장과 그 밖의 계약에서 요구될 수 있는 일치성에 관한 증거제공 의무
•매수인은 매매계약에 따라 물품대금을 지급할 의무를 부담
•합의가 없다면 양 당사자가 제공해야 할 서류는 종이서류 또는 전자적 방식으로 제공 가능
② 인도와 위험이전
•매도인이 매도인과 계약을 체결한 운송인에게 물품을 인도하거나
•그렇게 인도된 물품을 조달하여 물리적 점유를 이전함으로써 물품이전에 관한 위험(파손이나 훼손)을 매수인에게 이전한다.
③ 운송계약
•매도인이 지정 목적지까지의 운송계약을 체결할 의무를 짐
④ 보험
•매도인은 매수인에 대하여 보험계약 체결의 의무를 부담하지 않음
•매수인은 매도인에 대하여 보험계약 체결의 의무를 부담하지 않음
•매수인의 요청에 따라 매도인은 보험계약을 위한 정보를 매수인에게 제공해야 함
⑤ 운송서류/인도의 증거
•매수인의 요청이 있는 경우 매도인은 자신의 비용으로 운송에 관한 통상적인 서류를 매수인에게 제공해야 함
•운송서류가 유통가능한 향식(negotiable form)으로 발행된 경우에는 원본의 전통(full set)이 매수인에게 제공되어야 함

• 매도인에 의해 제공된 서류가 계약에 일치할 때에는 매수인은 운송서류를 인수해야 함

⑥ 수출/수입통관의 의무

• 매도인은 수출통관의 의무를 부담하며 이에 대한 비용을 부담해야 함

• 매수인은 통과국 및 수입국 통관을 위해 부과되는 절차와 비용을 부담

⑦ 점검/포장/하인의 표시

• 매도인은 물품을 인도하기 위한 목적에서 필요한 점검작업(품질점검, 용적측량, 중량측정, 수량계수)에 드는 비용을 부담

⑧ 비용부담

• 매도인은 물품이 인도된 때까지 물품에 관한 모든 비용을 부담

• 매도인은 운송비용을 부담

• 매도인은 양하비용을 부담하지 않음

• 매도인은 수출통관에 부과되는 모든 관세, 세금 등을 부담

• 매수인은 물품이 인도된 때부터 물품에 관한 모든 비용을 부담

• 매수인은 물품을 수령하지 않아 발생하는 추가비용을 부담

• 매수인은 통과국 및 수입통관에 부과되는 모든 관세, 세금 등을 부담

⑨ 통지

• 매도인은 물품이 인도되었음을 매수인에게 통지해야 함

• 매도인은 매수인이 물품을 수령할 수 있도록 하는데 필요한 통지를 해야 함

• 합의가 된 경우 매수인은 물품을 수령할 장소/시기를 충분한 통지를 매도인에게 해야 함

D. CIP: Carriage and Insurance Paid To(운송비 · 보험료지급인도조건)

① 일반의무

• 매도인은 매매계약에 일치하는 물품제공 및 상업송장과 그 밖의 계약에서 요구될 수 있는 일치성에 관한 증거제공 의무

• 매수인은 매매계약에 따라 물품대금을 지급할 의무를 부담

• 합의가 없다면 양 당사자가 제공해야 할 서류는 종이서류 또는 전자적 방식으로 제공가능

② 인도와 위험이전

•매도인이 매도인과 계약을 체결한 운송인에게 물품을 인도하거나

•그렇게 인도된 물품을 조달하여 물리적 점유를 이전함으로써 물품이전에 관한 위험(파손이나 훼손)을 매수인에게 이전한다.

③ 운송계약

•매도인이 지정 목적지까지의 운송계약을 체결할 의무를 짐

④ 보험

•매도인은 매수인에 대하여 보험계약 체결의 의무를 짐

•ICC(Institute Cargo Clause) A 약관에 따른 적하보험 가입

•매매계약과 동일한 통화이어야 하며 매매대금의 110% 이상으로 부보되어야 함

•매도인은 부보의 증거를 매수인에게 제공해야 함

⑤ 운송서류/인도의 증거

•매수인의 요청이 있는 경우 매도인은 자신의 비용으로 운송에 관한 통상적인 서류를 매수인에게 제공해야 함

•운송서류가 유통가능한 형식(negotiable form)으로 발행된 경우에는 원본의 전통(full set)이 매수인에게 제공되어야 함

•매도인에 의해 제공된 서류가 계약에 일치할 때에는 매수인은 운송서류를 인수해야 함

⑥ 수출/수입통관의 의무

•매도인은 수출통관의 의무를 부담하며 이에 대한 비용을 부담해야 함

•매수인은 통과국 및 수입국 통관을 위해 부과되는 절차와 비용을 부담

⑦ 점검/포장/하인의 표시

•매도인은 물품을 인도하기 위한 목적에서 필요한 점검작업(품질점검, 용적측량, 중량측정, 수량계수)에 드는 비용을 부담

⑧ 비용부담

•매도인은 물품이 인도된 때까지 물품에 관한 모든 비용을 부담

•매도인은 운송비용을 부담

•매도인은 양하비용을 부담

•매도인은 수출통관에 부과되는 모든 관세, 세금 등을 부담

•매수인은 물품이 인도된 때부터 물품에 관한 모든 비용을 부담

•매수인은 물품을 수령하지 않아 발생하는 추가비용을 부담

•매수인은 통과국 및 수입통관에 부과되는 모든 관세, 세금 등을 부담

⑨ 통지

•매도인은 물품이 인도되었음을 매수인에게 통지해야 함

•매도인은 매수인이 물품을 수령할 수 있도록 하는 데 필요한 통지를 해야 함

•합의가 된 경우 매수인은 물품을 수령할 장소/시기를 충분한 통지를 매도인에게 해야 함

E. DAP: Delivered at Place(도착지 인도조건)

① 일반의무

•매도인은 매매계약에 일치하는 물품제공 및 상업송장과 그 밖의 계약에서 요구될 수 있는 일치성에 관한 증거제공 의무

•매수인은 매매계약에 따라 물품대금을 지급할 의무를 부담

•합의가 없다면 양 당사자가 제공해야 할 서류는 종이서류 또는 전자적 방식으로 제공 가능

② 인도와 위험이전

•물품이 지정 목적지에서 도착 운송수단에 적재된 채 양하준비된 상태로 매수인의 처분에 놓였을 때 물품이전에 관한 매도인의 위험(파손이나 훼손)이 매수인에게 이전된다.

③ 운송계약

•매도인이 지정 목적지까지의 운송계약을 체결할 의무를 짐

④ 보험

•매도인은 매수인에 대하여 보험계약 체결의 의무를 부담하지 않음

•매수인은 매도인에 대하여 보험계약 체결의 의무를 부담하지 않음

•매수인은 매도인의 요청에 따라 매도인의 위험과 비용으로 매도인이 부보하는 데 필요한 정보를 매도인에게 제공해야 함

⑤ 운송서류/인도의 증거

•매도인은 자신의 비용으로 매수인이 물품을 수령할 수 있도록 하는 데 필요

한 서류를 제공해야 함
•매수인은 매도인이 제공한 서류를 인수해야 함
⑥ 수출/수입통관의 의무
•매도인은 수출통관 및 통과국(수입국 제외) 통관에 관한 의무와 비용을 부담
•매수인이 수입통관 의무를 부담
⑦ 점검/포장/하인의 표시
•매도인은 물품을 인도하기 위한 목적에서 필요한 점검작업(품질점검, 용적측량, 중량 측정, 수량계수)에 드는 비용을 부담
⑧ 비용부담
•매도인은 물품이 인도된 때까지 물품에 관한 모든 비용을 부담
•매도인은 운송비용을 부담
•매도인은 양하비용을 부담하지 않음
•매도인은 수출국/통과국 통관에 부과되는 모든 관세, 세금 등을 부담
•매수인은 물품이 인도된 때부터 물품에 관한 모든 비용을 부담
•매수인은 수입통관에 부과되는 모든 관세, 세금 등을 부담
⑨ 통지
•매도인은 매수인이 물품을 수령할 수 있도록 하는 데 필요한 통지를 해야 함
•합의가 된 경우 매수인은 물품을 수령할 장소/시기를 충분한 통지를 매도인에게 해야 함

F. DPU: Delivered at Place Unloaded(미양하 도착지 인도조건)

① 일반의무
•매도인은 매매계약에 일치하는 물품제공 및 상업송장과 그 밖에 요구될 수 있는 일치성에 관한 증거제공 의무
•매수인은 매매계약에 따라 물품대금을 지급할 의무를 부담
•합의가 없다면 양 당사자가 제공해야 할 서류는 종이서류 또는 전자적 방식으로 제공 가능
② 인도와 위험이전
•물품이 지정 목적지에서 도착 운송수단으로부터 양하된 상태로 매수인의 처

분에 놓였을 때 물품이전에 관한 매도인의 위험(파손이나 훼손)이 매수인에게 이전된다.

③ 운송계약
• 매도인이 지정 목적지까지의 운송계약을 체결할 의무를 짐

④ 보험
• 매도인은 매수인에 대하여 보험계약 체결의 의무를 부담하지 않음
• 매수인은 매도인에 대하여 보험계약 체결의 의무를 부담하지 않음
• 매수인은 매도인의 요청에 따라 매도인의 위험과 비용으로 매도인이 부보하는 데 필요한 정보를 매도인에게 제공해야 함.

⑤ 운송서류/인도의 증거
• 매도인은 자신의 비용으로 매수인이 물품을 수령할 수 있도록 하는 데 필요한 서류를 제공해야 함
• 매수인은 매도인이 제공한 서류를 인수해야 함

⑥ 수출/수입통관의 의무
• 매도인은 수출통관 및 통과국(수입국 제외) 통관에 관한 의무와 비용을 부담
• 매수인이 수입통관의 의무를 부담

⑦ 점검/포장/하인의 표시
• 매도인은 물품을 인도하기 위한 목적에서 필요한 점검작업(품질점검, 용적측량, 중량 측정, 수량계수)에 드는 비용을 부담

⑧ 비용부담
• 매도인은 물품이 인도된 때까지 물품에 관한 모든 비용을 부담
• 매도인은 운송비용을 부담
• 매도인은 수출국/통과국 통관에 부과되는 모든 관세, 세금 등을 부담
• 매도인은 양하비용을 부담
• 매수인은 물품이 인도된 때부터 물품에 관한 모든 비용을 부담
• 매수인은 수입국 통관에 부과되는 모든 관세, 세금 등을 부담

⑨ 통지
• 매도인은 매수인이 물품을 수령할 수 있도록 하는데 필요한 통지를 해야 함
• 합의가 된 경우 매수인은 물품을 수령할 장소/시기를 충분한 통지를 매도인

에게 해야 함

G. DDP: Delivered Duty Paid(관세지급인도조건)

① 일반의무
- 매도인은 매매계약에 일치하는 물품제공 및 상업송장과 그 밖의 계약에서 요구될 수 있는 일치성에 관한 증거제공 의무
- 매수인은 매매계약에 따라 물품대금을 지급할 의무를 부담
- 합의가 없다면 양 당사자가 제공해야 할 서류는 종이서류 또는 전자적 방식으로 제공 가능

② 인도와 위험이전
- 물품이 지정 목적지에서 수입통관 후 도착 운송수단에 실어둔 채 양하준비된 상태로 매수인의 처분에 놓였을 때 물품이전에 관한 매도인의 위험(파손이나 훼손)이 매수인에게 이전된다.

③ 운송계약
- 매도인이 지정 목적지까지의 운송계약을 체결할 의무를 짐

④ 보험
- 매도인은 매수인에 대하여 보험계약 체결의 의무를 부담하지 않음
- 매수인은 매도인에 대하여 보험계약 체결의 의무를 부담하지 않음
- 매수인은 매도인의 요청에 따라 매도인의 위험과 비용으로 매도인이 부보하는 데 필요한 정보를 매도인에게 제공해야 함

⑤ 운송서류/인도의 증거
- 매도인은 자신의 비용으로 매수인이 물품을 수령할 수 있도록 하는 데 필요한 서류를 제공해야 함
- 매수인은 매도인이 제공한 서류를 인수해야 함

⑥ 수출/수입통관의 의무
- 매도인은 수출통관, 통과국 수입통관에 관한 의무와 비용을 부담

⑦ 점검/포장/하인의 표시
- 매도인은 물품을 인도하기 위한 목적에서 필요한 점검작업(품질점검, 용적측량, 중량 측정, 수량계수)에 드는 비용을 부담

⑧ 비용부담
- 매도인은 물품이 인도된 때까지 물품에 관한 모든 비용을 부담
- 매도인은 운송비용을 부담
- 매도인은 양하비용을 부담하지 않음
- 매도인은 수출국/통과국/수입국 통관에 부과되는 모든 관세, 세금 등을 부담
- 매수인은 물품이 인도된 때부터 물품에 관한 모든 비용을 부담

⑨ 통지
- 매도인은 매수인이 물품을 수령할 수 있도록 하는데 필요한 통지를 해야 함
- 합의가 된 경우 매수인은 물품을 수령할 장소/시기를 충분한 통지를 매도인 에게 해야 함

(2) 해상운송방식에만 적용가능한 조건들

A. FAS : Free Alongside Ship(선측인도조건)

① 일반의무
- 매도인은 매매계약에 일치하는 물품 제공 및 상업송장과 그 밖의 계약에서 요구될 수 있는 일치성에 관한 증거제공 의무
- 매수인은 매매계약에 따라 물품대금을 지급할 의무를 부담
- 합의가 없다면 양 당사자가 제공해야 할 서류는 종이서류 또는 전자적 방식 으로 제공 가능

② 인도와 위험이전
- 매도인이 지정 선적항에서 매수인이 지정한 선박의 선측부두 또는 바지 (barge)에 물품이 놓인 때 또는 그렇게 인도된 물품을 조달한 때 물품이전에 관한 매도인의 위험(파손이나 훼손)이 매수인에게 이전한다.

③ 운송계약
- 매수인이 지정 목적지까지의 운송계약을 체결할 의무를 짐

④ 보험
- 매도인은 매수인에 대하여 보험계약 체결의 의무를 부담하지 않음
- 매수인은 매도인에 대하여 보험계약 체결의 의무를 부담하지 않음
- 매수인의 요청에 따라 매도인은 보험계약을 위한 정보를 매수인에게 제공해

야 함

⑤ 운송서류/인도의 증거

•매도인은 자신의 비용으로 운송에 관한 통상적인 증거를 매수인에게 제공해야 함

•그러한 증거가 운송서류가 아닌 경우 매도인은 매수인의 위험과 비용으로 매수인이 운송서류를 취득하는 데 협력을 제공해야 함

⑥ 수출/수입통관의 의무

•매도인은 수출통관의 의무를 부담하며 이에 대한 비용을 부담해야 함

•매수인은 통과국 및 수입국 통관을 위해 부과되는 절차와 비용을 부담

⑦ 점검/포장/하인의 표시

•매도인은 물품을 인도하기 위한 목적에서 필요한 점검작업(품질점검, 용적측량, 중량 측정, 수량계수)에 드는 비용을 부담

⑧ 비용부담

•매도인은 물품이 인도된 때까지 물품에 관한 모든 비용을 부담

•매수인은 물품이 인도된 때부터 물품에 관한 모든 비용을 부담

•매수인은 수출통관에 부과되는 모든 관세, 세금 등을 부담

•매수인은 통과국 및 수입통관에 부과되는 모든 관세 세금 등을 부담

•매수인이 지정한 선박이 정시에 도착하지 않거나 물품을 수령하지 않아 발생하는 추가비용을 부담

⑨ 통지

•매도인은 물품이 인도되었음을 매수인에게 통지해야 하거나 지정된 선박이 합의된 시기 내에 물품의 인도를 수령하지 않은 사실을 매수인에게 통지해야 함

•매수인은 매도인에게 운송과 관련한 정보(보안요건, 선작명, 적재지점 등)를 충분히 통지를 해야 함

B. FOB : Free On Board(본선인도조건)

① 일반의무

•매도인은 매매계약에 일치하는 물품 제공 및 상업송장과 그 밖의 계약에서 요구될 수 있는 일치성에 관한 증거제공 의무

• 매수인은 매매계약에 따라 물품대금을 지급할 의무를 부담

• 합의가 없다면 양 당사자가 제공해야 할 서류는 종이서류 또는 전자적 방식
으로 제공 가능

② 인도와 위험이전

• 매도인이 지정 선적항에서 매수인이 지정한 선박에 물품을 적재된 때 또는
그렇게 인도된 물품을 조달한 때 물품이전에 관한 매도인의 위험(파손이나 훼
손)이 매수인에게 이전한다.

③ 운송계약

• 매수인이 지정 목적지까지의 운송계약을 체결할 의무를 짐

④ 보험

• 매도인은 매수인에 대하여 보험계약 체결의 의무를 부담하지 않음

• 매수인은 매도인에 대하여 보험계약 체결의 의무를 부담하지 않음

• 매수인의 요청에 따라 매도인은 보험계약을 위한 정보를 매수인에게 제공해
야 함

⑤ 운송서류/인도의 증거

• 매도인은 자신의 비용으로 매수인에게 물품이 인도 통상적인 증거를 매수인
에게 제공해야 함

• 그러한 증거가 운송서류가 아닌 경우 매도인은 매수인의 위험과 비용으로 매
수인이 운송서류를 취득하는 데 협력을 제공해야 함

⑥ 수출/수입통관의 의무

• 매도인은 수출통관의 의무를 부담하며 이에 대한 비용을 부담해야 함

• 매수인은 통과국 및 수입국 통관을 위해 부과되는 절차와 비용을 부담

⑦ 점검/포장/하인의 표시

• 매도인은 물품을 인도하기 위한 목적에서 필요한 점검작업(품질점검, 용적측량,
중량 측정, 수량계수)에 드는 비용을 부담

⑧ 비용부담

• 매도인은 물품이 인도된 때까지 물품에 관한 모든 비용을 부담

• 매수인은 물품이 인도된 때부터 물품에 관한 모든 비용을 부담

• 매도인은 수출통관에 부과되는 모든 관세, 세금 등을 부담

• 매수인은 통과국 및 수입통관에 부과되는 모든 관세, 세금 등을 부담
• 매수인이 지정한 선박이 정시에 도착하지 않거나 물품을 수령하지 않아 발생하는 추가비용을 부담

⑨ 통지
• 매도인은 물품이 인도되었음을 매수인에게 통지해야 하거나 지정된 선박이 합의된 시기 내에 물품의 인도를 수령하지 않은 사실을 매수인에게 통지해야 함
• 매수인은 매도인에게 운송과 관련한 정보(보안요건, 선박명, 적재지정 등)를 충분히 통지를 해야 함

C. CFR: Cost and Freight(운임포함인도조건)

① 일반의무
• 매도인은 매매계약에 일치하는 물품제공 및 상업송장과 그 밖의 계약에서 요구될 수 있는 일치성에 관한 증거제공 의무
• 매수인은 매매계약에 따라 물품대금을 지급할 의무를 부담
• 합의가 없다면 양 당사자가 제공해야 할 서류는 종이서류 또는 전자적 방식으로 제공 가능

② 인도와 위험이전
• 매도인은 자신이 계약한 선적항의 본선에 물품을 적재한 때 또는 그렇게 인도된 물품을 조달한 때 물품이전에 관한 매도인의 위험(파손이나 훼손)이 매수인에게 이전한다.

③ 운송계약
• 매도인이 지정 목적항까지의 운송계약을 체결할 의무를 짐

④ 보험
• 매도인은 매수인에 대하여 보험계약 체결의 의무를 부담하지 않음
• 매수인은 매도인에 대하여 보험계약 체결의 의무를 부담하지 않음
• 매수인의 요청에 따라 매도인은 보험계약을 위한 정보를 매수인에게 제공해야 함

⑤ 운송서류/인도의 증거
• 매도인은 자신의 비용으로 매수인에게 합의된 목적항에서 통상적인 운송서류

를 매수인에게 제공해야 함

• 운송서류가 유통가능한 형식(negotiable form)으로 발행된 경우 원본의 전통 (full set)을 매수인에게 제공해야 함

• 매수인은 운송서류가 계약에 일치할 때에는 이를 인수해야 함

⑥ 수출/수입통관의 의무

• 매도인은 수출통관의 의무를 부담하며 이에 대한 비용을 부담해야 함

• 매수인은 통과국 및 수입국 통관을 위해 부과되는 절차와 비용을 부담

⑦ 점검/포장/하인의 표시

• 매도인은 물품을 인도하기 위한 목적에서 필요한 점검작업(품질점검, 용적측량, 중량 측량, 수량계수)에 드는 비용을 부담

⑧ 비용부담

• 매도인은 물품이 인도된 때까지 물품에 관한 모든 비용을 부담

• 매도인은 운송비용을 부담

• 매도인은 수출통관에 부과되는 모든 관세, 세금 등을 부담

• 매도인은 부선료, 부두사용료를 포함한 양하비용을 부담하지 않음

• 매수인은 물품이 인도된 때부터 물품에 관한 모든 비용을 부담

• 매수인은 통과국 및 수입통관에 부과되는 모든 관세, 세금을 부담

• 매수인은 물품을 수령하지 않아 발생하는 추가비용을 부담

⑨ 통지

• 매도인은 물품이 인도되었음을 매수인에게 통지해야 함

• 매도인은 물품을 수령할 수 있도록 하는데 필요한 통지를 해야 함

• 매수인은 지정 목적항 내에 물품을 수령할 지점 등에 대하여 충분한 통지를 해야 함

D. CIF: Cost, Insurance and Freight(운임·보험료 포함인도조건)

① 일반의무

• 매도인은 매매계약에 일치하는 물품제공 및 상업송장과 그 밖의 계약에서 요 구될 수 있는 일치성에 관한 증거제공 의무

• 매수인은 매매계약에 따라 물품대금을 지급할 의무를 부담

- 합의가 없다면 양 당사자가 제공해야 할 서류는 종이서류 또는 전자적 방식으로 제공 가능

② 인도와 위험이전
- 매도인은 자신이 계약한 선적항의 본선에 물품을 적재한 때 또는 그렇게 인도된 물품을 조달한 때 물품이전에 관한 매도인의 위험(파손이나 훼손)이 매수인에게 이전한다.

③ 운송계약
- 매도인이 지정 목적지까지의 운송계약을 체결할 의무를 짐

④ 보험
- 매도인은 매수인에 대하여 보험계약 체결의 의무를 짐
- ICC(Institute Cargo Clause) C 약관에 따른 적하보험 가입
- 매매계약과 동일한 통화이어야 하며 매매대금의 110% 이상으로 부보되어야 함
- 매도인은 부보의 증거를 매수인에게 제공해야 함

⑤ 운송서류/인도의 증거
- 매도인은 자신의 비용으로 매수인에게 합의된 목적항에서 통상적인 운송서류를 매수인에게 제공해야 함
- 운송서류가 유통가능한 형식(negotiable form)으로 발행된 경우 원본의 전통(full set)을 매수인에게 제공해야 함
- 매수인은 운송서류가 계약에 일치할 때에는 이를 인수해야 함

⑥ 수출/수입통관의 의무
- 매도인은 수출통관의 의무를 부담하며 이에 대한 비용을 부담해야 함
- 매수인은 통과국 및 수입국 통관을 위해 부과되는 절차와 비용을 부담

⑦ 점검/포장/하인의 표시
- 매도인은 물품을 인도하기 위한 목적지에서 필요한 점검작업(품질점검, 용적측량, 중량측정, 수량계수)에 드는 비용을 부담

⑧ 비용부담
- 매도인은 물품이 인도된 때까지 물품에 관한 모든 비용을 부담
- 매도인은 운송비용을 부담
- 매도인은 수출통관에 부과되는 관세, 세금 등을 부담

•매도인은 부선료, 부두사용료를 포함한 양하비용을 부담하지 않음

•매수인은 물품이 인도된 때부터 물품에 관한 모든 비용을 부담

•매수인은 통과국/수입국 통관에 부과되는 모든 관세, 세금 등을 부담

•매수인은 물품을 수령하지 않아 발생하는 추가비용을 부담

⑨ 통지

•매도인은 물품이 인도되었을 때 매수인에게 통지해야 함

•매도인은 물품을 수령할 수 있도록 하는데 필요한 통지를 해야 함

•매수인은 지정 목적항 내에 물품을 수령할 지점 등에 대하여 충분한 통지를 해야 함

4) Incoterms 2020의 실제 적용

(1) 매도인의 물품 이전에 대한 위험 분기점

① 적출지에서 종료 : EXW, FCA, FAS, FOB, CFR, CIF, CPT, CIP

② 목적지에서 종료 : DAT, DAP, DDP

(2) 매도인이 주 운송비를 부담하는 조건들

CFR, CIF, CPT, CIP, DAT, DAP, DDP - Freight Prepaid

(3) 운송인과 운송계약을 체결하는 주체

① 매도인 : CFR, CIF, CPT, CIP, DAP, DPU, DDP

② 매수인 : FCA, FAS, FOB

 * EXW - 매수인의 선택사항

(4) 위험분기점과 비용분기점이 다른 조건들

CFR, CIF, CPT, CIP

(5) 매도인이 보험가입 의무가 있는조건들

CIF, CIP

(6) 매도인의 통관의무 조건들

① EXW - 매도인은 수출/수입통관의 의무를 부담하지 않음

② FCA, FAS, FOB, CFR, CIF, CPT, CIP - 매도인은 수출통관 의무를 부담

③ DAT, DAP – 매도인은 수출/통과국 통관의무를 부담

④ DDP – 수출기업은 수출/통과국/수입 통관의무 모두 있음

(7) 매도인이 최종 운송수단에서의 양하의무를 부담하는 조건

　　DPU

(8) 거래조건별 계약이행 증명 서류 명칭

구 분	Full Name	적합 운송서류	운임기재	보험서류	수출면장	수입면장
EXW	Ex Works(place)	운송지시서, 물품수령증	Buyer/Collect	×	×	×
FCA	Free Carrier(place)	수취선하증권, 항공운송서류, 도로운송서류	Buyer/Collect	×	○	×
FAS	Free Alongside Ship(port)	수취선하증권	Buyer/Collect	×	○	×
FOB	Free On Board(port)	선적선하증권	Buyer/Collect	×	○	×
CFR	Cost and Freight(port)	선적선하증권	Seller/Prepaid	×	○	×
CPT	Carriage Paid To(place)	수취선하증권, 항공운송서류, 도로운송서류	Seller/Prepaid	×	○	×
CIF	Cost Insurance and Freight(port)	선적선하증권	Seller/Prepaid	○	○	×
CIP	Carriage and Insurance Paid(place)	수취선하증권, 항공운송서류, 도로운송서류	Seller/Prepaid	○	○	×
DAP	Delivered At Place	Delivery Order, 물품수령증	Seller/Prepaid	×	○	×
DPU	Delivered At Place Unloaded	Delivery Order, 물품수령증	Seller/Prepaid	×	○	×
DDP	Delivered Duty Paid(place)	Delivery Order, 물품수령증	Seller/Prepaid	×	○	○

제7장

전자거래시대의 국제무역관습

01 전자거래의 개념

오늘날 정보처리장치의 발달로 서버로 사용되는 대형 컴퓨터뿐만 아니라 개인용 소형컴퓨터의 성능이 향상되고 가격이 낮아짐에 따라 사람들에게 컴퓨터는 텔레비전이나 전화기와 비슷한 생활필수품으로 인식되기에 이르렀다. 또한 통신기술의 급속한 발달로 전화선을 이용한 통신뿐만 아니라 전용회선, 위성 등을 이용한 최첨단의 통신서비스들이 보급되고 있다. 이와 같은 생활환경의 변화에 정보통신기술을 바탕으로 한 새로운 유형의 거래방식이 도입 이용되고 있으며, 정보통신기술을 바탕으로 하여 이루어지는 거래를 통틀어 보통 전자거래라고 부르고 있다. 이러한 전자거래의 개념정의에 대해서 아직 명확히 정의된 바는 없지만 다음과 같이 정의할 수 있다.

전자거래(Electronic transaction)란 정보통신기술을 바탕으로 컴퓨터와 같은 정보처리장치와 네트워크를 통하여 전자적인 방식으로 이루어지는 거래를 말한다. 전자거래를 전자계약(Electronic contract)이라고도 한다.

02 전자거래의 유형

전자거래는 전자거래의 특성 및 당사자에 따라 다음과 같이 분류할 수 있다.

1) 전자거래의 특성에 따른 분류

(1) 구조화된 전자거래

구조화된 전자거래란 표준화된 거래형식과 데이터교환방식에 따라 조직적이고 체계적으로 이루어지는 전자거래를 말하며, 협의의 전자거래라고 한다. 일반적으로 전자거래라고 할 때에는 협의의 전자거래를 의미한다.

구조화된 전자거래에는 세 가지 형태의 거래모델이 있다. 첫째는 전자거래(EC)로서 불특정 다수의 일반 소비자들을 대상으로 하는 온라인쇼핑이 이에 해당한다. 둘째는 비교적 계속성이 있는 기업간의 거래, 즉 제조업자와 유통업자 등 계속적 거래관계가 있는 기업간에 거래에 관한 데이터를 교환함에 의해 이루어지는 거래로써 전자데이터교환(EDI) 등의 형태로 실현되는 거래이다. 셋째는 정부조달의 전자회로부터 시작되었지만, 민간부문의 기업들이 설계도면이나 부품의 데이터를 비롯하여 제품의 개발, 제조에서 유통 및 보수유지에 이르기까지 필요한 모든 데이터를 공유하는 것을 목표로 하여 도입하려고 하는 광속거래(CALS)가 있다.

전자거래는 위와 같은 세 가지 모델로 분류할 수 있으나, 세 가지 전자거래모델은 서로 완전히 분리되어 전혀 다른 성질을 갖는 것이 아니라 각 모델들은 유기적인 관련을 가진다. 예컨대, 전자거래(EC)와 광속거래(CALS)는 전자데이터교환(EDI)의 각종 표준들을 이용하고 있다.

(2) 비구조화된 전자거래

비구조화된 전자거래란 거래당사자간에 특정한 표준 없이 자유로운 내용과 형식으로 이루어지는 전자거래를 의미한다. 비구조화된 전자거래는 전자우편이나 BBS 내의 게시판, WWW 등을 통하여 개인간에 주로 1 대 1로 이루어진다.

2) 전자거래의 당사자에 의한 분류

전자거래를 거래당사자에 의하여 분류하면, 첫째, 개인간의 전자거래, 둘째, 개인과 기업간의 전자거래, 셋째, 기업간의 전자거래, 넷째, 기업과 정부간의 전자거래로 나눌 수 있다.

거래당사자에 의해 분류된 각 전자거래 유형을 앞에서 살펴본 전자거래의 세 가지 모델과 관련하여 살펴보면 다음과 같다. 개인간의 전자거래는 거의 비구조화된 전자거래로 이루어지며, 개인과 기업간의 전자거래는 전자거래(EC)를 통하여 이루어진다. 기업간 전자거래는 거래정보의 교환 부분에서는 전자데이터교환(EDI)과 설계·공학·제조·정비·물류지원·자재관리 등에 필요한 모든 정보들의 공유를 위한 부분에서는 광속거래(CALS)를 통하여 이루어진다.

기업과 정부간의 전자거래는 정부물자조달의 전자화라고 하는 원래의 목적을 가진 광속거래를 통하여 이루어진다.

정보통신기술이 현재보다 더 발달하게 되고 전자적인 방식의 거래가 종래 거래방식의 많은 부분을 변화시키게 되면, 개인·기업·정부 등의 모든 거래에서 제품

개발·제조·유통·상품정보 제공·주문·수주·발주·결제·보수유지 등 상품의 개발로부터 제품의 거래 및 최종적인 소비에 이르기까지 제품의 전 라이프사이클을 통합적으로 관리하는 거래방식으로서의 통합전자(상)거래가 이루어질 것이다.

3) 전자거래의 유사 개념

EDI(Electronic Data Interchange)는 전자데이터교환이라고 하며, 서로 다른 기업 간에 약속된 표준을 사용해서 상업적인 거래를 하는 것을 말한다. EDI를 이용하게 되면, 기업간에 네트워크를 통해서 주문내역을 전자적인 방식으로 전송할 수 있게 된다.

CALS(Commerce at Llight Speed)는 광속거래라고 번역하며, 초기에는 군수 물품의 조달을 전자화하려는 의도로 만들어졌지만, 여러 차례의 변화를 거치면서 상거래 분야에까지 영역이 확대되었다. 현재 기업이나 정부에서 추진중인 CALS는 제품의 개발에서부터 생산, 판매, 사후서비스, 소멸에 이르는 제품의 모든 부분에 관한 데이터를 전자화하려는 통합정보시스템으로의 접근이라고 설명할 수 있다.

전자거래는 쉽게 말하면, "개인과 기업간에 네트워크를 통해서 상품이나 서비스를 사고 파는 거래행위"라고 표현할 수 있다. 우리가 인터넷에서 접하는 각종 쇼핑몰을 생각하면 쉽게 이해할 수 있을 것이다. 그리고 전자거래에서 사고 파는 대상은 우리가 기존의 거래시스템에서 사고 팔던 상품에서부터 각종 정보 및 인터넷으로 전송할 수 있는 파일 등 무수히 많다.

보통 전자거래에서는 소비자가 인터넷을 통해서 기업이나 개인이 만들어 놓은 쇼핑몰 홈페이지에 접속한 후에, 판매하는 상품의 종류와 가격 등 상품관련 정보를 보고, 온라인으로 준비되어 있는 주문양식에 기재하여 전송하면 거래가 이루어진다. 그리고 소비자는 신용카드나 현금이체 등을 통해서 대금을 지불하게 되고, 택배나 우편을 통해서 상품을 집에서 받아 볼 수 있다.

03 전자거래의 특징

1) 불특정 다수의 상대방과 거래

불특정 다수의 상대방과의 사이에서 거래가 이루어지는 것은 주로 전자상거래 (EC)의 경우이다. 대부분의 전자데이터교환(EDI)에 의한 거래나 광속거래(CALS)의 경우에는 다수이긴 하지만 네트워크를 구축하여 표준형식으로 데이터를 교환하는 일정한 상대방이 존재한다.

2) 대량거래

하나의 거래가 한 상대방과 이루어지는 순간에 또 다른 상대방과 거래가 이루어질 뿐만 아니라, 하루에도 무수한 거래가 이루어진다. 이는 전자거래가 요식화, 정형화되어 있기 때문에 가능하다. 이와 같은 특징으로 인해서 특히 전자상거래 (EC)에서는 소비자 보호의 필요성이 요구된다.

3) 네트워크를 통한 비대면거래

네트워크에 연결된 컴퓨터를 통하여 거래 상대방을 물색하고 거래정보를 얻기 때문에 거래당사자들은 직접 대면하지 않고 거래를 한다. 이로 인하여 당사자들간의 인적 신뢰는 존재하지 않으며, 익명으로 거래가 이루어지기도 한다.

4) 부합거래

전자상거래(EC), 전자데이터교환(EDI)에 의한 거래나 광속거래(CALS)의 경우에 표준화된 양식과 이미 정해진 거래조건에 무조건적으로 따르게 되는 경향이 있다. 전자데이터교환이나 광속거래의 경우에는 거래협정(IA: Interchange Agreement)과 같이 사전에 거래조건이나 거래표준에는 기업이 정해놓은 거래조건과 형식을 소비자들이 무조건적으로 따르게 되는 것이 보통이다. 따라서 전자거래의 경우에는 소비자 보호를 위한 조치가 요구된다.

5) 국제성을 띠는 거래

독자적으로 구축한 네트워크나 인터넷을 이용하기 때문에 거래당사자가 어디에 위치해 있건 컴퓨터를 통하여 네트워크에 접속하여 거래정보를 주고 받을 수만 있으면 국경에 관계없이 거래가 이루어진다.

04 EDI

1) EDI의 개념

전자데이터교환(EDI : Electronic Data Inetrchange)은 "서로 다른 기업(조직)간에 (intercompany) 약속된 포맷(standard format)을 사용하여 상업적 거래(business transaction)를 컴퓨터와 컴퓨터간(computer-to-computer)에 행하는 것"으로 정의할 수 있다. 즉, 전자데이터교환은 표준화된 형태의 데이터(표준전자문서)를 컴퓨터와 컴퓨터간에 교환하여 재입력 과정 없이 즉시 업무에 활용할 수 있도록 하는 새로운 정보전달방식이다.

2) EDI의 생성과 발전

EDI는 1968년 미국의 운송업계에 속한 회사들이 전자적인 통신방법의 가능성을 타진하기 위하여 운송데이터 조정위원회(TDCC: Transportation Data cordination Committee)를 구성함으로써 처음으로 도입되었다.

TDCC의 활동으로 전자문서교환의 기틀이 마련되었고 1975년에 최초의 표준을 발표하였다. 이후로 항공, 육상운송, 철도, 행상운송 등의 표준들이 계속 개발되었고, 다른 업계들도 자체적인 EDI에 사용할 표준을 개발하였다. 이들 표준은 모두 통일코드협회(UCC: Uniform Code Council)에서 관할하고 있으며, TDCC에서 정한 규정과 양식 및 규칙에 관한 요건들을 따르고 있다.

1978년에는 국가 차원의 EDI 표준을 마련하기 위하여 X.12라고 하는 위원회가 창립되었고, 미국표준기구(ANSI: American National Standard Institute)는 1979년에 X.12를 공인된 표준위원회(ACS: Accredited Standard Committee)로 정식 승인하였다. X.12는 1981년 최초의 표준을 발표했으며, 전자문서표준은 물론 통신표준까지도 제정하여 관리하고 있다.

UN에서는 1960년에 대외무역서류 간소화·표준화 작업팀이 구성되어 무역서류의 간소화와 표준화를 추진하다가, 1972년에 국제무역절차간소화회의로 개칭되어 표준화 작업을 추진하였다. 그 작업의 결과로 1987년 3월 행정, 무역 및 운송에 관한 EDI 국제표준인 UN/EDIFACT가 제정되게 되었다. 그러다가 2004년 이후 현재의UN/CEFACT로 변하였다.

3) 도입의 효과

EDI로부터 얻어지는 이익은 직접적인 이익과 간접적인 이익, 전략적인 효과로 나누어진다. 직접적인 효과로는 전자문서화 함으로써 문서처리시간이 단축되고, 한 번 입력된 자료는 공유되며 재입력되는 경우가 없고, 정형화·표준화됨으로써 업무처리의 오류가 감소되며, 궁극적으로는 업무처리의 비용이 감소된다는 점이다. 간접적인 효과로는 거래정보가 누적됨으로써 재고관리를 효율적으로 할 수 있게 되고, 거래수단과 절차 등 거래시스템의 재조정으로 효율적인 인력·자금의 관리가 가능해졌다. 전략적인 면에서는 거래상대방과의 관계개선, 전략적인 정보시스템 구축, 경영혁신, 새로운 사업으로의 진출 등의 효과를 가져온다.

4) 새로운 EDI의 등장

EDI는 거래 상대방과의 비즈니스에 있어서 업무처리시간 및 비용의 절감, 오류의 감소, 고객서비스의 향상, 거래 상대방과의 관계증진, 내부 업무처리 절차의 개선 등 장점을 가지고 있다. 그러나 실제로 EDI를 구현하는 데 있어서는 많은 문제점이 따른다. 이에 따라 새로운 EDI의 필요성이 증가하게 되었다.

(1) 기존의 EDI의 문제점

기술적인 측면에서의 기존 EDI의 문제점은 상이한 업무환경하에서 다른 기종간의 컴퓨터 통신, 다른 네트워크간의 통신, 네트워크 관리 및 보안성, EDI S/W와 다른 S/W 시스템으로의 EDI S/W의 이식성, EDI 데이터 형식으로 변환할 경우 서로 다른 복수의 표준 메시지 유형이 존재, 언어, 데이터 코드, 시차 등에 따른 현지 적응성 등에서 나타난다.

비즈니스 측면에서의 기존의 EDI의 문제점은, EDI시스템은 개발과 운영에 수

반되는 복잡한 원가계산 및 사용료의 합리적 배분이 어려움, 거래 당사자간의 EDI
에 의한 새로운 거래관행 및 표준에의 합의 도출이 어려움, 전자화된 문서상의 서
명, 날인 등의 효력이 법제도적인 측면에서 충분히 이루어지지 않음, EDI 방식의
업무처리와 관련된 홍보, 교육, 훈련의 필요 등을 나타난다.

이외의 문제점으로는 VAN을 이용할 경우 메시지 전달이 일괄처리 및 축적전
송 방식에 의하여 이루어지기 때문에 EDI는 Batch EDI의 특성을 나타낸다.

Batch EDI폐쇄형 EDI는 EDI 사용자들이 VAN 시스템에 접속하여 전송을 요
청할 경우에만 문서가 전송되기 때문에 최근에 증가하고 있는 즉시 응답이 요구되
는 업무를 충족시켜 주지 못한다는 문제점이 있다.

기존의 EDI는 EDI의 확장에 있어서 융통성이 없다. 즉, 고객과 거래처가 증가
함에 따라 EDI를 추가로 연결할 경우에 시간과 비용이 많이 요구된다는 문제점이
있다.

이상과 같은 기존의 EDI의 문제점으로 인하여, 대화형 EDI, 개방형 EDI, 인터
넷 EDI와 같은 새로운 방식의 EDI가 나타나게 되었다.

(2) 실시간 EDI와 대화형 EDI

실시간 EDI와 대화형 EDI는 즉시 응답이 요구되는 업무의 증가로 기존의 폐
쇄형 EDI로는 해결할 수 없는 문제점을 해결하기 위하여 제안되었다. 실시간 EDI
와 대화형 EDI에서는 EDI 사용자가 EDI 응답문서를 접속을 유지한 상태에서 기다
린다. 이러한 실시간 EDI와 대화형 EDI는 응용 S/W산의 상호 동작성, 요구/관계
성, 처리시간의 신속성 등이 요구된다.

(3) 개방형 EDI

서로 다른 기종의 컴퓨터 시스템을 가지고 있거나 상호 독립적인 데이터 베이
스 시스템을 보유하는 거래당사자들뿐만 아니라 서로 다른 데이터 양식, 언어, 통
신 프로토콜을 가지는 거래당사자간의 자동적인 정보교환을 지원해 주는 방법에
대한 필요성이 점점 증가하고 있다. 이에 따라 제안된 방식이 개방형 EDI(Open
EDI)이다.

개방형 EDI란 공공표준을 사용하여 이질적인 시간, 거래 분야, 정보기술과 데

이터 양식을 가진 거래주체 사이의 상호운용을 목표로 하는 EDI를 말한다.

(4) 인터넷 EDI

폐쇄형 EDI 중심의 기존의 EDI는 VAN이나 독자적으로 구축한 통신망을 이용할 수밖에 없기 때문에 막대한 비용이 소요되었을 뿐만 아니라 접속에 제한이 따를 수밖에 없었다. 이로 인해서 지역, 업종 및 시스템의 구축에 관계없이 쉽게 EDI를 구현할 수 있는 방식이 요구되어졌다. 이에 따라 제안된 것이 TCP/IP를 기반으로 하는 인터넷 EDI(INTERNET EDI)이다.

인터넷 EDI란 인터넷을 이용한 EDI라고 간단히 정의할 수 있다. 인터넷 EDI는 지역이나 업무영역에 관계없이 사용자들 사이에 정보를 교환할 수 있게 할 뿐만 아니라, van을 이용할 수 없거나 자체 네트워크를 구축할 수 없더라도 저렴한 비용으로 EDI를 가능하게 한다. 그러나 인터넷 EDI는 개방적인 통신 프로토콜인 TCP/IP를 사용함으로써 보안, 메시지에 대한 신뢰성 및 품질면에서 기존의 EDI보다 떨어지는 단점이 있다. 이러한 인터넷 EDI의 문제점을 보완하기 위하여 Secure HTTP와 SSL 등과 같은 WWW의 통신 프로토콜인 HTTP와 암호화 알고리즘을 통합한 방식이 개발되었다.

05 EC

1) EC의 정의

전자상거래(EC: Electronic Commerce)를 한마디로 정의하기는 매우 어려우며, 아직까지 통일된 개념이 정립되어 있지 않고 아래와 같이 다양하게 정의되고 있다.

즉, EC의 개념을 "EDI 등의 전자적인 수단을 토대로 가상공간(cyber space)에서 전자적인 방식에 따라 이루어지는 상거래", "비즈니스상 모든 프로세스의 정보교환을 개방적인 네트워크로 전자화해서 행하는 것", "전자기기나 기술을 통하여 2인 이상의 당사자간에 상품 및 서비스 교환 등의 거래가 수행되는 것", "비즈니스에 관련된 거래당사자들을 전자적인 방식으로 통합하여 업무를 처리하는 것", "광의로는 문서, 기술 데이터, 비즈니스 정보의 교환에 있어서 국제 표준을 적용하든 전자 데이터 형식으로 행하는 상거래 행위, 협의로는 EDI 표준을 통한 상거래 행위”, “EDI라 불리는 수·발주 전표 처리의 전자화”, “기업, 정부기관과 같은 독립된 조직간 혹은 조직과 개인간에 전자적인 매체를 이용하여 상품이나 서비스를 교환하는 방식”, “정보시스템을 바탕으로, 인터넷 등의 네트워크상에서 상거래를 행하는 새로운 마케팅 수법” 등으로 정의하고 있다. 이처럼 EC는 다양하게 정의되어지고 있지만, 일반적으로 다음과 같이 정의할 수 있다.

EC는 “인터넷을 비롯한 네트워크와 디지털화를 바탕으로 발생한 새로운 상거래로서, 상품 및 서비스의 홍보, 카탈로그의 비치 및 열람, 견적서의 작성, 주문 및 계약성립의 확인, 결제, 기업 내부의 주문접수처리, 고객서비스 등 개인과 기업간에 이루어지는 비즈니스 프로세스 전체를 전자화함에 의하여 이루어지는 거래”라고 정의할 수 있다.

2) EC의 개념

(1) 협의의 EC

EC를 개인과 기업간에 이루어지는 비즈니스 프로세스 전체를 전자화함에 의하여 이루어지는 거래라고 정의할 경우에는, 협의의 전자거래를 표현한 것이다. 협의의 전자거래는 상품 및 서비스 홍보, 계약 체결 및 확인, 고객 서비스 등 개인과 기업의 직접적인 거래관계에 관한 프로세스와 이와 관련된 부수적인 거래 프로세스(예, 대금결제를 위한 기업과 결제기관간의 거래 및 결제기관 상호간의 거래)의 전자화를 의미하는 개념이다.

(2) 광의의 EC

광의의 EC는 개인과 기업간의 거래뿐만 아니라 기업 상호간, 기업과 정부간의 거래를 포함하고 EDI·CALS·협의의 EC의 세 가지 전자거래모델이 통합된 거래방식을 의미한다. 즉, 정부조달의 전자화, 대기업의 구매시스템, 기업간의 상호거래, 소비자 대상의 상품 및 서비스 비즈니스 등 전 산업의 비즈니스 프로세스를 전자화·통합화하는 거대한 거래시스템이다. 그런데 협의의 EC와 광의의 EC를 구별없이 EC라는 개념으로 부르는 것이 대부분이다. 그러나 광의의 EC를 EC라고 표현하는 것은 부적절하며, 통합전자거래와 같은 보다 상위의 개념이 요구된다.

3) EC의 구조

EC의 용어가 아직 정립되지 않은 것처럼, EC를 구현하기 위한 각종 기술이나 서비스들이 아직 완전히 갖추어진 상태가 아니기 때문에 EC가 이루어지는 과정과 형태를 통일적으로 명확하게 설명하는 것은 매우 어렵다. 그러나 BBS나 홈페이지를 통하여 이루어지고 있는 전자거래, 기업들이 개별적으로 구축하여 이용중인 전자거래서비스, 전자거래를 구현하기 위하여 구축중인 전자상거래 모델 등을 통하여 EC가 이루어지는 구조를 이해할 수 있다.

(1) EC 구현을 위한 시스템 및 이용환경 구축

EC 구현을 위하여 서비스제공자 측면(보통 기업)에서는 시스템을 구축하여야 하고, 서비스이용자인 일반 소비자들에게 측면에서는 시스템을 이용할 수 있는 환경을 구축하여야 한다.

① 서비스 제공자측의 시스템 구축

서비스 제공자측의 기업은 전자거래 서비스를 제공하기 위하여, 쇼핑몰이나 거래를 위한 홈페이지의 운영 등을 위하여 시스템을 구축하여야 한다. 시스템의 구축은 대개 서버로 이용될 컴퓨터와 네트워크의 구성을 통하여 이루어진다. 시스템 구축/운영자는 서비스를 제공하는 기업일 수도 있고, 시스템의 구축 및 운영을 전문적으로 담당하는 제3의 사업자(예컨대 웹호스팅 서비스 제공자)일 수도 있다.

② 소비자측의 서비스 이용환경 구축

소비자들은 기업이 제공하는EC 서비스를 이용하기 위하여, 네트워크에 연결된 컴퓨터와 응용 S/W를 보유하여야 한다. 컴퓨터가 네트워크에 직접 연결되어 있지 않을 경우에는, ISP(Internet Service Provider)와 같은 통신서비스 제공자를 통하여 기업이 제공하는 EC 서비스에 접속할 수 있다. 그리고 EC 서비스를 효과적으로 이용하기 위해서는 각 기업이 제공하는 서비스를 이용할 수 있는 전용 S/W 또는 일반적으로 이용되는 통신 S/W를 구비하여야 한다.

예를 들면, 전용 S/W로는 사이버캐시(CyberCash)사의 사이버코인(cyber coin)을 사용하기 위한 사이버캐시 전자지갑(cybercash consumer wallet)을 들 수 있고, 일반

통신 S/W로는 WWW상의 쇼핑몰에 접속하여 화상과 함께 제공되는 상품정보를 열람하고 거래를 할 수 있게 하는 웹브라우저로서 넷스케이프 네비게이터(Netscspe Navigator)와 인터넷 익스플로러(Internet Explorer)가 있다. 이러한 서비스를 이용하기 위한 시스템의 구비와는 별도로 각각의 EC 서비스에서 요구하는 ID(Identification)와 비밀번호(password)가 필요한 경우가 있다.

(2) 전자계약의 체결

소비자가 기업에서 개설한 쇼핑몰 등의 EC 서비스에 접속하여 온라인으로 계약을 체결함으로써 EC는 성립한다. 전자계약의 체결은 소비자와 기업간에 이루어진다.

(3) 전자인증

소비자가 기업과 계약을 체결할 때에 양당사자가 표시한 정보만을 가지고는 진실한 거래상대방인지를 확인할 수 없다. 이때 계약체결을 위한 정보를 전송한 상대방이 진실한 거래당사자인지를 확인하여 줌으로써 안전하게 거래를 할 수 있도록 하는 수단이 요구되는데, 그 대표적인 방법이 전자인증이다. 이처럼 당사자나 전송한 정보의 진정성을 확인시켜 주는 거래당사자 이외의 기관을 제3자 신용기관(TTP: Trusted Third Parry) 또는 전자인증에 있어서의 TTP인 인증기관(CA: Certificare Authority)이라 한다 CA의 대표적인 예로 베리사인(Verisign)사가 있다. 국내에는 공인인증기관으로 한국정보인증, 한국증권전산, 금융결제원 등이 있다.

(4) 전자결제

계약이 체결되면 소비자는 상품이나 서비스를 구입한 대가로 일정한 액수를 기업에게 주어야 한다. 이때 직접적인 현금결제를 대체하여 이용할 수 있는 방법이 전자결제이다. 전자결제에는 기존에 가지고 있는 신용카드의 카드번호를 입력하는 방법, e-cash·cyber check 등의 전자화폐(electronic money)로 결제하는 방법, 전자이금이체(EFT: Electronic Fund Transfer)로 결제하는 방법 등이 있다.

(5) 운 송

전자적인 방식으로 된 데이터나 S/W를 구입한 경우에는 계약체결과 동시에 다운로드하거나 계약조건에 따라 소비자가 필요한 때에 전송받을 수 있다. 그러나 실물로 된 상품을 구입한 경우에는 기업으로부터 소비자에게 전달되어져야 한다. 이때 구입한 상품을 전달하기 위해서 각종 우편서비스나 택배(택배서비스를 회사를 이용하는 경우와 상품을 판매하는 기업이 직접 배달하는 경우가 있다)를 이용한다.

06 전자무역과 u-Trade

1) 전자무역의 정의

전자무역이란 무역의 전 과정 또는 일부를 인터넷이나 전자문서교환(EDI) 등 각종 정보기술(컴퓨터, 통신망 등)을 이용하여 시간과 공간의 제약없이 무역 업무를 보다 편리하고, 신속 정확하게, 그리고 경제적으로 수행하는 무역거래방식이다. 전 세계의 수출입업체, 제조업체들이 인터넷을 통하여 직접 접촉하여 상품에 대한 정보를 검색하고 교환하여 거래를 성사시키고, 수행하는 것을 의미한다. 법률적으로는 전자무역을 "무역의 또는 일부가 컴퓨터 등 정보처리능력을 가진 장치와 정보통신망을 이용하여 이루어지는 거래"라고 정의하고 있다. 마케팅적인 측면과 국내의 수출입 절차의 개선 및 해외 국가와의 연계를 통한 Paperless Trade의 실현이라는 두 가지 측면에 의의가 있다. 특히 이전의 무역업무 자동화는 무역절차별 단일 프로세스의 업무 자동화에 역점을 두었다면 현재의 전자무역은 단절되고 독립된 무역프로세스를 연결함으로써 Single Window에 의한 복합민원서비스를 통하여 One-Stop Service의 제공에 그 중심이 있다.

2) 전자무역의 특징

전자무역은 기존의 전통적인 방식과는 여러 측면에서 다른 특징을 갖는다. 이러한 차이의 종류 및 정도는 전자무역의 발전정도에 따라서 달라질 수 있다. 예컨대, VAN/EDI에 의한 무역자동화시스템의 경우 여러 종류의 종이서류를 작성하여 이를 거래당사자간에 직접 교환함으로써 이루어지던 전통무역에서의 프로세스를 보다 표준화된 전자문서로 대체하였는데, 이 경우에는 무역 프로세스의 근본적인 변화라기보다는 무역프로세스의 진행방식에 변화를 가져 온 것으로 파악할 수 있다.

그러나 최근에 도입되고 있는 시스템의 경우에는 기존 종이신용장(L/C)을 전자신용장으로 대체하는 것은 물론이거니와, 신용장의 발행 및 유통, 결제에 이르는 프로세스 자체의 단순화, 그리고 이 과정에서의 은행의 역할변화 등 본질적인 프로세스상의 변화를 가져온다. 또한, 전자무역이 이제 비로소 성장단계에 있다는 점을 감안한다면 현재 우리 눈으로 파악가능한 모습만이 아니라, 향후 예상 가능한 전자무역의 모습까지도 고려하여 파악할 필요가 있다.

3) 전자무역의 거래절차

전자무역이 이루어지는 절차를 크게 3단계로 구분하면 다음과 같다.

첫 번째 단계는 정보단계로 무역거래 대상제품에 대한 광고 및 거래 상대방에 대한 탐색과정이다. 이 단계에서 수출업자는 수출품을 해외 바이어에게 다양한 방식을 통하여 홍보하고, 적극적으로 잠재적 수입자를 파악하기 위한 각종 정보를 수집하게 된다. 이러한 과정을 통해 잠재적 거래 상대방을 확인할 수 있다.

두 번째 단계는 거래관련 의사교환 과정을 말하는데, 이 과정에서는 거래대상 품목의 자세한 내용, 가격, 대금지급방법, 운송방법, 보험 등 각종 거래조건 등에 대해서는 거래당사자간 합의가 이루어지는 계약단계이다. 이러한 합의가 쌍방 간 합의로 발전할 경우 세 번째 단계인 이행단계로 연결된다.

세 번째 단계인 이행단계에서는 거래 쌍방 간 합의된 각종 거래조건의 내용이 법률적 구속력을 갖추고 확정되게 된다. 계약이 체결되면 그 계약조건을 실행하는 단계가 시작되는데, 계약이행의 핵심은 대금결제와 운송이다. 대금결제와 운송에는 매우 다양한 방식이 있는데, 이 과정에서 은행, 선박회사 그리고 세관 등이 관여하게 된다. 통상적으로 전통적인 무역에서는 은행이 신용장을 개설하여 대금결제와 관련된 단계가 시작되지만, 전자무역에서는 신용장을 전자적으로 대체하는 방식이 이용된다. 그리고 오프라인상에서 제품의 선적, 수송, 하역, 검사, 통관 등의 일련의 물류과정이 온라인상의 등록 및 추적과 동시에 진행된다.

　　린데만 런지가 제시한 거래이행단계를 더 세분화하면 시장, 제품 및 매수인에 대한 정보수집단계, 자사제품의 해외홍보, 매수인 발굴 등의 해외마케팅단계, 발굴된 매수인과의 각종 거래조건 협의 후 계약에 이르는 거래협상단계, 물품을 매수인에게 운송하는 물류운송단계, 물품공급에 대한 대가로서 대금을 지급받는 대금결제단계로 구분할 수 있다.

(1) 거래협상 단계

① 마케팅단계

　　전자무역의 마케팅은 무역계약을 체결하기 위하여 해외시장조사를 통해 아이템을 발굴하고 특정품목을 구입할 의사가 있는 신용 있는 바이어를 찾아내는 것을 의미한다. 이러한 마케팅 프로세스는 정형화된 프로세스가 아니며, 무역업체의 규모, 대상국가 등에 따라 프로세스의 내용이 매우 다양하게 나타날 수 있는데, 일반적으로 무역업체(화주)와 직접적으로 관련이 있는 업무를 중심으로 살펴보면 시장조사, 상품홍보, 거래선 발굴, 신용조사, 거래상담 단계로 구분할 수 있다.

② 계약단계

　　전통적 무역계약에서는 계약을 체결하기 위한 의사표시가 서면, 텔렉스, 컴퓨터, 전화 또는 구두대화 등의 방법을 통해 행해졌으나, 전자무역계약은 기존의 의사표시 방법 이외에 컴퓨터 네트워크나 인터넷, E-mail, 전자게시판 등 다양한 전자적 의사표시방법을 이용해 이루어질 수 있다. 즉, 전자무역계약이란 전자적 매체를 통해 이루어지는 무역계약이나 협의로는 네트워크에 연결된 정보시스템에 국한되며, 일정한 법률효과의 발생을 목적으로 2인 이상의 당사자 간에 정보시스템을 이용하여 전자적으로 이루어지는 의사표시의 합치에 의하여 성립되는 무역계약의 행위를 의미한다.

　　전자무역계약은 특별한 형식을 요건으로 하지 않기 때문에 구두나 서면, 더 나아가 전자적 의사표시에 의해서도 계약이 성립할 수 있다. 예를 들면, 웹사이트의 경우 판매를 위해 상품이나 서비스의 광고를 할 수 있고 고객들은 화면상에서 게재된 형식으로 전송함으로써 주문을 하게 되며, 그 주문이 판매자에 의해서 수락됨으로써 계약이 체결될 수 있는 것이다. 또한 어떤 기업이 온라인으로 소프트웨어 등의 상품을 제공하고 사용자가 그것을 다운로드함으로써 정식 동의가 없더라도 계약이 성립한다.

　인터넷과 같은 통신망에 연결된 컴퓨터를 통해 이루어지는 전자계약은 의사표시 또는 정보의 전자화과정을 수반하게 되며 이로 이하여 의사표시를 담은 전자적 기록의 생성, 수정, 전달 및 검색이 용이해진다. 따라서 전자무역계약은 서류작업과 보관의 필요가 없어짐에 따라 업무의 효율성이 증가하고 미리 주문해 둘 필요가 없이 필요한 즉시 주문함으로써 제고를 줄일 수 있다. 즉, 네트워크에 연결된 정보시스템을 통하여 이루어지는 전자무역계약은 의사표시 또는 정보의 전자화 과정을 수반하게 된다. 따라서 전자서류의 생성, 송부 및 추적이 용이하다.

(2) 물류 및 운송 단계

① 전자무역의 물류 프로세스

가) 화물유통정보 서비스

　수출입화물유통정보는 수출입업체와 물류업체를 위한 통합정보 네트워크로서 일종의 Cargo Community System을 말한다. 이러한 정보는 다양한 서비스를 제공할 수 있는데, 먼저 적하목록 서비스는 포워더와 항공사/선사가 EDI로 전송한 적하목록을 취합하는 기능으로서, 수출입화물정보, 화물입출항정보, 화물추적정보 등을 제공하는 서비스이다. 다음으로 수출입화물 물도량 및 수출입통계정보 서비스는 수출입신고 수리정보 제공하는 통관정보서비스, EDI 등의 정보전달 서비스, 외국환은행과 연계하는 인도승낙서(D/O) 서비스가 포함된다.

　또한 화주연계 서비스는 KTNET과 4,000여 개 무역업체와의 선(기)적요청 및 B/L(AWB)정보를 교환할 수 있고, 선사, 항공사, 포워더, 보세운송회사, 검수회사, 보세장과의 연계가 가능하며, 화주에게 도착통지 및 선적통지 등을 제공할 수 있다. 마지막으로 해외망과의 연계서비스는 해외 파트너와의 B/L(AWB), 적하목록정보, 선적정보를 교환하고, 인터넷을 이용한 통신비 절감 등을 제공한다.

나) 수출물류 프로세스

㉠ 해상수출 업무

　수출업자는 수출물품에 대한 정보를 선사(포워더)에 제공하고, 선사(포워더)는 선적화물에 대한 정보를 선화증권의 발급통지를 제공한다. 또한 수출업자는 수출신고 내역을 선사(포워더)에 제공하고, 선사(포워더)로부터 화물 반·출입 및 선적여부 등을 수신 받는다.

수출업자는 선사(포워더)에 선적요청서(S/R)를 전송하면, 선사(포워더)는 선적요청 데이터를 근거로 선화증권 데이터를 생성하여 수출업자에게 통보하고, 운임청구서와 세금계산서도 전송한다. 수출업자는 또한 수출신고필증을 받은 후 선사(포워더)에 시고내역을 송신하면 선사(포워더)는 화물 반·출입에 활용하고 선적정보를 수출업자에게 전송한다.

또한 내륙운송의 경우 화물 반·출입 등과 관련된 컨테이너 정보를 수출업자에게 제공하며, 수출업자와 선사(포워더)는 선적운임을 거래은행을 통해 자동이체 시킨다. 이로 인해 수출업자는 선적정보와 컨테이너 반·출입 현황을 신속, 정확히 입수하여 효율적으로 화물관리가 가능하게 된다.

ⓒ 항공수출 업무

수출업자는 수출물품을 제조, 생산하여 수입업자의 요구나 화물인도가 급박한 경우에는 포워더에게 항공편으로 화물을 기적 요청하게 되고, 포워더는 항공운송장과 운임청구서 및 세금계산서를 발급하여 수출업자에게 인도하는 동시에 운임입출금 내역을 거래은행을 통해 수행한다.

수출업자는 포워더에게 선적요청서, 상업송장, 포장명세서 등을 송신하여 기적을 요청하면, 포워더는 기적요청 데이터를 통해 항공운송장 데이터를 생성하고 수출업자의 요구에 따라 상업송장, 포장명세서를 출력한 후 수출업자의 사인방을 날인하여 원본으로 활용할 수 있다. 수출업자는 포워더로부터 항공운송장 데이터를 수신하여 포워더로부터 사전에 제공받은 화주용 항공운송장 양식에 데이터를 출력하고 포워더의 사인방을 날인, On-Board 도장을 날인함으로써 완전한 서류원본으로 은행의 Nego 업무를 수행할 수 있다.

또한, 수출자는 포워더에게 지급할 운임을 거래은행을 통해 자동이체하도록 은행에 지급지시하면, 거래은행은 수출업자의 계좌에서 운임을 인출함과 동시에 포워더의 계좌에 자동이체하면서 수출자에게 출금통지를, 포워더에게 입금 통지를 한다. 이러한 업무의 효과는 수출업자 및 포워더는 항공운송장 원본을 픽업 및 인도하기 위해 이동하지 않고도 자사 사무실에서 서류원본을 EDI 형태로 처리하는 것이 가능하다는 점이다. 따라서 수출업자와 포워더는 이중입력의 배제에 따른 시간

절감과 상호 이동에 따른 경비 및 시간절감, 원본 서류의 신속한 입수로 Nego가 신속하게 됨으로써 신속한 자금회전이 가능하게 된다.

　ⓒ 선적요청 업무

　선적요청이란 수출업자가 선사 및 포워더에게 화물의 선적을 의뢰하고 선적에 대한 결과를 통지받는 업무를 말한다. 수출업자가 선적을 의뢰하는 전자문서인 수출화물 선적의뢰서의 전송내용에는 선적일자, 시간, 기간, 장소, 위치, 주소, 상호, 요금 지불, 상품항목, 취급지시, 온도, 화물명세, 포장식별, 관련식별번호 등이 포함되며, 선박회사 또는 포워더가 선적완료를 전송하는 전자문서인 선적완료 통지서에는 운송비용, 비율, 단가, 금액, 운송정보내역, 일자, 시간, 상호, 주소, 상품항목명세, 화물특성, 포장식별, 장비내역, 봉인번호 등이 포함된다.

　다) 수입물류 프로세스

　㉠ 해상수입 업무

　수입업자는 수입물품에 대한 도착통보와 화물인도지시를 선사(포워더)로부터 선박이 항구에 입항하기 전에 제공받고, 필요절차를 거쳐 장치화물을 반출한다. 또한 수입업자는 수입화물에 대한 운임 및 수수료 등을 선사(포워더)와 거래은행을 통해 자동입출금한다.

　수입업자는 선사(포워더)로부터 화물이 도착하기 전에 화물과 운임내역을 통보받고 개설은행에 수입화물선취보증장(L/G)를 신청하면, 개설은행은 L/G를 발급하여 수입업자에게 송신하는 동시에 선사(포워더)에 L/G 발급내역을 통보한다. 선사(포워더)는 은행으로부터 접수된 L/G를 근거로 장치장에 화물인도지시서(D/O)를 송부하면, 수입업자가 직접 또는 운송업자에게 위탁하여 화물을 반출한다.

　㉡ 항공수입 업무

　수입업자는 신용장 개설 후 포워더에게 송부하면, 포워더는 수출지에서의 기적정보를 수입업자에게 신속히 제공함과 아울러 보세운송업자에게 기적정보를 송신함으로써 보세운송면허정보를 입수하게 된다. 또한 수입화물에 대한 운임 내역도 EDI로 제공받음으로써 거래 포워더와의 운임결제 업무도 가능하다.

　수입업자는 신용장 개설후 국내 포워더에게 송부하면, 국내 포워더는 해외 파트너에게 동내용을 통보한다. 해외 포워더는 화물기적후 항공운송장 발급내용을 다시 국내 포워더에게 송신한다. 아울러 보세운송업자는 국내 포워더로부터 항공운송장 정보를 수신하여 동 기적내용을 근거로 보세운송 면허를 필한 후, 수입업자에 보세운송내역에 대한 정보를 화물 도착전에 사전에 제공한다. 수입업자는 포워더로부터 운임내역을 수신 받음과 동시에, 해당운임을 포워더의 계좌에 자동이체토록 거래 은행에 지급지시 함으로써 운임 입출금업무를 처리한다. 이로 인해 수입업자는 화물 도착 전에 화물정보를 포워더 및 보세운송업자로부터 입수함으로써 사전 통관 및 화물운송 등의 계획을 신속히 수립할 수 있다.

(3) 통관 단계

① 수출신고 및 통관 프로세스

수출하고자 하는 모든 물품은 세관의 수출통관절차를 밟아야 하는데, 수출통관절차라 함은 수출하고자 하는 물품을 세관에 수출신고를 한 후 신고수리를 받아 물품을 한국과 외국간을 왕래하는 운송수단에 wjrwogkrlRK지의 절차를 말하는 것이다.

수출하고자 하는 자는 당해 물품을 적재하기 전까지 당해물품의 소재지 관할 세관장에게 수출신고를 하고 수리를 받아야 한다. 현재는 EDI방식 및 인터넷을 통한 수출통관절차 방식으로서 수출물품을 간단하고 신속하게 통관하고 있으며, 신문 등 보도용품이나 카탈로그 등은 더욱 간단한 방법으로 수출통관을 할 수 있다. 수출물품에 대하여는 검사생략을 원칙으로 하고 있으나, 전산에 의한 발췌검사 또는 필요한 경우 예외적으로 검사를 실시하는 경우도 있다. 이때 부정 수출이나 원산지 표시위반, 지적재산권 위반 등이 적발되면 관세법 등 관계법규에 의거, 처벌된다.

수출신고가 수리된 물품은 수출신고일로부터 30일 이내에 운송수단에 적재하여야 한다. 다만, 적재 스케줄 변경 등 부득이한 사유가 있는 경우에는 통관지 세관장에게 적재기간 연장승인을 받을 수 있다. 또한, 적재기간 내에 적재되지 아니하는 경우에는 수출신고수리가 취소될 수 있으며 관세 환급도 불가능하다.

관세청은 1994년부터 EDI방식의 수출통관절차를 도입하여 시행함으로써 수출물품을 간단하고 신속하게 통관하고 있다.

② 수입신고 및 통관 프로세스

모든 수입물품은 세관에 수입신고를 하여야 하며, 세관에서 수입신고를 수리하여야 물품을 국내로 반출할 수 있다. 수입신고는 한국에 물품이 도착되기 전에도 가능한데 이러한 신고를 출항전 수입신고, 입항전 수입신고라 한다. 한편 관세청은 신고인이 자기 사무실에서 전산으로 수입신고하고 수입신고수리 결과를 통보받을 수 있는 "서류 없는 수입통관제도"를 시행하고 있으며, 이 제도는 수입신고의 정확도가 높고 체납사실이나 관세법 또는 환급특례법 위반사실이 없는 성실업체로 지정을 받은 업체가 이용할 수 있다.

수입신고는 화주, 관계사, 통관취급법인의 명의로 하여야 한다. 화주가 직접 신고하는 경우에는 수입신고 사항을 세관에 전송하기 위한 전산설비 등을 갖춘 후 세관에서 ID를 부여받아 신고하는 방법과 영세수출업체의 경우 무역협회 등에 설치된 공용단말기를 통하여 신고하는 방법이 있다. 수입 신고시에는 신고자가 관세 등 세금의 부과기준이 되는 과세가격, 관세율 및 품목분류번호, 과세환율 등을 확인하여 신고하여야 하므로 이를 잘 모르는 경우에는 전문가인 관세사에게 통관 대행을 의뢰할 수 있다.

수입신고는 관세청에서 정한 수입신고서에 기재사항을 기재한 후 수입신고서에 선화증권 부본 등 신고시 제출서류를 첨부하여 KTNET을 경유하여 관세청 수입통관시스템으로 전송하고, 관세청시스템은 수입신고 내용에 대하여 전산으로 오류사항을 통보하거나 접수내역을 신고인에게 통보해준다. 수입신고서를 접수한 세관에서는 신고한 물품의 검사여부를 결정하게 되는데, 대부분의 물품은 검사 없이 신고내용의 형식적·법률적 요건만 심사하고 수리하지만, 검사대상으로 선정된 물품은 세관공무원이 수입물품에 대한 검사 및 심사를 한 후 신고수리를 하고 있다. 또한 세관 심사과정 중 필요시에는 정정통보, 서류보완, 서류제출변경 등의 보완요구를 할 수도 있다.

세관의 심사결과 수입신고가 법의 규정에 따라 정당하게 이루어진 것으로 확인된 경우에는 당해물품에 대한 관세 등을 납부하거나 해당 세액에 상당하는 담보를 제공하여야 신고수리가 되어 물품을 반출할 수 있다. 담보를 제공한 경우에는 신고수리 후 15일 이내에 관세를 납부하여야 한다. 관세 등의 납부서는 세관에 출두할 필요 없이 관세사 사무실에서 출력하여 수입자가 편리한 국고수납 대리점인 금융기관에 세액을 납부할 수 있으며, 이때 해당 수납기관은 관세청에 영수필 통지 전자문서를 전송하여 수납사실을 알리고, 관세청은 수납 여부를 확인한 후 수입 신고수리를 하게 된다.

(4) 대금결제 단계

① 전자무역 결제시스템의 개념

전자결제란 물품이나 서비스의 대가를 전자적 수단을 통하여 지급 미 결제하는 것을 말한다. 일반적으로 지급은 경제 주체간 채권 및 채무 관계에서 지급을 행하는 행위를 의미하고 결제는 대금지급의 과정을 의미한다고 할 수 있다. 그러나 최근 지급수단 및 결제가 전자화되어 지급과 결제를 엄격히 구분하기가 어렵기 때문에 이를 포괄하여 결제시스템이라는 용어를 사용하고 있다.

전자결제시스템은 전자결제수단, 운영네트워크 그리고 이와 관련된 모든 제도적 장치를 총칭하는 개념이라고 할 수 있으며, 그 결제과정상 일반적인 결제 과정에는 지급수단, 참가기관 그리고 은행간 결제시스템이 관련되어 있다. 당사자간의 비대면 거래를 특징으로 하는 전자결제시스템에서는 정보의 보안문제가 중요시되기 때문에 보안과 암호 등 전자인증과 관련된 기관과의 협력을 통한 안전하고 효율적인 결제시스템이 개발과 정착이 중요한 과제가 된다.

② 전자무역 결제시스템의 요건

전자무역에 있어서 전자결제시스템은 국내거래와는 다른 양상을 보이고 있다. 특히 결제금액에 있어서 그 금액이 매우 크다는 점이다. 이런 이유로 안전하게 인수하고 인도하기 위하여 은행이 관련되고, 은행에게 담보권을 행사할 수 있는 권한을 제공하여야 할 것이다. 따라서 전자무역은 국내거래와는 달리 매매계약에 의해 결제가 대규모로 이루어질 때에는 수출업자와 수입업자가 대금결제조건을 설정할 때의 요구조건, 이와 관련된 대금결제의 안정성, 은행 입장에서의 요구조건이 충족되어야 한다. 그리고 전자무역서비스와 전자무역 대금결제서비스를 제공해주는 제3자의 신뢰할 만한 인증기관의 역할도 요청된다.

③ 전자무역 결제시스템의 유형

최근 전자무역의 시장 선점을 위하여 전 세계적으로 전자무역 결제시스템 개발 등 경쟁이 격화되고 있다. 인터넷을 기반으로 한 개방형 네트워크 형태로서 국제간 은행 및 기업이 연계된 글로벌 모델로서 세계적인 전자무역결제·인증 인프라시스템의 구축이 각 국의 은행이 중심이 되어 그 구축 속도가 점점 빨라지고 있다.

현재 전자무역 결제시스템의 큰 축으로서 국제간에 심층적 연구 및 상용화가 시작되고 있는 것으로는 국제결제망인 스위프트의 개발형 모델인 스위프트넷의 결제시스템인 "epaymentPlus", 선하증권의 온라인화를 시작으로 구축된 스위프트의 자회사인 볼레로의 "볼레로시스템", 기업신용카드 모델을 활용해서 신용장의 전자화 등 국제무역을 지원하는 Bolero, TradeCard, Identrus 등이 있다.

㉠ Bolero

Bolero는 기존의 CMI 모델과는 달리 절충형 중앙등록시스템임과 동시에 이중등록시스템이다. 중앙등록기관은 권리등록업무를 수행하고, 등록기관은 신규 사용자의 등록과 사용자 증명서 등록, 해제요청의 업무를 담당하고, 이와 별도로 보안 및 인증기관을 설정하여 사용자증명서의 발급 및 말소업무를 담당한다.

Bolero는 글로벌한 무역문서의 전달과 전자무역 서류처리에 있어서 공동의 접근방식을 창출하기 위해 그 서비스 제공과 운영이 독특하다.

SWIFT와 TT Club이 중심이 되어 출자한 Bolero International사는 중앙등록기관으로서 볼레로 사용자, 볼레로협회, 볼레로 등록기관에게 자기 자신 혹은 외부자원을 통해 상업적, 기술적 운영서비스를 제공하고 있다. 이 중앙등록기관은 중립적인 특성을 지니고 기능별로 조직을 분리함으로써 정보흐름의 독점에 따른 폐해를 예방하고 있다.

메시지의 안전성 보장에 있어서는 현재까지 가장 안전한 방법으로 알려져 있는 RSA 방식의 디지털 서명을 메시지 전송에 채택하고 있으며, 사용자 시스템의 접속에도 IC CARD를 활용하여 그 안전성을 더욱 높이고 있다.

볼레로 서비스는 SWIFT 금융망과는 달리 플랫폼만 제공될 뿐 인터페이스 및 접속경로는 시장에서 제3자가 제공하는 다양한 제품과 서비스 중 이용기관이 선택할 수 있도록 하고 있다. 또한 기존 EDI와는 달리 법적으로 구속력 있는 계약서를 통신상에서 전송한다.

㉡ TradeCard

TradeCard를 통한 무역거래가 기존의 무역거래와 가장 다른 점은 은행의 역할이다. 즉, 기존의 무역관습에서는 신용장방식이든 추심방식이든 은행이 자금결제 과정에 처음부터 끝까지 개입되어 있는 반면, TradeCard에서는 그러한 역할의 상당부분을 TradeCard사가 수행하게 된다.

TradeCard의 서비스 특징은 아래와 같다.

신용장 개설은행의 서류점검에 해당하는 기능을 TradeCard 시스템 수행하며 은행은 단지 자금의 공여만을 담당하는 역할에 국한된다. 또한 운송물품을 대표하는 서류로서 선하증권은 언급되지 않고 있어 운송 중 전매를 하지 않는 소규모 제품거래를 주된 대상으로 하고 있다. 현실적으로 신용도가 높고 본지사간 거래 등이 활발한 대기업들이 신용장 방식의 결제를 회피하기 때문에 이의 수용에 소극적인 반면에 신용도가 낮아 신용장 방식의 결제에 의존하는 중소규모 수출입업체에서는 그 호용도가 상당히 높은 수준에 이를 것으로 예상된다.

잠재적 경쟁상대인 Bolero가 18개 무역권에 대한 법률조사를 토대로 "Rule Book"을 제정, 법적 불안정성을 보완한 반면, TradeCard는 전자적 방법에 의한 거래 당사자간의 권리의무에 대한 별도의 규정을 두고 있지 않다.

ⓒ Identrus 인증시스템

Identrus는 현재 한국은 2개 은행이 가입해 있으며, 국민은행, 우리은행 등 여타은행이 가입을 서두르고 있다.

Identrus의 PKI 도메인 간 상호연동의 방법은 엄격한 계층구조이다.

첫째, Classic Model은 가장 일반적인 모델로 참가기관이 CA(인증기관)과 RA(등록기관)의 두 기능을 겸하는 것이다. 이때 은행은 Identrus 핵심시스템을 직접 구입하여 전산환경 시스템을 구축해야 하기 때문에 막대한 비용과 시간이 소요된다. 현재 외환, 조흥은행을 비롯한 기존 참가기관의 대부분이 이 모델을 적용하여 시스템을 구축했다.

둘째, Correspondent Model은 기존 참가기관의 CA시스템을 활용하고, RA시스템을 참가기관이 직접 구현하는 방법이다. 이 방법은 시스템을 구축하고 있는 외환, 신한은행을 CA로 하고, 나머지 참여기관을 RA로 하면 후발 참여기관은 RA시스템만을 구축하는 대안이 제시된다. 이 모델을 적용할 시 RA기관은 시스템구축에 따른 비용 및 시간을 절감할 수 있다. 그러나 기존의 CA와 이용수수료 및 호스팅의 문제발생과 CA의 정책이 RA에 영향을 미칠때의 영향을 동시에 고려해야 한다.

셋째, Affiliate Model은 Identrus 대행기관의 CA시스템을 활용하고 RA시스템을 참가기관이 직접 구축하는 방식이다. Identrus의 인증을 받은 데이터센터를 운영하고 있는 제3의 기관이 여러 참가기관의 CA시스템 등 핵심구성요소를 공동으로 운영하는 방식이다. 한국에서 금융결제원이 기존의 신한, 외환은행의 시스템을 운영 CA의 역할을 하고, 참여은행이 RA가 되는 방안이 논의되었다.

(5) 전자무역 관련 법제도

① 전자거래기본법

전자거래기본법은 UNCITRAL 모델법의 입법례를 토대로 마련되어 전자거래에 대한 기본법으로써 전자거래의 법률관계를 규율하고 전자거래의 안정성을 확보하기 위한 법적 기틀을 마련함으로써 전자거래의 활성화와 기반조성에 기여한 법률로서 평가된다.

동 법은 전자문서에 의하여 이루어지는 모든 거래에 대하여 적용함으로써 전자거래의 주체를 총체적으로 망라하고 있다. 또한 전자문서 및 전자서명에 대한 효력을 부여함과 동시에 전자문서의 법률관계를 정립하여 전자거래의 활성화를 위한 법적 장애를 제거하고 전자거래에 대하여 전통적 상행위와 동일한 수준의 법적 효력을 부여하고 있다. 아울러 전자거래 이용자가 상호 신뢰하고 안전하게 전자거래에 임할 수 있도록 민간 자율적 전자거래를 촉진하고 있다는 차원에서 동 법률의 의의를 찾아볼 수 있다.

그러나 동 법은 전자거래의 확산 및 기술 환경의 변화를 제대로 반영하지 못하고 있다는 이유에서 2002년 1월 19일 전면개정되어 2002년 7월 1일부터 시행되고 있다. 개정의 주된 내용은 다음과 같다.

첫째, 전자문서를 정보처리시스템에 의하여 전자적 형태로 작성, 송신, 수신 또는 저장되는 정보로 규정하고, 이 경우 정보처리시스템이라고 함은 전자문서에 이용되는 정보처리능력을 가진 전자적 장치 또는 체계로 규정하고 있다.

둘째, 전자문서의 작성자 또는 수신자가 영업소를 가지고 있지 아니한 경우에는 그의 소재지에서 전자문서가 송·수신된 것으로 보아 법률관계를 명확히 하고 있다.

셋째, 정부는 전자거래의 촉진을 위하여 민간주도에 의한 추진, 규제의 최소화, 전자거래 안정성과 신뢰성 확보, 국제협력의 강화 등의 원칙에 따라 전자 거래에 관한 기본정책을 수립하여 시행하도록 규정하고 있다.

② 전자서명법

전자서명법은 전자문서의 안전성과 신뢰성을 확보하고 그 이용을 활성화하기 위하여 전자서명에 관한 기본적 사항을 정함으로써 국민사회의 정보화를 촉진하고 국민 생활의 편익을 증진함을 목적으로 두고 있다.

전자서명법은 전자거래기본법과 같이 1999년 7월 1일부터 시행되었으나 전자서명에 관한 기술 중립적 접근방식을 채택하지 않고, 주요 국제기구 및 선진국들의 최근 입법동향을 반영하지 못하고 있다는 지적에 따라 2001년 12월 31일 일부개정을 통해 2002년 4월 1일부터 시행되고 있다.

따라서 향후 생체인식 전자서명 등 다양한 전자서명기술을 수용할 수 있도록 그 개념을 확대하고 있다. 이는 UNCITRAL 전자서명 모델법 등에서 취하고 있는 소위 기술중립주의를 반영한 겨로가이다. 한편 동 법은 전자서명을 공인전자서명과 공인전자서명 이외의 전자서명으로 구분하여 규정하고 있다.

전자는 "공인전자서명이 있는 경우에는 당해 전자서명이 서명자의 서명, 서명날인 또는 기명날인이고 당해 전자문서가 전자 서명된 후 그 내용이 변경되지 아니하였다고 추정한다."고 규정하고 있다. 후자는 "공인전자서명외의 전자서명은 당사자 간의 약정에 따른 서명, 서명날인 또는 기명날인으로써의 효력을 가진다"고 각기 규정하고 있다.

③ 전자무역촉진법

산업자원부는 현행 무역자동화법을 전자무역촉진법으로 전면 개정하였다. 개정 법률안은 전자무역혁신계획의 추진을 위한 세부과제의 일환으로 무역자동화법이 부가가치망을 통한 전자문서교환(EDI) 위주의 1:1 체제를 전자무역플렛폼을 통한 인터넷 기반의 다수 대 다수(N:N)체제로 개선하기 위한 법적 토대를 마련하기 위해 이뤄지는 것이다.

법안의 주요내용을 살펴보면 법명의 개정, 법률의 적용범위 확대, 전자무역기반사업자제도의 도입, 전자무역기반시설의 이용, 전자무역문서의 보관 및 증명, 전자무역문서 이용의 촉진, 전자무역문서의 보안 및 관리, 전자무역전무서비스업자, 전자무역 기술개발의 추진, 국가전자무역위원회의 법제화 등이다.

특히 법개정을 통해 전자무역기반시설을 구축함으로써 전자문서를 전자무역기반사업자가 보존하고, 전자문서의 당사자·내용·송수신여부를 증명하는 등 전자무역문서의 유통체계를 획기적으로 개선하는 한편, 마케팅·상역·물류·통관·결제 등 모든 무역유관기관을 국가 전자무역망으로 연계하여 무역업체 중심의 단일창구 시스템을 구축하여 One-Stop서비스를 제공하는 방안과 전자무역서비스업에 대한 지원을 통해 중소기업의 전자무역 및 온라인 해외시장개척을 활성화하고, 전자무역 관련 기술개발의 촉진 및 전자무역 전문인력의 양성과 무역교육기관 등에 대한 지원의 근거를 새로이 마련하기로 했다.

4) u- Trade

(1) u- Trade Hub의 개념

인터넷의 확산 등 급변하는 IT 환경과 글로벌 무한경쟁 시대에 대처하고 무역 규모 확대에 부응하기 위해서는 기존 무역프로세스의 근본적인 혁신을 통한 무역업체의 비용 절감과 수출경쟁력 극대화가 무엇보다도 중요하다. 이러한 목표를 실현하기 위하여 지식경제부(구 산업자원부)와 한국무역협회는 전자무역 시스템의 구축과 활성화라는 당면과제를 전자정부과제로 추진하게 되었다.

전자무역관련 정부과제는 2003년부터 '전자무역서비스' 구축사업으로서 추진되어 발전해왔으며, 무역업무 전반을 단절 없이 처리할 수 있는 One-Stop 신개념의 국가 전자무역 허브인 전자무역시스템을 도입하게 되었다. 지식경제부와 한국무역협회는 기존 무역자동화 서비스를 전자무역 체계로 혁신하기 위해 '21세기의 무역강국, Ubiquitous Trade Korea 실현'이라는 전자무역의 비전을 수립하고 2005년부터 3개년 계획으로 전자무역 서비스 구축사업을 추진해왔으며, 이러한 사업의 추진으로 무역서류의 전자화는 빠르게 진행되어 2005년 전자신용장(e-L/C)서비스를 실시하고, 2006년 전자무역기반사업자로 KTNET을 선정하였다. 또한 선화증권을 전자화하여 유통할 수 있는 기반을 제공하고, 전자무역문서보관소를 구축하여 무역관련 전자문서의 저장과 송수신을 할 수 있는 체제를 완성하였다. 특히 2007년에 전자무역시스템의 구축이 완료되어 시범업체 7곳을 선정하고, 이 업체들을 중심으로 시범서비스를 실시하여 현재는 시범운영을 마치고 u-Trade Hub란 명칭으로 서비스를 제공하고 있다.

(2) 전자무역시스템의 주요기능

전자무역시스템의 주요기능을 간략하게 살펴보면 포털사이트의 기본적인 구성을 바탕으로 유지보수 수월성, 기능 적합성, 신뢰성, 보안등을 고려하여 서브콘텐츠로 분류하고 있다. 서브콘텐츠는 분야별로 무역일반, 물류, 외환, 마케팅, 통관으로 구별하여 특성화된 무역업무별 콘텐츠로 구성되어 있다.

① 무역일반

전자무역시스템의 무역 분야 콘텐츠는 무역 업무 절차별 서비스를 구축하여 수출입업무, 국내구매, 국내공급, 전자문서보관소, 전자신용장, 요건확인업무를 모두 처리할 수 있도록 함으로써 수출입기업인 사용자에게 단일화된 Workplace를 제공하고 있다. 이는 무역관련 서류 또는 단절된 서비스 중심이 아닌 사용자 중심의 작업공간을 구현하고 개별 수출입 건수 기준으로 업무 진행상황 추적, 요청업무 처리결과 및 관련 문서 등을 실시간으로 사용자 업무 프로세스 상에서 확인이 가능하도록 하고 있다.

② 물류분야

물류분야는 시간과 장소의 제약 없이 인터넷으로 수출입 물류업무를 처리할 수 있는 서비스 시스템이다. 이러한 시스템을 지원하기 위한 u-Logis시스템을 운영하여 물류부문에 편리성을 도모하고, 해상 AMS시스템을 운영하여 미국행 화물의 경우 선사 및 포워더는 화물선적 24시간 전에 선적물품에 대한 정보를 미국의 세관에 신고하도록 되어있는데, 이러한 선적화물정보를 웹상에서 입력하거나 또는 자체 시스템에서 KTNET으로 전송한 후 WEB에서 미국의 세관에 제출하고, 미국 세관으로 부터 응답메시지를 확인할 수 있는 서비스를 제공하고 있다. 이 밖에도 항공 AMS, e-D/O, 항공 APIS, 항공 GD 등의 시스템을 구축하여 이용의 편리성을 제고하였다.

또한 보세운송과 보세창고 적하목록 취합기능(MFCS) 정보검색서비스를 통하여 보세창고 및 보세 운송사가 관련된 화물정보를 KTNET의 MFCS로부터 검색하여 다운로드 받을 수 있는 서비스를 제공하고 있다. 기본 서비스로 신고정보 조회 및 출력 서비스, 수출신고정보, 수입신고정보 및 환급신청 등에 관한 정보를 조회하고 출력할 수 있는 서비스도 제공하고 있다. 이런 서비스의 실현으로 전자문서 중복제출

방지 및 유통의 간소화로 인한 비용 및 인력을 절감하는 측면도 있다.

③ 통관분야

전자무역시스템의 통관지원 시스템은 KTNET과 관세사회가 상호협력으로 서비스하는 수출입통관업무 전자서비스로서 VAN/EDI 방식의 기존 사용자 환경과 인터넷을 이용한 통관 업무를 병행할 수 있는 시스템이다. 통관시스템은 몇 가지로 구분할 수 있다. 첫째, 관세사의 고객을 위한 정보제공 서비스로 약 25가지 이상의 정보를 무역업체 및 대행업체에게 제공하는 서비스, 둘째, 무역업체 및 포워더 실시간 알림 서비스로 신고수리 등의 정보를 실시간으로 무역업체, 포워더 및 관세사에게 제공하기 위해서 SMS, FAX, Web Mail을 이용하여 정보를 제공하고 있다. 셋째 상업송장, 포장명세서 및 적하목록 정보를 통한 실시간 통관의뢰 서비스를 제공하고 있다.

부가서비스로는 관세사와 관세사의 고객을 위하여 다양한 서비스를 제공하고 있는데, 이용자의 편리성을 고려하여 요건확인기관 서비스(ASPLine) 연계를 통한 실시간 승인정보 제공을 하고 있다.

④ 외환분야

전자무역시스템은 전자결제부문의 문제를 보완하기 위하여 주한외국계은행의 참여유도 및 외국계은행의 업무 시스템을 고려하여 콘텐츠를 구축하였다. 외환분야의 주요 콘텐츠는 전자신용장의 유통 및 e−Nego 시스템의 활성화를 위한 은행의 e−L/C 서비스를 제공하기 위한 것으로 구성되어 있다.

e−Nego 시스템은 Nego시 첨부되는 서류의 원본, 사본에 대한 조회 출력 기능, 신용장 잔액을 관리함으로 사용자가 효율적으로 e−L/C 및 D/A, D/P, O/A매입을 지원하도록 하고 있다. 이러한 지원을 통하여 전자무역 서비스의 핵심 서비스를 제공하고 신용장 업무에 필요한 기반 데이터 입력을 최소화함으로 업무의 효율성을 향상시키고 있다. 이처럼 외환분야의 콘텐츠는 전자무역시스템을 통해 Nego 관련문서의 전자화 및 Nego 서류 자동화로 효율적인 신용장 잔액 관리가 가능하다.

⑤ 마케팅분야

마케팅 분야는 무역포털 사이트와 무역관련 정보를 하나로 통합하여 무역에 관한 전문적인 정보를 검색할 수 있도록 통합검색서비스를 제공한다. 현재 인터넷

상에서는 무역에 관련한 수많은 정보들이 제공되고 있지만, 실제적으로 수출입기업이 필요로 하는 정보를 한꺼번에 검색하여 활용하는 것은 쉽지가 않다. 이러한 정보들은 신뢰성이 있는 정보인지 검증하기가 어려우며 수많은 기관들이 제각기 정보들을 제공하는 측면도 있을 것이다. 사용지의 입장에서는 어느 기관이 어떤 정보를 가지고 있는지에 대한 파악이 쉽지 않기에 필요한 정보를 적재적시에 검색해서 활용하기란 매우 어려운 실정이다. 이를 보완하기 위하여 구축된 전자무역플랫폼의 마케팅 포털은 u-Trade Hub 또는 독립된 URL로 접근이 가능하므로 공공·민간 연계된 통합 무역정보 제공, 마케팅정보에 대한 전문지식을 가진 업체들과의 정보연계, 각 연계기관별 무역정보의 통합·상세검색 기능, 정보유형별로 정보제공을 통하여 다양한 무역유관기관과의 연계를 실현하고 있다.

07 전자무역 관련 관습

1) eUCP 2.0과 eURC 1.0

ICC 은행실무위원회는 2001년 제정된 UCP500의 추록인 eUCP1.0 (Supplement to UCP500 for Electronic Presentation)을 UCP600이 시행되면서 2007년 7월 eUCP 1.1을 발표하였다. 그러나 나날이 발전해가는 전자 기술에 발맞추고 정확한 실무지원을 위한 eUCP 개정이 2017년부터 논의 되었고, 2019년 7월에는 추심결제시 전자적 제시를 위한 eURC 1.0 Version(Uniform Rules for COLLECTIONS, URC 522, Supplement for Electronic Presentation Version 1.0)을 제정하였으며, 이와 함께 eUPC 2.0(Uniform Customs and Practice for Documentary Credits, UCP 600, Supplement for Electronic Presentation Version 2.0)을 발표하고 현재 실무에서 적용중에 있다.

(1) eUCP

2019년 7월 eUCP 2.0에서 개정이 된 부분은 e4조와 e14조 이다. e4조에서 '은행은 전자기록과 서류와 연관된 상품, 서비스 또는 성능을 다루지 않는다'고 명시하고 있으며, e14조에서는 '은행은 폭동, 민사, 반란, 전쟁, 테러 행위, 사이버 공격 또는 파업 또는 잠금 또는 통제 할 수 없는 장비, 소프트웨어 또는 통신 네트워크 장애를 포함한 기타 원인으로 발생된 문제로 데이터 처리 시스템에 접근할 수 없거나 장비, 소프트웨어 또는 통신 네트워크의 장애, 신의 행위에 의한 장애 등 비즈니스 중단으로 인해 발생하는 결과에 대해 책임을 지지 않는다'고 명시하여 은행의 책임을 명확히 하였다.

따라서, eUCP 2.0은 기존 12개 조항에서 2개 조항을 추가하여 총 14개 조항으로 구성되었으며 그 내용은 다음과 같다. e1은 eUCP의 적용범위, e2 UCP와 eUCP와의 관계, e3. 정의, e4. 전자기록과 서류 대 상품, 서비스, 성능, e5. 양식, e6. 제시, e7. 심사, e8. 거절, e9. 원본 및 사본, e10. 발행일자, e11. 운송, e12. 제시 후의 전자기록의 손상, e13. eUCP에 의한 전자기록의 제시에 대한 추가적 면제, e14. 불가항력이다.

(2) eURC

2019년 신설된 eURC 1.0은 ICC의 "추심에 관한 통일규칙(URC 522)"의 추록으로서 무역거래자들이 환어음에 의한 추심결제 시에 적용할 수 있도록 1995년 제정된 URC 522에 맞게 제정 되어 2019년 7월 1일부터 실무에 적용하고 있다.

eURC 1.0은 총 13개 조항으로 구성되어 있으며 그 내용은 다음과 같다. e1은 eURC의 적용 e2. eURC의 범위, e3 URC와 eURC와의 관계, e4. 정의, e5. 전자기록과 서류 대 상품,서비스, 성능, e6. 양식, e7. 제시, e8. 미결제 또는 비수락에 대한 통지, e9. 결제일 결정, e10. 전자기록의 공개, e11. 전자기록의 손상, e12. eURC에 의한 전자기록의 제시에 대한 추가적 면제, e13. 불가항력이다.

한 가지 눈여겨 볼 점은 eUCP 2.0과 eURC 1.0에서 ICC은행실무위원회 역사상 처음으로 규칙 제정과 개정에 Simply Voting platform이라는 새로운 방식이 도입되었다는 것이다. 이는 eUCP의 개정과 eURC의 제정에 대해 온라인 투표방식으로 찬반 투표를 통해 결정한 것으로 진화와 변화를 거듭해가는 디지털시대에 맞추어 무역규칙의 제정과 개정에 새로운 시도를 한 것으로 그 의미를 둘 수 있겠다. 앞으로도 많은 국제무역규칙들이 이러한 방식을 채용할 것으로 보인다.

국제무역관습 유형

* 국제무역관습에는 인코텀스만 있는 것이 아니다.
* 국제무역관습에는 여러 가지 종류가 있으며, 다음과 같이 주요국의 국내법, 조약, 협약, 협정, 통일규칙 등이 있다.

1. 국제무역계약 관련 관습

국제무역 관련 관습 중 국제무역계약 관련 관습으로서 가장 오래된 것이 영국의 국내법인 물품매매법(Sales of Goods Act)이다. 동 법은 1894년부터 시행되어 오다가 1979년에 영국귀족원의 동의를 얻어 전면적으로 개정한 후 1980년 1월 1일부터 발효되어 왔으며, 1995년 개정하여 오늘에 이르고 있다.

현재 가장 널리 사용되고 있는 국제무역계약 관련 관습은 UN에 의해 제정된 '국제물품매매계약에 관한 협약(UNCISG: 일명 비엔나협약)'이며, 이 외에도 국제법협회(ILA)가 제정한 'CIF계약에 대한 와르쏘 – 옥스퍼드 규칙', 국제상업회의소(ICC)가 제정한 '무역거래조건에 관한 ICC규칙(일명 Incoterms)' 등이 있다. Incoterms는 1936년 제정된 이후 8차의 개정을 통하여 2020년 1월 1일부터 Incoterms 2020을 사용한다. 한편 1996년 UNCITRAL 총회에서는 전자상거래와 관련하여 '전자상거래 모델법(UNCITRAL Model Law on Electronic Commerce)'을 제정하였다.

2. 국제무역운송 관련 관습

국제무역운송 관련 관습 중 해상운송과 관련한 관습으로써 가장 대표적인 것은 1924년 국제법협회(ILA)가 제정한 '헤이그규칙(Hague Rules)'이다. 헤이그규칙은 선하증권에 관한 규칙의 통일을 위한 국제협약(International Convention for the Unification of Certain Rules relating to Bills of Lading)이라고도 하며, 이후 컨테이너 운송의 출현 등에 따라 헤이그규칙의 일부내용을 개정하여 1968년에 '헤이그-비스비규칙(Hagure-Visby Rules)'으로 개정하였다. 이후 UN에 의해 1978년에는 '함부르그규칙(Hamburg Rules)'으로 불리는 해상화물운송에 관한 UN협약(United Nations Convention on the Carriage of Goods by Sea)이 제정되었다.

또한 복합운송이 발달함에 따라 UN이 1980년 제정한 '국제화물복합운송에 관한 UN협약(United Nations Convention on International Multimodal Transport of Goods)'과 국제항공법전문가위원회가 국제항공운송에 관한 통일조약으로 제정한 '국제항공운송에 관한 일부 규칙의 통일을 위한 협약(Convention for the Unification of Certain Rules Relating to International Transport by Air: 일명 바르샤바조약)'이 있으며, 1990년 국제해사위원회(CMI)가 전자적 거래에 대비하고자 해상화물운송장에 관한 통일규칙(Uniform Rules for Sea Waybills)과 '전자식 선하증권에 관한 규칙(Rules for Electronic Bills of Lading)'을 제정하였다. 1988년에는 UN무역개발위원회(UNCTAD)와 국제상업회의소(ICC)가 함께 '복합운송서류에 관한 UNCTAD/ICC규칙(UNCTAD/ICC Rules for Multimodal Transport Document)'을 제정하였다.

3. 국제해상보험 관련 관습

국제해상보험 관련 관습으로서 최초의 법규는 영국이 1906년에 국내법으로 제정한 '해상보험법(Marine Insurance Act: MIA)'이다. 이보다 앞선 1877년에는 국제법협회(ILA)가 공동해손(general average)을 구성하는 손해 및 비용에 관한 국제통일규칙으로 '공동해손에 관한 요크-앤트워프규칙(YAR: York and Antwerp Rules)'을 제정한 바 있다. YAR은 그 후 수차의 개정을 거쳐 1994년 국제해사위원회(CMI)가 새로운 공동해손규칙을 제정하였으며, 최근에는 2016년 개정하였다. 이 외에도 런던보험자협회(ILU)가 '협회적화약관(Institute Cargo Clause)'과 '협회기간약관(Institute Time Clauses-Hulls)'을 제정하였다.

4. 국제무역대금결제 관련 관습

국제무역대금결제와 관련한 최초의 규칙은 영국의 국내법인 '환어음법(Bills of Exchange Act)'으로 1882년에 제정되었다. 국제무역거래의 대금결제방식은 주로 추심에 의해 대금결제가 이루어진다. 추심방식은 어음을 전제로 하며, 특히 국제무역거래에는 환어음이 주로 사용되는바, 추심방식 이용에 따른 혼란을 방지하고 각국의 상이한 해석으로 인한 불확실성을 제거함으로써 무역을 활성화하는 것을 목적으로 국제상업회의소(ICC)가 '상업어음에 관한 통일규칙(Uniform Rules for the Collection of Commercial Paper: URC)'을 제정하였다. URC는 최근인 1996년 1월 1일부터 개정하여 시행하고 있다. 한편 전자무역의 일반화에 따라 2019년에는 eURC를 제정하였다.

국제무역대금결제가 신용장에 의해 이루어지는 경우와 관련해서 가장 널리 사용하는 규칙으로는 1933년 국제상업회의소(ICC)가 제정한 '화환신용장통일규칙 및 관례(Uniform Customs and Practice for Documentary Credits: UCP)'이다. UCP는 이후 수차의 개정을 거쳐 현재는 UCP 600을 사용하고 있다. 사실 신용장거래의 준거법으로 적용가능한 최초의 규칙은 미국의 국내법이자 성문법인 미국 통일상법전 제5편 '신용장(Uniform Commercial Code-Article 5 Letters of Credit)'이다.

최근에는 전자거래를 위한 국제적 통일규칙의 필요성에 따라 국제상업회의소(ICC)가 2001년 eUCP 즉, '전자적 제시를 위한 화환신용장통일규칙 및 관행의 보칙 1.0(Supplement to the Uniform and Practice for Documentary Credits for Electronic Presentation-Version 1.0)'을 제정하였으며, 제1차 개정으로 eUCP1.1버전을 2007년 7월부터 시행하였으며, 2019년에는 Version 2.0으로 개정하였다. eUCP는 신용장거래에 있어서 국제무역대금결제가 전자적 기록에 의해 독립적으로 행하여지거나 또는 종이서류와 함께 이루어지는 경우를 수용하기 위하여 UCP 600을 보충하는 보칙으로서의 국제규칙이다.

사실 국제무역대금의 결제는 은행간에 이루어지는 것이 일반적이다. 이를 위한 국제규칙으로서 '국제표준은행관습'과 '보증신용장에 관한 UN협약', 그리고 '국제환어음과 약속어음에 관한 UN협약' 등이 있다. ICC의 국제표준은행관습(일명 ISBP)은 2013년 개정(ISBP745)하였다.

5. 국제무역거래분쟁 관련 관습

국제무역거래와 관련한 분쟁에 있어서는 일반적으로 중재제도가 이용되고 있다. 이러한 중재제도의 이용을 촉진하고 단일화된 상사중재제도의 제정의 필요성에 따라 1958년 유엔경제사회이사회와 국제상업회의소(ICC)를 중심으로 '외국중재판정의 승인과 집행에 관한 UN협약(United Nations Convention on the Recognition and Enforcement of Foreign Arbitral Awards: 일명 뉴욕협약)'을 제정하였다.

이후 UN국제무역거래법위원회(UNCITRAL)는 각국 중재법의 표준이 되는 모델법으로 1985년 '표준국제상사중재법(Model Law on International Commercial Arbitration)'을 제정 하였으며, 2006년 개정하였다. 이에 앞서 국제상업회의소(ICC)는 1923년에 산하기관으로 중재재판소를 설치하고, 1975년에는 국제상사분쟁의 우호적인 조정과 중재에 적용할 '국제상업회의소의 임의적 조정규칙(ICC Rules of Optional Conciliation)' 및 '국제상업회의소의 중재규칙(ICC Arbitration Rules)'을 제정하였다. 그 후 1986년 조정규칙을 전면적으로 개정·시행하였으며, 2017년 개정하여 오늘에 이르고 있다.

국제무역관습 일람

* 국제무역관습을 5개로 분류하여 대표적인 것을 다음의 표로 만들어 보았다.

국제무역관습 일람표

구 분	국제무역규칙의 명칭	제정기관
국제무역계약 관련 규칙	인코텀스	국제상업회의소(ICC)
	비엔나협약	UN국제무역거래법위원회(UNCITRAL)
	국제상거래계약의 원칙	사법통일을 위한 국제협회(UNIDROIT)
	물품매매법	영국상원(House of Lords)
	미국무역정의	전미국무역회의(National Foreign Trade Convention)
	와르쏘-옥스퍼드 규칙	국제법협회(ILA)
	전자상거래 모델법	UN국제무역거래법위원회(UNCITRAL)
국제무역운송 관련 규칙	헤이그 규칙	국제법협회(ILA), 국제해사위원회(CMI)
	함부르크 규칙	UN국제무역거래법위원회(UNCITRAL)
	바르샤바 협약	국제항공운송협회(IATA)
	헤이그 의정서	항공법회의(ICAO)
	복합운송에 관한 UN협약	UN무역개발위원회(UNCTAD)
	복합운송서류에 관한 UN/ICC규칙	UN무역개발위원회(UNCTAD), 국제상업회의소(ICC)
국제해상보험 관련 규칙	CMI규칙	국제해사위원회(CMI)
	해상보험법	영국상원(House of Lords)
	협회적화약관	영국런던보험자협회(ILU)
	협회기간약관(선박)	영국런던보험자협회(ILU)
	요오크-앤트워프 규칙	국제해사위원회(CMI)
국제무역대금결제 관련 규칙	신용장통일규칙	국제상업회의소(ICC)
	전자신용장규칙	국제상업회의소(ICC)
	국제표준은행관습	국제상업회의소(ICC)
	보증신용장에 관한 UN협약	UN무역개발위원회(UNCTAD)
	미국통일상법전 5편	미국상원(United States Senate)
	추심에 관한 규칙	국제상업회의소(ICC)
	전자추심에 관한 규칙	eURC
	은행간 신용장대금상환에 관한 규칙	국제상업회의소(ICC)
	환어음법	영국상원(House of Lords)
	환어음과 약속어음에 관한 UN협약	UN국제무역거래법위원회(UNCITRAL)
국제무역분쟁 관련 규칙	뉴욕협약	UN경제사회이사회(UNESC), 국제상업회의소(ICC)
	상사중재에 관한 모델법	UN국제무역거래법위원회(UNCITRAL)
	UN상사중재규칙	UN국제무역거래법위원회(UNCITRAL)
	중재에 관한 ICC규칙	국제상업회의소(ICC)

※파란색은 중요한 국제무역관습임
※관세와 관련한 국제무역 관습 중 HS협약은 생략하였음

국문색인

영문색인

저자소개

강흥중

- 건국대학교 졸업(상학사)
- 건국대학교 대학원 석사과정 수료(상학석사)
- 건국대학교 대학원 박사과정 수료(경제학박사)

직책

- 현)건국대학교 대학원 무역학과 주임교수
- 현)대한상사중재원 중재인
- 현)한국관세학회 이사장

저서

- 무역학 오디세이, 국제무역규칙 등

국제무역관습론

초판발행	2019년 11월 30일
지은이	강흥중
펴낸이	안종만·안상준
편 집	전채린
기획/마케팅	김한유
표지디자인	벤스토리
제 작	우인도·고철민
펴낸곳	(주)**박영사**
	서울특별시 종로구 새문안로3길 36, 1601
	등록 1959. 3. 11. 제300-1959-1호(倫)
전 화	02)733-6771
f a x	02)736-4818
e-mail	pys@pybook.co.kr
homepage	www.pybook.co.kr
ISBN	979-11-303-0888-3 93320

정 가 23,000원